吉田松陰流教育

―一人一人の魂が輝く教育変革への道標―

吉田松陰流教育研究会　会長　小出　潤

はじめに

私は、千葉県で小学校教師をしている小出潤という者です。吉田松陰先生を我が生涯の師と仰ぎ、松陰先生の留め置いた大和魂を継承し、松陰先生の行った素晴らしい教育を、現代の世に蘇らせることを使命としております。なぜ、そのように考えるようになったのか、私の松陰先生との出会いについて、最初にお伝えしたいと思います。

私が松陰先生を初めて知ったのは、今から十四年前、教師となって三年目の頃、森信三先生の『修身教授録』（致知出版社）を読んだ時でした。恥ずかしながら、それまで松陰先生の存在を知りませんでした。森信三先生が、教育者としての吉田松陰先生の偉大さを語っており、その時に、『吉田松陰一日一言―魂を鼓舞する感奮語録―』（川口雅昭編・致知出版社）を購入し、本棚に置いていました。しかし、まだこの時は、この本を熱心に読むということをしておりませんでした。

次に松陰先生と出会ったのは、教師になって六年目、今から十一年前の時でした。二十代の頃の私は、まさに熱血教師。「教育が未来を創るのだ」という信念のもと、日々、目の前の子供達に、熱く、そして厳しく指導にあたっていました。「皆がこれからの日本を創るのだから」と叱咤激励し、勉学に励むことや、人のために行動することを強いていました。

しかし、受け持つ子供達に、「小出先生は熱すぎる…厳しすぎる…ついていけない…。」と言われ、心の距離ができてしまった時期がありました。伝える言葉は子供達に響いていかない。教育に対し、そして日本の未来に対して、熱い想いがあるのに子供達に伝わらない…。子供達との関係は悪くなっていく一方…。苦悩の日々が続きました。教師になって初めての大きな挫折でした。

自分の中にある熱い心に蓋をし、子供達に合わせて「優しい教師」になるべきなのか…しかし、それでは、私が教師を続ける意味がないのではないか…。熱い心を封印しながら教師を続ける位なら、いっそのこと教師を辞めた方がよいのではないか…。

そのような苦しい葛藤の日々の中、ふと目についたのが、かつて購入し、本棚に並んでいた『吉田松陰一日一言—魂を鼓舞する感奮語録—』だったのです。本の背表紙から発せられる見えない波動に導かれるようにして手にとり、読み始めました。

松陰先生の言葉の数々は、まさに乾いた大地に水が染み入るがごとく、私の心を潤すと同時に、私の中にある熱い魂を力強く鼓舞して下さったのです。

有志の士、力を致し心を竭(つく)し、当(まさ)にここに処することあるべし。徒(いたず)らに自ら非蹙(ひしゅく)して已(や)むべからず。

【訳】志をもっている武士は、全身全霊を尽くして、今ある場所で、今なすべきことに全力を注がねばならない。意味もなく、自分から勝手に悲観し、慎み、やめてはいけない。

独り自ら志す所は皇国の大恩(だいおん)に報い、武門武士(ぶもんぶし)の職分を勤(つと)むるにあり。此(こ)の志は死すと雖(いえど)も吾(わ)れ敢(あ)へて変(へん)ぜず。

【訳】一人で自分から志しているのは、国家の大きな御恩に報い、武門にある武士としての当然の務めを行う、ということである。この志は死んだとしても、強いて変えはしない。

松陰先生から、「決して、あきらめるでない。」という強いメッセージを受け取りました。そして、「君の志は本物か？」「その志に向かって全身全霊を尽くしているか？」と問われている気がしました。

少し子供達から煙たがれたからといって、中途半端にあきらめちゃいけない。教育によって日本の輝く未来を創るという想いが本物ならば、今ある場所で全力を注がねばならない。熱い心を捨て、教師を辞めるなんぞもっての外である。

熱い心を大切にし、さらに燃やしながら、教育者としての道を歩み続けよう—そう決心させてくれました。

扠も扠も思ふまいと思うても又思ひ、云ふまいと云うても又云ふものは国家天下の事なり。

【訳】いやどうも、考えまいとしてもまた考え、いうまいとしてもついいってしまうのは、国家天下のことである。

挫するなかれ、折くるなかれ。神州必ず滅びざるなり。

【訳】途中で、挫けてはならない。志を変えてはいけない。日本は絶対に滅びないから。

松陰先生の日本を想う熱い想いに触れ、松陰先生の原動力になっているのは、まさに日本への深い愛と、日本を憂う心だということに気付かされました。「日本のことを考えない日は、一日たりともない」という先生の言葉に、自分の甘さを恥ずると同時に、もっと深く日本のことについて知りたい、学びたいという気持ちが湧き上がってきました。

君子の道徳を其の身に蔵して、其の化の物に及ぶや、従容無心に出でて作為を借らざるに似たるあり。

【訳】立派な人が、人としてのあるべき徳を我がものとして、他人を教え、変えようとする時には、ゆったりと落ち着き、一切の妄念から解放された心で行うものである。（決して、よきように見せかけようとか、わざと手を加えるようなことはしないものである。）

凡そ事人情に原づかずんば何ぞ成るあらん。

【訳】だいたい、何事であっても、人に対する思いやりや慈しみの心を動機としないのであれば、どうしてなし遂げることができようか。できはしない。

松陰先生は、日本、そして教育に対する燃えるような情熱を有しながらも、塾生に対しては、実に穏やかであって、みだりに声を荒げて、門弟を叱ることがなかったということを知り、それまでの自分の態度を大いに反省しました。そして、子供達に厳しく叱ってばかりいた自分が、子供達と心の距離ができてしまっていた原因にも目を向けることができました。

子供達一人一人への深い思いやりと大きな愛情、慈しむ心…教育者としての原点ともいえる最も大切な心を、松陰先生が思い出させてくれました。

「子供達一人一人を愛する。全てを受け止める。」そう心に誓い、また歩み出すことができました。

天下の英才を育するは必ず鯫生より起る。

【訳】天下の優れた才能をもった人物は、必ず私のもとから育つ。（必ず私が育てる。）

松下陋村と雖も、誓って神国の幹とならん。

【訳】松本村はひなびた一寒村ではあるが、必ずや日本国の骨幹となろう。

松陰先生の教育者としての揺らぐことのない強い決意。

そして、本当に、松陰先生のもとで学んだ若き青年達が、激動の中にある日本のために力を尽くし、新しい時代を拓く原動力となっていきました。

この歴史的事実を目の当たりにし、魂の奮えが止みませんでした。一人の青年教師の高き誠の志が、多くの若者達の魂に火をつけ、本当に新しい日本を創っていったのです。

教育という仕事のもつ果てしない使命の大きさを感じると共に、それをかつての我が日本で成し遂げた先生がいらっしゃったという事実に、深い感動と大きな希望の光を見出すことができたのです。

この時の松陰先生との出会いの衝撃は、未だかつて忘れることはありません。活力となるような思想、感情などを人の心に吹き込むことを、インスパイアと言いますが、まさに、松陰先生に私の心はインスパイアされました。

その後、活力と希望を取り戻した私は、これまで厳しく叱ることばかりしてきた自分の未熟さを子供達の前で謝り、愛を土台として再出発をしていきました。それでも、未熟さ故に、つい厳しく言ってしまうこともありましたが、根本的なあり方が変わったことで、だんだんと子供達との関係もよくなっていき、無事に卒業させることができました。

成人式で再会した彼、彼女らは、立派に成長していました。「先生、相変わらず熱いね。変わっていないね。」と言われてしまいましたが、そのように笑い合える関係になっていました。

松陰先生の言葉に、勇気づけられ、立ち直ることができた私は、もっと松陰先生のことを知りたいと思い、むさぼるかのごとく本を買いあさり、読んでいきました。今、自宅の書斎には松陰先生に関する約百冊の書籍があります。松陰先生の生涯をたどりながら、先生は時に悔し涙を流したり、悲しみに打ちひしがれたり…私達と何ら変わりのない生身の一人の人間であったことを知り、親しみ深い存在にも感じられました。まだまだ大きな背中ですが、いつか語り合える日がくることを楽しみにしています。

私も日本を創る一教育者として、松陰先生の行った教育を研究し、現代に生かせる形で蘇らせることを決意し、この翌年から自らを「吉田松陰流教育研究家」と名乗り、吉田松陰流教育の研究とできるところからの実践をスタートさせていきました。

その年、山口県萩市にある松陰神社、松下村塾にも足を運び、松陰先生ゆかりの地を巡りました。松陰先生の墓前で、手を合わせ、「公のために生きる」と涙ながらにお誓い致しました。

それから十年の年月が経ちました。

幸いにして、吉田松陰先生を尊敬する多くの仲間と出会い、繋がることができました。さらに学びを深めながら、様々な教育実践が生まれていきました。令和三年元日に、「吉田松陰流教育研究会」を立ち上げ、今、四年目を迎えます。松陰先生を慕う同志や諸先輩方に恵まれ、共に、吉田松陰流教育を磨き合っています。また、毎年、受け持つ子供達の感性や吸収力、逞しく成長していく姿に、私自身が驚かされ、元気づけられています。

これらのご縁は、松陰先生が引き合わせて下さったものだとも感じています。そして、今の日本を救い、誇りある徳の高い国家として、世界の和の中心となる使命を果たすために、今こそ、「吉田松陰流教育」を確立させ、日本に、そして世界に発信し、伝えていく大きな役目を担っているということも感じています。

私の教育者としての魂を鼓舞し、目を覚まして下さった松陰先生に対する深い感謝と、現代の日本と世界を救う一筋の光となる大いなる使命感を抱き、吉田松陰流教育の研究、実践を始めてから十年目となる節目に、本書を世に送り出します。

皇紀二六八四年

令和六年　弥生　　小出　潤

目次

第一部　吉田松陰流教育の提唱～松陰先生の教育の七本柱～

第一章　志に生きた偉人　吉田松陰

皆さんは、吉田松陰という人物をご存じですか。

私が一番尊敬している、歴史上の偉人であり、教育者です。まずは、吉田松陰先生とはどのような人物であったのか。その生涯について、お話させていただきたいと思います。

一　学問に打ち込む幼少期

松陰先生（以下、松陰）は、天保元年（一八三〇）八月四日、今でいう山口県萩市の松本村に杉家の次男としてお生まれになりました。幼名を虎之助といいます。下の写真は、萩を訪れた際に、私が撮ってきたものです。松陰誕生の地から見える風景です。杉家のあったところは、萩の東にある松本村の東光寺山南ふもと、団子岩の丘にありました。

この丘から、萩の町を一望できます。奥に見えるのは指月山で、かつてここに萩城がありました。その後ろには日本海が広がります。

下の写真は、松陰の家族が暮らしていた場所の跡地です。家が建っていた場所の中を歩かせていただきましたが、その小ささに驚かされました。このような小さな場所から、世の中を変革する偉大な人物が育ったという事実に、思わず胸が熱くなりました。生まれた場所がどんな場所であったとしても、人は立派になれるのですね。

松陰の父、杉百合之助は、身分の低い武士でした。苦しい生活でしたが、学問を怠らずに、教育にも熱心な人でした。さらに百合之助は、先祖を敬い、神を尊ぶと共に、尊皇の志のあつい人でした。

母は、滝といい、苦しい杉家の生活を支え、田畑や山の仕事の手助けをしました。

山口県　萩市　松本村

吉田松陰先生の誕生地

親類のおばさんをひきとり、食事や汚れ物の洗濯まで、いやな顔ひとつ見せずに看護するとても優しい人でした。

父は、よく山や畑の仕事に幼い松陰と兄、梅太郎を連れていきました。畑仕事をしながら、古くから伝わる生き方の教えの書かれた本「論語」や「大学」、「孟子」などの文章を暗唱します。それを、幼い兄弟は声を張り上げて繰返します。こうして、口まねをしながら、生き方の基礎となる事柄を覚えていきました。

さて、実家の跡地の隣には、銅像が建てられています。「吉田松陰先生」と書かれているのが分かります。山口県萩市の人達は、「吉田松陰先生」と呼び、尊敬し、慕っていることが伺えます。

松陰の父方の叔父である吉田大助（だいすけ）には跡取りがいなかったので、松陰は吉田家の養子となりました。しかし翌年大助が病死したため、松陰はわずか六歳にして、吉田家の八代目当主を継ぎます。吉田家は山鹿（やまが）流の兵学師範として藩主の毛利家に仕える家であったため、幼き松陰も、師範となるべく、叔父で山鹿流兵学者の玉木文之進（たまきぶんのしん）が教育役を務めることになりました。

玉木文之進の家は、杉家の家から坂道を下っていったところにありました。文之進は自宅で、近所の子供達を集めて私塾を開いていました。

玉木文之進

この塾を「松下村塾」と呼んでいました。松本村なので、松本村塾にするつもりだったのが、松の木の下に家があったので、「松下村塾」としたそうです。後に有名となる「松下村塾」は、松陰自身が幼い頃に通った塾の名を叔父から受け継いだのです。この場所に、幼い松陰は兄と一緒に通いました。

公のために尽くす心

文之進は、大変熱心に松陰の教育にあたりました。こんな逸話があります。

勉強中に松陰のほおに蚊がとまりました。皆さんだったら、どうしますか？

そうですよね。普通は、追い払うでしょう。

幼き松陰も、ほおに止まった蚊をはたきました。

すると、文之進は激怒したのです。

それはなぜか。

「蚊をはたくのは、私心があるため。学問は、公のためにしている！

痒いからかくという私心を優先するということは、公のために本気で打ち込んでいないという証拠だ！」ということで厳しく叱ったのです。

このように、幼い頃から、「公のために尽くす」という意識が当たり前のように叩き込まれていきました。

寸暇を惜しんで学ぶ

また、こんなエピソードもあります。

叔父、玉木文之進が開く塾「松下村塾」に兄弟二人は毎日通いました。

ある年の元日に、兄の梅太郎が、「今日だけは休もうではないか。」と言いました。しかし、松陰は、「兄さん、正月も一年の中の大事な一日ですよ。」と言い返しました。まわりは皆、ゆっくりと過ごしている正月も、休まず塾に通い、熱心に勉強しました。文之進も、その姿に喜び、さらに教育に熱が入ったといいます。

お殿様の前で兵学の講義

時間を大切にして、勉強に取り組みましたので、学問はどんどん進んでいきました。中でも、人間として守らねばならない大切なことや、日本の国のなりたちなどは、骨身にしみるほど教え込まれました。

十一才の頃、殿様の前に出て、兵学の講義をしました。緊張しましたが、自信をもって行い、大成功に終わりました。集まった皆が感心しました。

さて幼き頃から学問に打ち込んだ松陰ですが、皆さんは、何のために学んでいますか？

人はなぜ学ぶのでしょうか。

松陰はこう考えます。

「学は人たる所以（ゆえん）を学ぶなり。」

つまり、**「学ぶのは、人がどう生きるべきかを探り、己を磨くため。世の中のために己がすべきことを知るため。」**だと。

皆さんは、何のために学びますか？

二　日本を歩き、国防の大切さを肌で感じた青年期

松陰は二十一歳の頃、藩の許しを受けて、初めて藩を離れ、九州へ遊学しました。今まで見ることもできなかった清とイギリスの戦争アヘン戦争や世界の様子を書いた新しい本を読み、日本の国防の大切さを強く考えるようになりました。

その後も、江戸への留学や、友との約束を果たすための東北遊歴などを行い、全国各地の様子を肌で感じ、学んでいきます。

この頃、自分の足で日本全国各地を歩き回り、実際に見聞きした本物の情報は、松陰の視野を広くし、思考の柔軟性を与えてくれました。

後に松陰が主宰した松下村塾の教育では、諸国を歩いて見聞きしたいろいろな事件が書いてある「飛耳長目録」というものを作って、村塾の一室に置きました。本物の情報を得ることはとても大切なことです。

三　ペリー黒船来航！　どうする松陰？

嘉永六年（一八五三）、松陰が二十三才の頃、それまで平和であった日本を震え上がらせるような大事件が起こりました。

ペリーがアメリカの軍艦四隻をひきいて、東京湾の入り口浦賀にやってきたのです。ペリーは、それまで長い間、鎖国をしていた日本に対して、開国といって国を開くことを求めてきたのです。

当時、日本の船といえば手漕ぎ船です。ペリーが乗ってきた黒船は、大砲を積んだ二千トンもの大きな蒸気船です。

当時の日本の大型船の十九倍の大きさだったと言われています。

ペリーの開国の要求に対して、鎖国中の幕府は受理を拒みます。すると、黒船は江戸湾に侵入をはじめ、脅しをかけるかのように、ズドン、ズドンと大砲を響かせたのです。それは、空砲でしたが、江戸は大パニックで、幕府の役人たちも震え上がりました。

当時、欧米列強は、産業革命で技術力をつけ、みるみるうちにアジア諸国を従わせ、植民地にしていました。「日本も植民地にされるのも時間の問題だ。」という、迫りくる危機の中、ペリー黒船来航によって、圧倒的な文明の差を見せつけられたのです。

さて、若き松陰は、どうしたと思いますか？

松陰は、これから先、つぎつぎに押し寄せるかもしれない外国の勢力のことを思うと、将来の日本のことが心配で、じっとしていられませんでした。

「実際に、外国の様子を見て、勉強しなければ、世界の国々にたちおくれてしまう。日本は外国から学ばねばならない。」と考えました。しかし、この時代、海外にいくことは国の決まりで許されていませんでした。失敗すれば、死罪になるでしょう。

しかし、弟子の金子重輔（かねこしげのすけ）と松陰の二人の日本を想う気持ちは止められませんでした。

真夜中に、小舟で軍艦に向かい、乗り込みました。アメリカ兵に身振り手振りで

必死にアメリカに連れていってほしいということを頼みこみました。しかし、その願いは叶いませんでした。

二人は、暗い夜空を仰いで悔しさに泣きました。

二人の命がけの学ぼうとする気持ちは、アメリカ人達の心を深く感動させました。ペリーがわざわざ、幕府の役人に対して、二人に寛大な処分をしてほしいと伝えた程です。

この時の気持ちを、松陰はこのように詠(うた)っています。

かくすればかくなるものと知りながら
已(や)むに已(や)まれぬ　大和魂

「もし、海外渡航に失敗すれば、死罪となるということは分かっていた。しかし、何としても日本を守りたいという大和魂をとめることはできなかった。」

松陰の「日本を守りたい」という気持ち、そして、自分のことよりも、日本のことを考え、行動していく力、皆さんはどう思いますか？

四　逆境の中で発揮した松陰の真骨頂

海外渡航に失敗した二人は夜が明けるのを待って、自首しました。

しばらく江戸の獄(ごく)につながれていましたが、その後山口の野山獄(のやまごく)に送られました。

獄中でも勉強する理由

松陰は獄の中で、どう過ごしたかと思いますか？

獄に入れられると大抵の人は生きがいを失い、やけを起こしがちですが、松陰の考えは違っていました。

「獄では行動は自由にできないが、心は自由である。本を読んだり、ものを考えたりするには、最もよいところだ。」と思いました。

松陰は何と、獄の中で猛勉強を始めたのです！

いつか首をはねられる身なのだから、獄中で必ずしも書を読む必要はありません。しかし、僕はまだ処刑されていない。国も危機に直面している。それを考えれば、のんびりとしていられる訳はなく、一日も学問を忘れてはならない。

こう考えた訳です。

一年二か月の間に読んだ本は、約六百二十冊で、月平均四十冊以上の冊数になります。それも、ただ読むだけではなく、読んだら大切なところを別の紙に抜き書きをしたり、要約し自分の考えを書きこんだりしました。

松陰はいつも**「書物を読むことは、昔の立派な人に会っていろいろ教えを受けることであり、その教えを今の世の中に生かしていくことが大切だ。」**と言っていました。

苦労の多い境遇のことを「逆境」と言います。

獄の中での生活は、まさに逆境です。自分の身がどうなるかも分からないという中、普通であれば、恐怖におびえたり、不安に押しつぶされたりしてしまうかもしれません。しかし、松陰は、自分の身の恐怖や不安などは一切考えないのです。そうではなく、迫りくる日本の危機、そして日本を何とか守りたいという一心で、獄中の中でも心を病むことなく、勉強を続けるのです。

ここに「逆境」にも負けない秘訣がありそうです。

自分のことではなく、守りたいもののことを想うこと。

逆境はチャンスと考え、その状況だからできることを考えること。

どんな状況であっても、心ひとつで逆境を楽しむことができること。

松陰の考え方や姿勢から学べることは多くありますね。

四人たちのよいところを見つけ、互いに学び合う

この逆境の中で、松陰は「真骨頂（しんこっちょう）」を発揮します。

真骨頂とは、そのものが本来もっている姿のことです。

野山獄跡

では、松陰の真骨頂を見ていきましょう。

野山獄には、松陰のほかに十一人の囚人がいました。

この人達は長い獄生活のうちに、希望を失い、毎日に愚痴ばかり言っていましたので、松陰は何とかして生きる希望をもたせたいと思いました。そこで、中国の孟子の言葉をかりて、**人間が生きていくことの意味や、人間として守らねばならない道の大切さ**などを熱く語りました。

たとえ獄中にいても、良心を失わず、明るく生きていけば、幸せであることも話しました。松陰の話を聞きながら、獄中の人々も心がふるいたち、だんだんと勉強に身が入るようになりました。

また、囚人たちのよいところを見つけ、例えば習字の上手な人はみんなに習字を教え、俳句の上手な人はみんなに俳句を教えるようになり、互いに学び合うようになりました。

松陰は、その人の良さを見抜き、それを伸ばしていくことを得意としていたのです。

松陰は、この獄中での出来事を経て、囚人たちを更生させることが獄の本来あるべき姿だと述べた「福堂策」という改革書を書きます。その中に次のような言葉があります。

人賢愚ありと雖も、各々一、二の才能なきはなし、湊合して大成する時は必ず全備するところあらん。

「人間には賢愚の違いはありますが、どんな人間にも一つや二つのすぐれた才能を持っていないものはいません。その個人の特性を、全力を傾けて大切に育てていくならば、その人なりのもち味を持った人間として高めることができましょう。」

松陰は、**一人一人の良さを見抜き、それを伸ばしていくことや、どんな相手でも心に火を灯し、やる気にさせてしまう天才**だったのです。

獄中生活の中で、松陰が本来もっていた「教育者」としての「真骨頂」を発揮させていったのです。

松陰先生が今あなたの目の前にいたら、一体どんな良さを見抜いて、励ましてくれるでしょうか。自分になんて、良いところはない。もしかしたらそう思っているあなたに対しても、松陰先生だったら、必ず良いところを見つけ、あなたを勇気づけてくれることでしょう。

さて、このようなことがあって、「こんな立派な先生をいつまでも獄に入れてはいけない。」という声があちこちから出てきたので、松陰は獄から出ることができました。

エピソード　「二十一回猛士（にじゅういっかいもうし）」誕生秘話！

獄中も必死に本を読み、勉強に励む松陰ですが、悲しいことも起こります。

松陰と一緒に、黒船に乗り込んだ弟子の金子重輔が、病が原因で獄中で死んでしまうのです…。松陰は悲しみの極限に落ちます。

その牢獄生活の中、松陰はある夢を見るのです。

夢の中で、神様から、お前はこれだと名札を渡されます。

そこに書かれていたのが、**「二十一回猛士」**だったのです。

夢からさめ、「二十一回猛士」とは何だろうかと考えます。そして、気がつくのです。

私の生まれた姓は、「杉」。この字を分解すると、十と八と三、足すと二十一になる！

さらに、私の養家の姓は、「吉田」。この字を分解して足すと、十＋一＋十＋口＋口で二十一回になる！

私の生まれた干支は、寅。私の名前も寅次郎。

寅は、猛々(たけだけ)しい獣で、士はさむらい！

「二十一回猛士！」

私は、もともと臆病(おくびょう)で気が弱いから、神様がきっと、**「そんなもんじゃだめだ！ もっと勇気を出して何事も恐れず挑んでいけ！ 名の表すように、二十一回の猛々しいことをしてみんか！」**と言ってくれたのであろう。

私は、まだ勇気を出して行動したことは、わずか三回。まだあと十八回やらなくては！

こう息を吹き返したのであります。夢の中での神様の御告げに、松陰はまた奮い立ちます！

松陰、立ち上がれ！

負けるな！

立ち向かえ！

と、そして、その通りに、若者を鼓舞しつつ、激動の時代を生きたのであります。

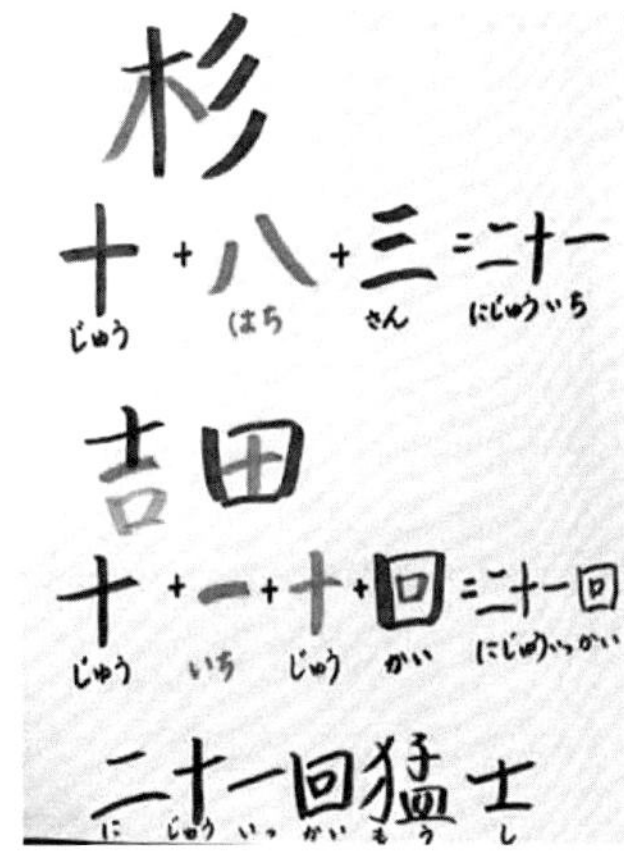

五　開かれた松下村塾

そして、開かれたのが「松下村塾」です。今の、萩の松陰神社内にそのままの形で残っています。世界遺産ともなっています。

この部屋の聯には、このような文字が刻まれています。

万巻の書を読むに非ざるよりは　寧んぞ千秋の人為るを得ん
一己の労を軽んずるに非ざるよりは　寧んぞ兆民の安きを致すを得ん

「たくさんの書物を読まない限り、後世に名を残す人となることはできない。自分一人の労力を惜しむようでは、多くの人々を幸せにすることはできない。」

勉学に励むことと勤労することの両方を大切にしていました。

この松下村塾で学んだ塾生に、どんな人達がいたのかその一部を紹介していきましょう。

のちの初代内閣総理大臣、伊藤博文。
のちの第三・九代内閣総理大臣、山縣有朋。
のちの日本大学、國學院大学創設者、山田顕義。
尊攘派リーダー、久坂玄瑞。
奇兵隊創設者、高杉晋作。

彼らは皆、明治維新という、新しい時代を切り開いていった原動力となった人達なのです。

松下村塾で学んだ人達

初代内閣総理大臣
伊藤博文

第三・九代
内閣総理大臣
山縣有朋

日本大学,
國學院大學創設者
山田顕義

尊攘派リーダー
久坂玄瑞

奇兵隊創設者
高杉晋作

さらに驚くべきことは、そのほとんどが元々この松本村に住んでいた身分の低い者達であったということです。

そして、松下村塾が開かれた期間は長く見積もってもわずか二年十ヵ月であったということです。

一体なぜ、そのようなことができたのでしょうか？ そこでは、どのような教育が行われていたのでしょうか？

次章以降で、その秘密を探っていきたいと思います。

六　松陰先生の最期

松陰が、松下村塾で塾生達と生きた学問をしている間に、国の情勢はますます難しくなっていきました。幕府は、幕府に対して反対する者達をとらえて、処刑していきました。これが世に言う安政の大獄です。松陰は、幕府の老中を倒そうと計画し、藩に申し出ます。しかし、理解をしてもらえず、再び野山獄へ投獄させられてしまいます。

獄の中でも、日本国内の情報を門人から聞き、自分の考えや意見を届けさせますが、それらが取り上げられることはありませんでした。

そして、ついに、幕府の命令で江戸送りとなる報せが届きます。老中を倒そうと計画していたことが幕府に知られていたのだとすれば、この江戸送りは死刑を意味します。

しかし、松陰は、少しも心を乱すことはありませんでした。

『至誠にして動かざるものは未だこれあらざるなり』まごころを尽くして相手に伝えたならば、必ずや相手に伝わり、相手を動かすという言葉がある。いよいよ、それを試す時がきたのだ。」と、幕府に対して、正々堂々と自分の意見を伝えることを深く決心していました。

江戸に送られる日の朝、吉田家の養母が声をかけ、何か一筆書き残してくだされと紙を渡したので、松陰は次の言葉を書きました。

かけまくも君が国だに安かれば
身をすつるこそ賤（しず）が本意也（ほんいなり）

「この国が安らかで栄えれば、私の命は捨てることも本望である。」

松陰は、日本を想う気持ちと自分の覚悟を語りました。

網で覆われたかごに乗せられ、三十人ほどの護送役人に囲まれ、出発しました。

やがて、萩の町はずれ、涙松（なみだまつ）と呼ばれる場所に着きました。

護送人は足をとめ、戸を開けてくれました。松陰はなごりおしげに萩の町を眺め、やがて一首の歌を詠みました。

かえらじと思い定めし旅なれば
ひとしおぬるる　涙松かな

「もう帰ってくることはないだろうと覚悟を決めた旅であるから、萩の町が見えなくなる涙松に来ると、ひときわ涙がでてしまう。」

涙松

松陰は、幕府から取り調べを受けました。取り調べの内容から、老中を倒そうと計画していたことについて、幕府に知られていないことが分かりました。しかし、松陰は、自分の信じること、これからの日本の進むべき道について、幕府の役人に悟らせようと決心し、臨んでいます。ペリー来航以来の幕府の対応について、批判を述べ、自分の口から老中を諫（いさ）める計画を立てていたことを話しました。

幕府の役人達の怒りを買い、江戸伝馬町（でんまちょう）の幕府の牢屋に入れられました。

その後も、二度の取り調べを受け、それまで述べたことを書きとった調書の読み聞かせがありました。そこには松陰が言わなかったことも書いてあり、その書きぶりから自分の死罪を感じ取りました。

そこで、家族に宛てて手紙を書きました。自分の学問修養が足りなかったせいで、至誠がその力をあらわすことができずに、幕府の役人の考えを変えることができなかったことを述べ、次の歌を送りました。

親思うこころにまさる親ごころ
きょうの音ずれ何ときくらん

「子が親を思う以上に、親が子を思う気持ちは強いものだ。今日のこの私の死の報せを、父上、母上は、どんな気持ちで聞くのだろうか。」

松陰は、最後まで、誰かのせいにすることなく、自分を省み、そして、親の気持ちを考える思いやりのある優しい人でした。

塾生達に対しても、処刑される前日まで二日間かけて、遺書を書き残します。その遺書の名を**「留魂録（りゅうこんろく）」**としました。「留魂録」は次の歌から始まります。

身はたとい武蔵の野辺に朽ちぬとも
留め置かまし　大和魂

「たとえこの身は、武蔵の地で朽ち果てようとも、日本を思う大和魂はこの世にとどまり続けていきたいものだ。」

松陰は、この遺書に、自分の想いを託しました。大学をおこして教育をさかんにしてほしいということも書いてありました。

また、人の一生の中に四季があることを悟り、次のような言葉を残します。

今、私は死を前にして、心安らかです。今さら誰を恨もうという気もありません。

それは命について、こう悟ったからです。

春に種を蒔き、夏に苗を植え、秋に実り、冬には蓄える。

人にも同じように四季があります。人の命とは、歳月の長さではない。

十歳で死んでいくものは、十歳の中に。二十歳で死ぬものは二十歳の中に。

それぞれ春夏秋冬があり、実を結んでいる。

私は三十歳ですが、収穫の時を迎えたと思っています。

もし同志の中で、私の心を継いでくれる人がいたら、私の実は殻ではない。

どうか、一粒の籾として、次の春の種となれますよう。

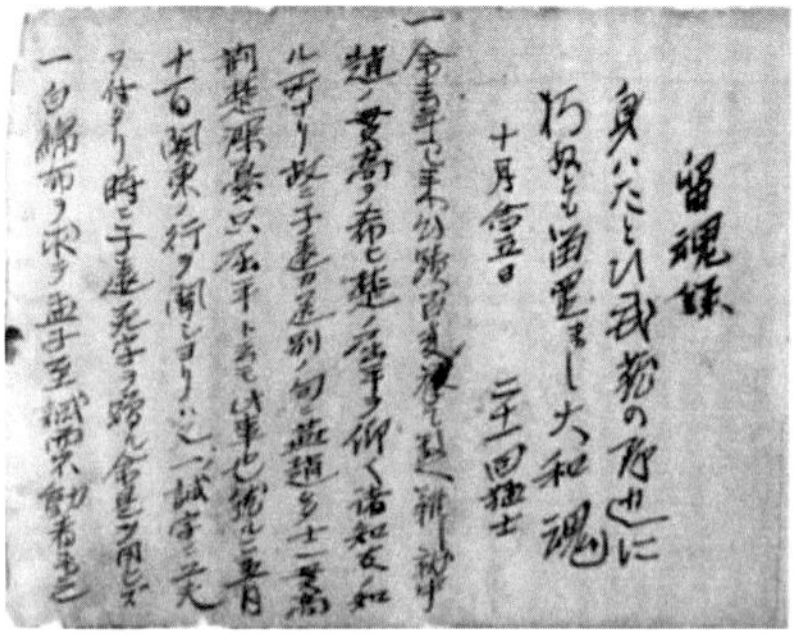

留魂録

（大河ドラマ『花燃ゆ』第十七回　松陰、最期の言葉）


留魂録を書き上げた翌日、安政六年（一八五九）十月二十七日。

評定所での申し渡しは、予想通り死罪でありました。

松陰は、覚悟のことでしたから少しも心を乱しませんでした。

「申し渡しの儀、委細承知仕りました。」と答えて立ち上がり、つきそいの役人に「長い間、ご苦労をかけました。」とやさしく言葉をかけました。


評定所を出ていく際、次の詩を吟じました。


吾今国の為に死す、死して君親に背かず。

悠々たり天地の事、鑑照、明神にあり。


「今、私は国のためにこの身を捧げる時が来た、死すとも君に忠に、親に孝の道にそむくことはない。

悠久に続く永遠の天地のことを思う時、神々よ、どうぞ私の憂国の誠の情をご照覧下さい。」


全く動ずることなく死に臨む松陰の姿に、まわりの役人達も、深く心を打たれました。

誠に、立派な最期でありました。

こうして、松陰は、数え年三十歳で、亡くなりました。

最期まで、我が国のことを想い、至誠を貫いた人生でした。

松陰が留め置いた大和魂、志を受け継いた人々によって、その後の新しい時代が創られていったのです。

第二章　吉田松陰先生の教育を体系化する

一　多くの逸材を輩出した松下村塾

明治維新の先覚者、吉田松陰が主宰した私塾。松下村塾が、なぜ注目されているのでしょうか？　それは、松下村塾が多くの逸材を輩出したからに他なりません。

その例を挙げてみましょう。

- **尊攘派のリーダーとして奔走した、久坂玄瑞**
- **奇兵隊の創設者、高杉晋作**
- **松下村塾の四天王と呼ばれた、吉田稔麿と入江九一**

など、幕末維新期を駆け抜け、維新前に命を落とした塾生が存在する一方、明治以降に活躍した塾生がより際立っているのが特徴です。

- **初代内閣総理大臣、伊藤博文**
- **第三代、九代内閣総理大臣、山縣有朋**
- **初代司法大臣、日本大学、國學院大學創設者、山田顕義**
- **内務大臣、品川弥二郎**
- **内務大臣、初代神奈川県令、野村靖**

など、近代国家の創出を担った塾生が多いです。さらには、

- **初代長崎造船局長となった、渡辺蒿蔵**
- **第百十銀行（現在の山口銀行）の三代目頭取となった、木梨信一**
- **東京職工学校（現在の東京工業大学）の初代校長となった、正木退蔵**

など、塾生の進んだ道は政界に限られることなく、多方面にわたっています。

松陰の教えを受け継いだ塾生らの多くが、後の日本の近代化・工業化の過程で重要な役割を担いました。

そのことが評価され、**「明治日本の産業革命遺産」**として、萩の４つの遺産と共に**「世界遺産」**にも登録されました。

松下村塾は、いわゆるエリート達を集めた塾ではありません。

むしろ、藩校である明倫館に通うことができない、下級武士たちが集まりました。

安政元年（１８５４）、弟子の金子重之輔と共に黒船への密航に失敗した松陰は、萩の野山獄で1年2か月を過ごした後、安政二年（１８５５）、自宅禁固として身柄を生家・杉家へと移されます。

松陰が藩の許しを得て、小さな幽囚室で家族や親類たちに講義を始めると、やがて近隣の武士の子らが教えを求めて門を叩くようになりました。これが、「吉田松陰の松下村塾」の始まりです。

塾生が増えると、8畳の部屋が手狭となり、10畳半の部屋を増築します。この粗末な平屋建ての学舎に、のべ92名が通いました。集まった若者達の平均年齢

は約18歳。まだ、藩や国を変える力もない、青少年達です。

たまたま、萩の松本村で生まれた青少年達が、吉田松陰という教育者に出会い、松下村塾で学んだのです。これが、日本の歴史を動かすことになったのです。


彼らは、吉田松陰という教育者に出会っていなければ、間違いなく同じ道を歩むことはなかったでしょう。**わずか一、二年の間に、松陰は萩から日本、そして世界へ羽ばたく多くの逸材を育てたのです。**まさに、「**教育の奇跡**」と呼んでよいのではないでしょうか。

二　なぜ松下村塾では多くの逸材が育ったのか

では、一体なぜ、松下村塾から多くの逸材が輩出されていったのでしょうか。

その理由として、大きく、以下の三つの要素が重なっていたと私は考えています。

(一)　時代の転換期
(二)　吉田松陰という人物のもつ人間力
(三)　松下村塾での教育法

まず、第一に、彼らが生きた時代は、ちょうど**時代の転換期**であったということです。

長らく争いのない平和な時代が続いた江戸時代の終わりを告げたのが、まさにペリーの黒船来航が象徴する、西洋の波です。

イギリスで産業革命が起きた後、西洋諸国は、どんどん力をつけていきました。そして、アフリカ、アジアへと進出し、次々に植民地としていきました。アヘン戦争では、大国・清がイギリスに敗れ、西洋の波は、日本へと差し迫っていたのです。

まさに、日本は危機の最中にあったのです。日本の危機をいち早く察した者達が、新しい日本の国のあり方を描き、日本の独立を守り抜くために、志士となって活躍していったのです。

彼らが、歴史の檜舞台に立って活躍していったのは、まさに**「時代が彼らを要請していた」**からです。

吉田松陰も、高杉晋作も、平穏無事な時代に生を受けていたならば、全く違った人生を歩んでいたことでしょう。

逆にいえば、**幕末という時代の変革期であったからこそ、彼らのような変革者の魂をもった人才が生まれた**のだと言えます。

さて、今は一体、どんな時代でしょうか。

長い歴史から見た時、現代の日本はどのような時代だといえるでしょうか。

そして、時代が求める人才とは、どのような人才だといえるでしょうか。

第二に、**吉田松陰という人物のもつ人間力**が欠かせません。

松陰は、**逆境の中にある日本を救う**ということを志していました。そして、**日本を救う人物は必ず自分のもとで育てるのだという気概**をもっていました。

松下陋村と雖も、誓って神国の幹とならん。（松本村はひなびた一寒村ではあるが、必ずや日本国の骨幹となろう。） 松陰のもつ**強い想いが全てのエネルギーの源**となっています。

また、危機迫る日本を守るため、寸暇を惜しんで、全身全霊で学び続ける松陰の姿に、塾生達は感化されていきました。

松陰は、愛読した『孟子』や『日本外史』といった教本をもとに、塾生達と議論を交わしました。「教える」というより、共に学ぶという姿勢でした。また、塾生達に対して、怒ることはほとんどなく、**大変優しい方であった**ということです。そんな松陰を塾生達は慕い、尊敬し、松陰の言葉を深く心に刻んでいきました。

松陰の熱のこもった語りは、塾生達の心に響き、やがては松陰が目指したように、国を動かす胎動となったのです。

例えば、松陰が歴史上の忠臣の話をした時のことです。松陰は、その人物のあり方に感動し、感極まって声を震わせ、涙を流すと、聞いていた塾生達も、もらい泣きをして講義を聴いたといいます。

逆に、主君を苦しめる逆臣の逸話になると、目をむいて烈火のごとく怒りの感情をあらわにし、やはり塾生達も憤りました。

松陰は、**「学んだことは実践して初めて本当の学問になる」「人は志を立てることが何よりも大切である」「学問とは、人がいかにあるべきかを学ぶことである」**ということをよく話し、そして**身をもっ**

て示していました。

こうした**松陰の真摯な姿勢に、多くの若者達が感化されていった**のです。

松陰が亡き後も、松下村塾の名が藩外まで鳴り響き、訪れる若者が後を絶たなかったのは、松陰の人間的な魅力に惹きつけられたからなのです。

まさに、**教育とは人であり、**施設などは関係ないということを教えてくれています。

第三に、**松下村塾での教育法**があげられます。

松下村塾での教育の方法は、当時の常識を覆す革新的な方法でした。

しかし、その方法にこそ、逸材を育んだ秘訣が隠されています。

松陰の教育は、「**人間として、日本人としての素晴らしさを学びながら、自分の存在価値を自覚し、自分の目指す人間像を志として確立し、志を貫くことで、誇りをもって社会に貢献できる人間を、師弟同行で実現していく**」ものでした。

「学は人たる所以を学ぶなり」（学問とは、人がいかにあるべきかを学ぶことである）と、松陰は特に「孟子」の**人間の本性は善**であり、**人間を信じる人間観**を信条としていました。そして、まず**自分が尊い人間であるという自覚**を松陰は大切にしました。

「国の最も大なりとする所は、華夷の弁なり」（国の最も大事な所は、自国と外国の区別をしっかりとすることである）と、**自国即ち日本の古き良き伝統や日本人としての誇り**を大切にすることを訴え、日本人としての自覚を持たせていました。

そして、人間として、日本人としての自覚に基づき、自分の目指す人間像を志として確立し、その志を、人生を通して貫いていく人間となることを目指しました。人間を育てるための中核を**「志を育てる」**教育としました。

松陰が「志を育てる」教育を実践するために展開していったのが**「個性を尊重する教育」**と**「集団で学び合う教育」**です。

個人指導において大切なのは、**「養」**の一字とし、自ら気付いて正していけることを大切にしました。そのため、一人一人をよく観察し、記録に残し、大切なことはすぐに手書きの文を渡していました。

また、時事問題を中心に、お互いに議論をし合う方法をよく取り入れました。そのため、塾生にとって日本の問題は我が事となっていったのです。

そのような教育法を大切にしていましたので、松陰が亡き後も、**彼らは、日本の問題を自分事として捉え、自分の存在価値を自覚し、志を貫き、世の為人の為に生き続けていくことができた**のです。

三　今、時代が令和版松下村塾を求めている

まさに、今、日本は「危機の時代」を生きています。と言われたら、あなたは驚くでしょうか。それとも、うなずくでしょうか。

日本の現状を認識していくために、いくつか客観的な数値で見ていきたいと思います。

○国民の豊かさを示すといわれる「一人当たりGDP」

　２０００年　世界2位　→　２０２０年　30位

○「国連世界幸福度ランキング２０２３年」

　日本人の幸福度　世界47位（G７諸国中最下位）

　日本人の子供達の精神的幸福度　38か国中37位とほぼ最下位

○日本の労働生産性

　G７諸国中　最下位　（「労働生産性の国際比較２０１７年版」より）

○日本人の平均睡眠時間

　１００か国中最短（２０１６年5月9日ミシガン大学研究結果）

○熱意のある社員　たったの６％

　（「日経新聞」２０１７年5月26日　米ギャロップ社調査結果）

日本の危機

- 食
- 健康
- 医療、薬
- メディア
- 経済
- 防衛
- 資源
- 領土
- 土地
- 隣国
- 拉致
- 憲法
- 環境
- 災害
- 教育の危機
  - 自虐史観
  - 危機感の欠如
  - 国体，天皇
  - 武士道精神
  - 偉人教育
  - 志

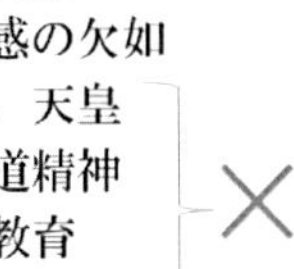

その他にも、食や健康、医療や薬、メディアによる情報、停滞する経済、隣国との関係…と、様々な問題が日本を覆っています。

少子高齢化により、ますます子供の数は減ります。地域は過疎化し、今後消滅してしまう可能性のある集落も数多くあります。

そのような中、教育の現状をのぞいてみると、戦後78年が経った今もまだなお、**GHQの占領下に実施されたWGIP（ウォー・ギルト・インフォメー**

ション・プログラム）の影響で、日本人のみが悪かったのだという戦勝国側に都合の良い歴史教育が行われています。**世界でも誇るべき日本の武士道精神や、尊敬すべき偉人の生き様、志を立てて生きるという生き方もほとんど教えられていません。**

結果、日本人の多くは、自己肯定感が低く、自国への誇りを失い、自分の力で国や社会をよくできると思うことができていません。若者の選挙の投票率も低いです。

18歳に調査した「自分の国の将来について」についての質問には、**自分の国の将来について、日本は「良くなる」が13・9％と、他の国に差をつけて6カ国中最下位。**「悪くなる」が35・1％、「どうなるか分からない」が30・7％で、それぞれ6カ国中最も高いスコアとなっています。（日本財団「18歳意識調査」　２０２2年より）

そして、残念なことに、若者の自殺率も年々増加しています。

さて、もう一度、問います。

今の日本は「危機の時代」を生きているでしょうか？

今、目の前の生活が一変する程の変化ではないため、まだ大丈夫、なんとかなるだろう、と問題を先回し、先回しにしてしまいがちのが、日本人の悪い癖です。

今は、まだ大丈夫なのかもしれませんが、**このまま政治も、経済も、教育も、打開策を見出すことができな**

ければ、五年後、十年後、二十年後、日本の未来はどうなってしまうのでしょうか。

だからこそ、まだ手遅れになる前に、今を生きる私達が、未来を生きる子供達のために、手を打たなければなりません。


日本にも、かつて同じような危機の時代がありました。

幕末。迫りくる日本の危機をいち早く察知し、逆境にある日本を救うため「教育」に人生を捧げた一人の男がいました。**彼の名を吉田松陰と言います。**彼の日本のために全身全霊で生きる姿は、多くの若者達の魂を鼓舞し、新しい国づくりの原動力となりました。

現代の日本も、まさに、内側から崩れかかっている、内憂外患の危機にあります。

教育の立て直しが急務です。教育は、国づくりの根幹です。

今こそ、令和版松下村塾が求められます。


日本人としての誇りと自信を取り戻しましょう。そして、自分の可能性に限界を設けずに、高い志をもち、命を最大限に輝かせる大人や子供が溢れる日本にしましょう。

そのために、「吉田松陰流教育」を教育に関わる全ての人に知ってもらい、教育への希望と活力を取り戻してほしいのです！


かつて、日本の危機を乗り越えたご先祖様達のように、我々も「吉田松陰流教育」でこの危機を乗り越え、後世への道標を残していこうではありませんか。

四　七つの柱で整理した「吉田松陰流教育」

松下村塾が開かれたのは、わずか2年程。
ここから後の日本の中心となって活躍した多くの人才が生まれました。

つまり、**短い期間の教育でありましたが、公のために、自分の力で伸び続けていける人を育てた**ということです。

その**教育法を現代に実用的に生かしていけるよう**、私は以下の**7つの柱**に整理しました。

私の考える『吉田松陰流教育』は、

1　**「立志教育」**　　　3　**「個性教育」**
2　**「大和魂教育」**　　5　**「行動教育」**
4　**「未来教育」**　　　7　**「愛情教育」**
6　**「友情教育」**

の7つの柱から成り立っています。

まず、中心にあるのが**①立志**です。

松陰は**「いかに生きるかという志さえ立てさせることができれば、人生そのものが学問に変わり、あとは生徒が勝手に学んでくれる」**と信じていま

吉田松陰流教育

立志教育～まず，志を立てよ～
大和魂教育～日本人であることの誇りを持とう～
個性教育～一人一人の良さを見抜き，伸ばせ～
未来教育～未来のために真剣に学び，議論せよ～
行動教育～できることを考え，行動せよ～
友情教育～共に学び，助け合える一生の仲間となろう～
愛情教育～愛がなければ子どもは育たない～

した。

つまり、**この立志ができるかどうかが教育の肝である**ということです。故に、中核に位置づけました。

では、立志をさせていくために、松陰はどんな教育を大切にしていたのでしょうか。

私は、２つの要素が大切であったと考えています。それが、**②大和魂**と**③個性**です。

②大和魂は、**「公のために」「世のため人のために」「日本のために」**との言葉に言い換えられます。松陰は、日本を守りたい！という強い思い、そして日本人としての誇りをもっていました。それが、塾生らに感化されていきました。

さらに、松陰の教育の中で、注目すべきは、**塾生一人一人の長所を見抜き、伸ばすことに長けていた**ことです。どんな人間でも、必ず一つや二つ良い所があり、それを伸ばしていけば必ず立派な人間になれると信じ、人間に限界を設けず、偉大な人間へと成長させようとしたのです。

このことから、一人の人間のもつ素質、本質、根本を見つめ、伸ばしていく**③個性**の教育が立志への鍵を握っていたといえます。

②大和魂は、「公」。③個性は「私」と言い換えることもできます。

「公」（世のため人のため）と「私」（自分の素質、長所、好き、得意、ワクワク）が重なるところに「志」が生まれてくるのです。

次がその志を太く、強くし、実現させていく④未来と⑤行動です。この２つは、両輪の関係にあり、どちらとも欠けてはなりません。

松下村塾では、塾生同士が幕府の政治や外国との関係、日本の守り方、日本の行く末等について、日夜、議論し合っていました。そして、松陰は、議論するだけ、学ぶだけではなく、行動することの大切さを説き、自らも行動を第一義として生きました。

学びの質とそれを実行する実践力の両輪が大事であることを教えてくれています。

④未来は、**「学び」「学問」「対話」「議論」「知恵」「ビジョン」**とも言い換えられます。

⑤行動は、**「参加」「参画」「実行」「実践」「勤労」**とも言い換えられます。

そして、**何よりも立志したとしても、この未来を見据えた学問と、今出来ることを実行する行動力がなければ、志が錆びてしまうということが大切な教え**であります。

④未来と⑤行動によって、志は磨かれ、より洗練され、研ぎ澄まされていくのです。

そして、**教育の土台**ともいうべきところに位置するのが、**⑥友情**と**⑦愛情**です。

松陰は、塾生を友と呼びました。**共に日本のために学ぶ同志の友**ということです。

塾生同士も、松陰のもと同志の友として、共に高め合い、助け合いました。

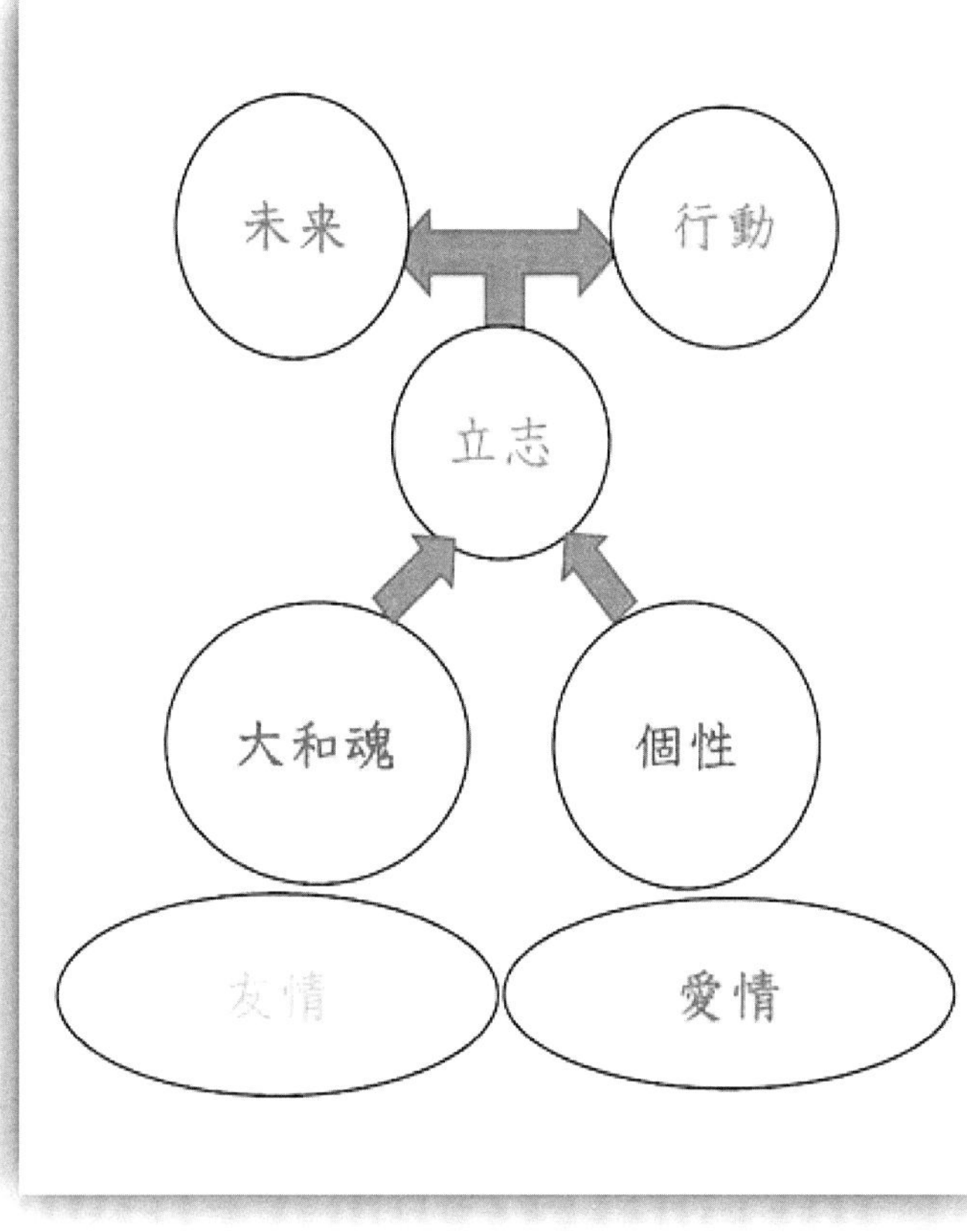

そして、何よりも**松陰は愛情に溢れた人間**でした。

これだけの高い志、猛烈な学問への意欲、塾生一人一人の可能性を信じ、励ます言葉や手紙のやり取りができたのは、日本国を、そして人を愛する心があったからに他なりません。

そして何より、松陰自身も家族に、塾生に、友に、師匠に愛されていました。**それを自覚していたからこそ、人を無条件に愛することが出来たのでしょう。**

故に、吉田松陰流教育の７つの要素を図に整理すると、上記のようになると考えます。

五　吉田松陰流教育発『立志図』

先程の図に、さらに意味付けを行った『立志図』について紹介します。

まず、土台にある**友情**と**愛情**ですが、これは、友と家に変換することもできます。友は、交友関係ともいえます。**交友関係の幅が広がることで、見える世界が広がっていきます。裾野を広げることで、より高みを目指すことができるイメージです。**

家の部分は、家庭での愛情や教育力ともいえます。昨今の社会状況の変化により、必ずしも愛情が注がれるとも限らない状況があります。地域社会や学校が連携し、どの子にも充分な愛情が注がれるよう努めていかなくてはなりません。

立志に直結する**大和魂**と**個性**は、**自分の「質」と「量」**とに置き換えることができます。**大和魂とは、公への意識、日本や日本人を大切に思う心**です。日本の歴史や文化、良き伝統、特性、国家の成り立ちを深く理解し、日本人としての高き誇りを抱くことで、まさに**魂を燃やす状態**になればなる程、**志の「質」が高まる**といえます。

個性とは、その人のもつ、特性や本質、資質や能力です。持って生まれた先天的なものもあれば、努力によって生み出される後天的なものもあります。自分の強みやワクワクを自覚し、伸ばしていくことによって、力を高めていくことができます。資質や能力は努力によって、高めることができるのです。故に、**志の「量」を支えるもの**となり得ます。

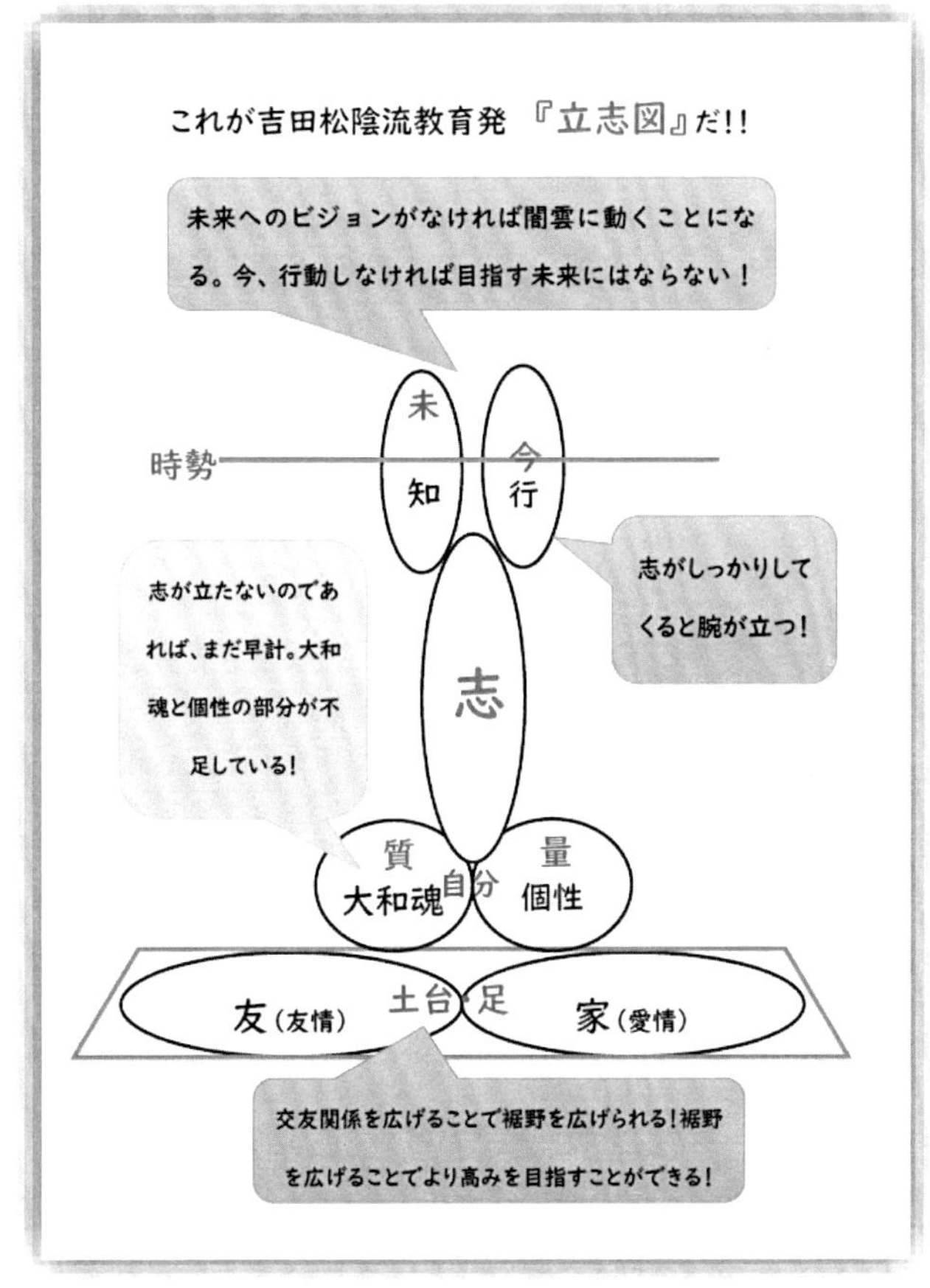

その上に、志が立ちます。

志とは、「世のため人のため未来のために、自分のなすべきことを明確にした決意」であり、**自分の人生の進むべき道の大きな方針を決めることが立志**です。

自分の中に、志と呼べるべきものがなかなか立たないというならば、それはまだ早計だということです。

日本の誇り、公への強い意識である「大和魂」や**自分の好きや得意、強みを自覚し伸ばし生かしていこうという「個性」**の深掘りが不足していると考えるとよいでしょう。

先人達の尊い想いを知り、その恩に報いようとする心情を育むこと。そして、自分の素晴らしさに気付き、自分の本当にやりたいことと向き合うこと。このような学びや内省を行っていくことで、志がだんだんと明確になっていくことでしょう。

いよいよ志を立てることができると、**人は自ずと学び、行動します。**

その**知と行を人の両腕**と捉えることができます。

つまり、**「志がしっかりしてくると、腕が立つ」**ということです。

時勢を横軸とすると、未来教育はその名の通り、「未来」であり、行動教育は「今」と捉えることができます。

どんな世の中にしたいか、どんな国にしたいか、どんな地域にしたいか、どんな学校にしたいか、どんな組織にしたいか、どんな自分になりたいか、未来へのビジョンがなければ人は暗中模索することになります。未来への素晴らしいビジョンがあったとしても、「今」、行動に移していかなければ理想の未来には辿り着くことはできません。「未来」は常に「今」の連続の延長にあるからです。

この図は、「自分自身が今どのあたりに位置するのか。」「どの部分が不足しているのか。」等と、**人が生涯に渡って成長していくための自己啓発の図式**としても活用することができます。

この図解を、**『立志図』**と呼ぶことにしましょう。

第三章　その一　大和魂教育

大和魂教育

～日本人であることの誇りを持とう～

一　大和魂とは

大和魂とは、**日本の歴史、文化、伝統、信仰等を踏まえた上で、日本人のもつべき心、魂、英知**であります。

松下村塾では、塾生それぞれが、日本人であることに誇りをもち、「日本のために」という強い思いをもって生き抜きました。

志は、夢や野心とは違います。それは、**「公のために」という思いが大前提としてあるか、ないかの違い**です。故に、志を育むためには、「**公のために」という思いを育む必要**があるのです。

また、日本には古くから**日本人本来の知恵や生き方**があります。**「大和魂」**という言葉を初めて用いたのは、どなたであるかご存じでしようか。

それは、平安時代の**紫式部**だといわれています。律令制度下の当時、世の指導者層の頭の中は中国一辺倒で、日本人本来の知恵や生き方が失われつつありました。これでは、日本は滅びる、式部はそう見抜き、**「大和魂」という言葉を創り覚醒を促したのです。**

敗戦後、ＧＨＱによるＷＧＩＰ（ウォー・ギルト・インフォメーション・プログラム）により、日本人の骨抜き作戦が行われました。

日本人から日本人としての誇りや祖国を愛する心、大和魂が失われました。そして、戦後の歴史教育にも今なお問題があります。偏った認識の歴史教育では、健全な自尊心は育まれません。

戦後79年が過ぎた今、**我々は「大和魂」を蘇らせ、日本の良さを大事にし、日本のために、そして公のために生きる力強く逞しい若者達を育てていかなくてはならないのです。**

戦後GHQが行った日本の解体政策
①国の形（＝国體）を定める憲法を作りかえる
②軍隊を放棄させる（憲法9条）＝米軍基地を置いて守らせる（日米安全保障条約）
③検閲制度をつくる＝マスコミをコントロールする、焚書
④諜報能力を奪う＝通信社を解体する、軍を解散させる
⑤経済力を奪う＝財閥解体
⑥地域の名士をなくし、コミュニティーを潰す＝農地解放、家長制度廃止
⑦国民と皇室を切り離す＝神道指令
⑧教育をコントロールする＝文部省をGHQ傘下に入れて、教育委員会制度、日教組などをつくる
⑨日本人の精神性を破壊する＝WGIP、3S政策、道徳・歴史・武道の廃止

二　誇りを育てる日本語り

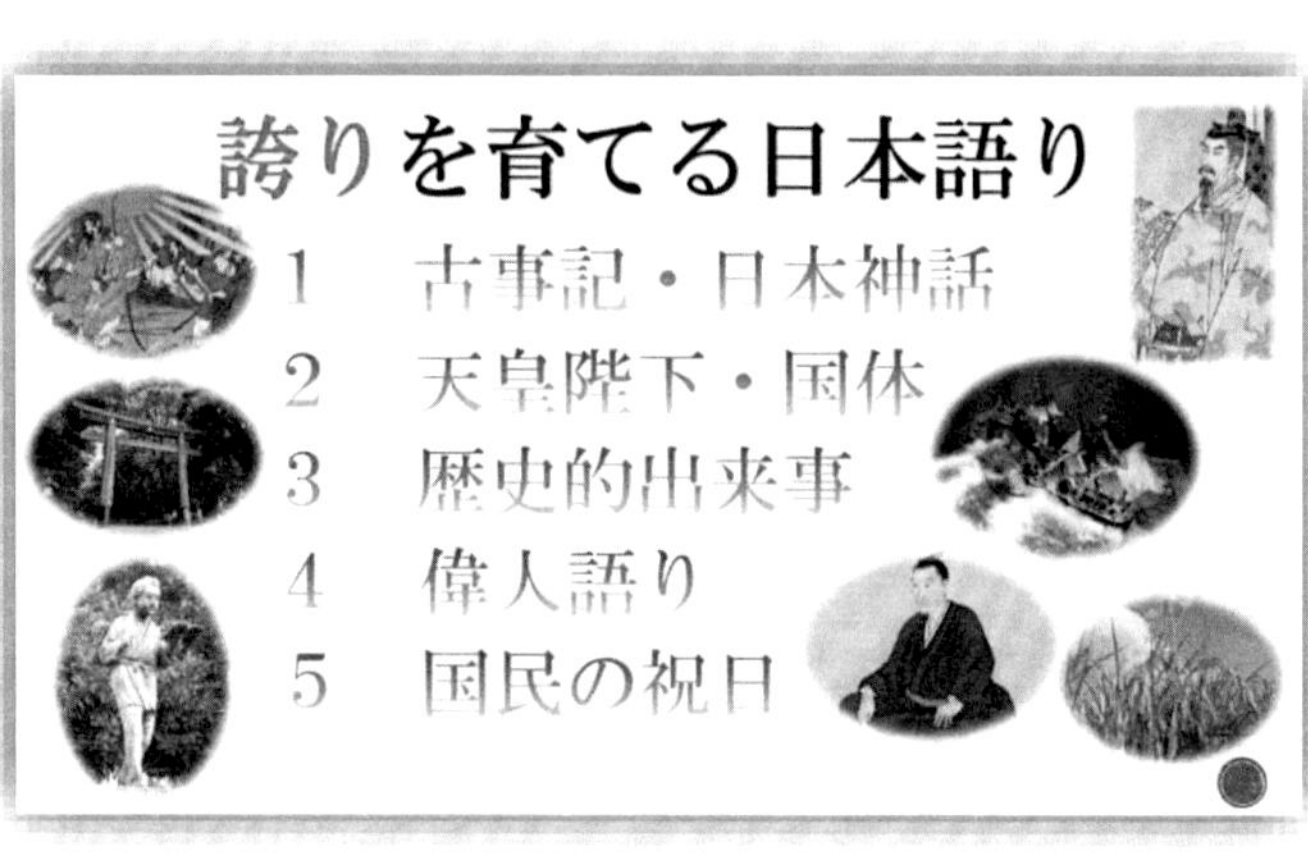

しかし、残念ながら、現行の日本の教育の中には、日本の誇りを培うためのカリキュラムや教科書がありません。何も考えることなく教えていたら、むしろ、日本のことを誇りに思えず、悪いことをした国だと、嫌いになってしまう仕組みになっています。

国全体で、戦後の歴史教育を見直し、歴史教科書の選定や採択を「日本の誇り」を育む方向へ舵取りをしていかなければならない時期にきています。その動きを作っていくのは、国民一人一人です。79年間の仕組みをひっくり返していくことは、容易いものではありません。

国全体の動きを作っていくことも見据えながら、まずは目の前の子供達に、「日本の誇り」を育んでいける教師を増やしていくことが大事です。そのような想いから、同じ志をもつ教師仲間と、**「誇りを育てる日本語り」**を実践し、集めています。本来であれば、子供達に伝えなければならないけれど、伝えられていないものを、朝の会や帰りの会、空いた時間など、短時間でできる「語り」という形で行っていき、その内容や資料を集めていこうという取り組みです。

一　古事記・日本神話

『古事記』や『日本書紀』という名称については習いますが、その具体的な内容については、ほとんど教わりません。これらは、我々のご先祖様達が大切に語り継いできた日本神話です。我が国の神話が語る宇宙のはじまり、地球のはじまり、日本のはじまり、人間のはじまりが描かれた壮大な神様達の物語は、まさに我々日本人の根っこです。

日本の神話を学ぶことによって、我々のご先祖様達が、宇宙や地球、命の根源をどのようにとらえていたのかが分かり、宇宙の発展、生成を担う人間としての使命を自覚できます。また、自分の命と八百万（やおよろず）の神様とのつながりに気付き、自他の命への尊厳が生まれます。日本神話を子供達に継承していきましょう。

二　天皇陛下・国体

日本の国体（国家のあり方、根本体制）の中心である天皇陛下と国民のつながりも断ち切られました。学校教育の中で、建国から百二十六代にもわたって途絶えることなく続く天皇陛下の国民の幸せを無私に祈る大御心（おおみこころ）について、ほとんど教わることはありません。

初代神武（じんむ）天皇の「皆で仲良く助け合う国、平和な世界を創っていこう」（八紘一宇（はっこういちう））という日本建国の精神も教わることはありません。日本が建国の紀元前六六〇年から二六八四年続く、世界で最も古く、一番長く続いてきた国であるということすら知らない教員や子供達が大半です。

国民を想う天皇陛下の大御心を伝えていきましょう。そして、天皇陛下を中心として日々国の繁栄のために力を尽くす国民との心の絆が、日本という国家を一つに統合しているという我が国の国体の尊さを子供達に伝え、次世代に繋いでいきましょう。

三　歴史的出来事

日本人は世界最古の歴史をもつ、平和を最も愛する誇り高き民族です。

日本人の精神性の高さ、差別をせずにどの国の人も助けることができる慈悲の心。大切なものは守り抜き、屈することのない強さ、これらを物語る歴史的出来事がたくさんあります。

例えば、第一次世界大戦後のパリ講和会議において世界で初めて人種差別撤廃を訴えたのは日本です。そして、先の大戦においては欧米のアジアにおける植民地の解放を果たしてきたという側面があります。

これらの事実をしっかりと子供達に伝えていきましょう。

四　偉人語り

日本には、尊敬すべき、素晴らしい偉人がたくさんいます。偉人と呼ばれる人達の生き方には、共通点が数多くあります。誰かのためにという志をもっている点、そして、志を貫き、決してあきらめることがなかったという点などです。また、どんな偉人にも、必ず逆境があります。その逆境を、彼らはどう乗り越えていったのか、どんな想いや考え方を大切にしていたのか、それらを学ぶことで、子供達は自分の人生を逞しく生き抜いていく心を手に入れることができます。

また、数々の偉人に触れることで、自分の生き方のお手本となるような人物と出会うことができます。その人物に憧れ、その人のように生きたいという理想の姿をもつことができるのです。それを**偉人に肖る**(あやか)といいます。私が吉田松陰の生き方に感化され、魂が共鳴したように…。肖る人物を持つことは、人生を支える支柱を手に入れることです。子供達に多くの偉人の生き方を伝え、その志を伝えていきましょう。

先人に限らず、現代にも「大和魂」を持って生きる日本人もいます。

東日本大震災と戦った自衛隊の活躍は、まさに日本の誇りであり、子供達に知ってほしい内容です。中村正和著『二刀流の侍と武士道（もののふのみち）』の中で、当時の様子、自衛隊員達の行動がありありと記さ

「大和魂」を持って生きる日本人の語り

3．11　東日本大震災と戦った自衛隊

中村正和先生『二刀流の侍と武士道』

れています。

三月十一日には、亡くなった方々への黙祷を捧げると共に、「戦場」と化した被災地で、最後の砦（とりで）として、「国のため」「国民のために」命をかけて行動してくれた自衛隊員達の話をします。

涙なくしては語れません。子供達も、涙を流します。そして、改めて、命の尊さを知り、人のために行動する崇高な生き方に感動し、自らの人生と重ね合わせます。

偉人語りは、それだけで力があります。議論などせず、伝えるだけで十分な価値があります。

五　国民の祝日

日本には、大切な日がいくつかあります。それを「国民の祝日」として、日本人全員でお祝いしたり、想いを馳せたりする日となっています。

しかし、どれだけの国民や子供達が、本当に心からお祝いをしたり、想いを馳せたりしているのでしょうか。祝日の由来や本当の意味を知っているでしょうか。

国民の祝日の前には、その祝日の意味を子供達に話していきましょう。残念ながら、祝日の中には、戦後、その意味や名称が変えられてしまったものもあります。

国民の祝日の「語り」

建国記念の日		２月１１日
天皇誕生日		２月２３日
昭和の日		４月２９日
憲法記念日		５月３日
文化の日		１１月３日
勤労感謝の日	新嘗祭	１１月２３日

例えば、十一月二十三日は、本来は「新嘗祭（にいなめさい）」といって、天皇陛下がその年に収穫された新穀などを天神地祇（てんじんちぎ）（天の神と地の神）に供えて感謝の奉告（ほうこく）を行い、これらの供え物を神からの賜（たまわ）りものとして自らも食する儀式を行う日なんですね。古くから、この日は国民も天皇陛下と一緒になって、自然の恵みに感謝する日だったのです。本当は、「勤労に感謝する」日ではなく、**「自然の恵みに感謝して、働けることに感謝する」**日だったのですね。

このように、それぞれの国民の祝日には、本来の由来や意味があります。

他にも、四月二十九日「昭和の日」は、昭和天皇の誕生日です。

十一月三日「文化の日」は、明治天皇の誕生日です。

これらの日には、現行の意味に付け加えて、昭和天皇や明治天皇のご功績や国民を想う大御心をあらわすエピソードを伝えていきたいですね。

天皇陛下の生き方は、まさに「仁」を体現しています。思いやり、慈しむ心そのものです。天皇陛下は、まさにその姿を通して、日本人のあるべき姿、理想の生き方を教えてくださっています。

それらを子供達に伝えていく機会はなかなかありません。だからこそ、「国民の祝日」を迎える前に、少しでも子供達にエピソードを伝えることができる先生が増えていくことを願っています。

三　受け継ぎたい日本建国の想い

実際に行った、子供達への語りを一つご紹介いたします。**「建国記念の日」**の語りです（令和五年実施）。

〈以下、スライドを用いての語り〉

「建国記念の日」がもうすぐ近づいてきますが、皆さん、「建国記念の日」って何の日でしょうか。

「建国記念の日」は、日本だけではなく、それぞれの国にありますが、国がはじめて出来た日のことです。簡単に言えば【国の誕生日】なんですね。

皆さんにも、誕生日がありますよね。ちなみに、〇〇さんの誕生日はいつですか？

では、私達が住んでいる日本の建国の日【誕生日】はいつでしょうか？

分かる人？　では、分かる人は言ってみましょう。

そうですね、【二月十一日】ですね。

では、誕生日を迎えると、皆さん、どうなりますか？

そうですよね。一つ、歳をとりますよね。

では、今年の【二月十一日】、日本は一体、何歳になるんでしょうかねぇ。

皆さんも、お誕生日ケーキに歳の数だけ、ろうそくを立てたりすると思いますが、日本のお誕生日は、一体何本のろうそくを立てればいいんでしょうかね。

他の国にも同じように、誕生日があり、年齢がありますよね。

ということで、クイズです。

「世界の長寿国ランキング〜！」

では、皆さんで予想していきましょう。

まずは、第三位から。どこの国でしょうか？（何人か予想を答える）

第三位は、イギリスです。では、約何歳でしょうか？（何人か予想

を答える）

実は、約９００歳になるそうです！　すごいですねぇ。

では、第二位は、どこの国でしょうか？（何人か予想を答える）

第二位は、デンマークです。デンマークは約１０００歳だそうです！

それでは、栄えある第一位は、どこの国でしょうか？

世界で一番、長く続く国はどこか分かりますか？（何人か予想を答える）

第一位は、なんと、日本です！（子供達、驚きと拍手）

日本が一番、長老なんですね。

では、一体、日本は何歳になるんでしょうか。（何人か予想を答える）

なんと、日本は、今年（令和五年）、**２６８３歳**になるんです！（子供達、驚きと拍手）

第二位の約１０００歳の二倍以上の年齢なんですねぇ。

この２６８３歳という数字を覚えていてくださいね。

ちなみに、このような年表があります。「**世界史対照年表**」と言って、国

今年の【２月１１日】
日本は何歳になるのでしょうか？

２６８３歳

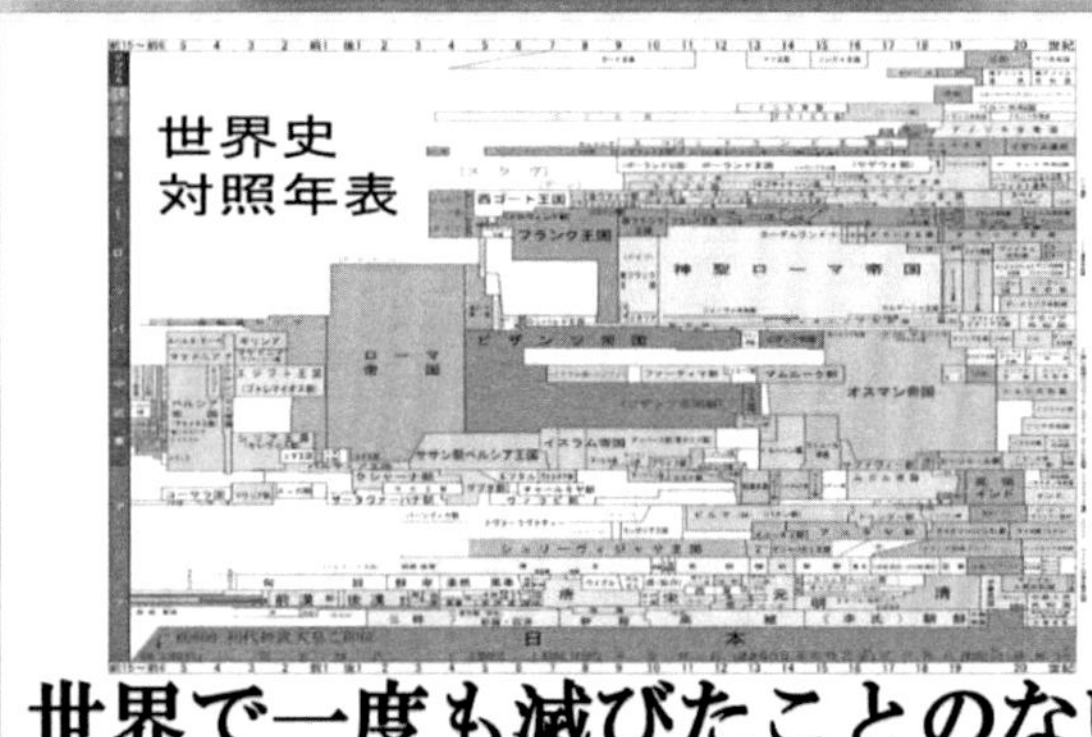

世界で一度も滅びたことのない
唯一無二の国　日本

が生まれて、現在までどのような過程をたどってきているのか、というのが分かりやすく整理された年表です。

大きなローマ帝国とか、オスマン帝国とか、ありますね。

実は、この「縦の線」というのは、その国が滅びてしまったという意味の線なんです。

左から横に見ていくと、その大陸や場所に、どんな国ができていったのかということが分かるようになっているんですね。

どの大陸や地域でも、縦の線が入っていて、国が変わっていることが分かります。

では、一番下にある、日本を見てみましょうか。

「前６６０」というのは、紀元前といって、西暦０年より、さらに６６０年昔という意味です。

日本は、一番左の、紀元前６６０年から、ず～っと、ず～っと、この縦線が入ることなく、続いてきた国なんですね。

この６６０という数字を覚えておくと、西暦と足して日本の年齢が求められます。

今年は、西暦２０２３年なので、６６０を足して、２６８３歳という訳です。

実は、**世界の中で、一度も滅びたことのない唯一無二の国**が、**我が国日本**なんですね。

どうして、日本だけが、世界で一度も滅びることなく、世界一長く続いているのでしょうか？　様々な理由があると思いますが、今日は日本を建国した人の言葉から、その理由を探ってみたいと思います。

日本の誕生日があるということは、日本を建国した人がいるという訳ですよね。

日本を建国した人は誰でしょうか？（何人か予想を答える）

正解は、「神武天皇（じんむてんのう）」です。

では、神武天皇は、一体どんな想いで、日本を建国したのでしょう？

その想いの書かれた「建国の詔（みことのり）」（『日本書紀』より）の一部を紹介していきたいと思います。

なぜ、日本は一度も滅びることなく
世界一長く続いているのだろう？

日本を建国した人は誰？

神武天皇
じんむてんのう

どんな想いで日本を建国
したのでしょう？

「建国の詔」
みことのり
『日本書紀』より

「上はすなはち乾靈、國をさづけ給ふ徳にこたへ、下はすなはち皇孫正をやしなひ給ひし心をひろめん、しかうしてのちに、六合をかねてもて、都をひらき八紘をおほひて、宇とせんことよからざらんや。」

このような意味になります。

「(私が志を立てて日向を出発してから6年が過ぎた。辺境の地はまだ平定されてはいないけれども、中央の大和国は穏やかに治まっている。そこで、国民のため、いよいよ都造りに取りかかろうと思う。)

まず、この国を授けてくださった神々の徳にこたえ、**先祖が育まれた正しい心を広めていこう**。その後で、四方の国々を束ねて都を造り、**一つの家族のように仲良く暮らしていける国にしよう**ではないか。」

このように、宣言したのですね。

「上(かみ)はすなはち乾靈(あめのかみ)、國(くに)をさづけ給(たま)ふ徳(うつくしみ)にこたへ、下(しも)はすなはち皇孫(すめみま)正(ただしき)をやしなひ給(たま)ひし心(みこころ)をひろめん、しかうしてのちに、六合(くにのうち)をかねてもて、都をひらき八紘(あめのした)をおほひて、宇(いえ)とせんことよからざらんや。」

「私が志を立てて日向を出発してから6年が過ぎた。辺境の地はまだ平定されてはいないけれども、中央の大和国は穏やかに治まっている。そこで、国民のため、いよいよ都造りに取りかかろうと思う。

まず、この国を授けてくださった神々の徳にこたえ、先祖が育まれた正しい心を広めていこう。その後で、四方の国々を束ねて都を造り、一つの家族のように仲良く暮らしていける国にしようではないか。」

この建国の詔の中で、神武天皇の日本の国づくりへの想いが表れている言葉があるので、紹介していきたいと思います。

まず、「民」という字が出てくるのですが、この字を何と呼んでいるでしょう?

国民のことですね。普通は、「たみ」と呼ぶと思いますが、この建国の詔には、このように書かれています。

それは、**【おおみたから】**です。漢字にすると**【大御宝】**となります。

神武天皇は、日本に住む国民のことを、【大御宝（おおみたから）】と呼んで慈しみ、国民の幸福を無私に祈り続けて来られたんですね。

宝物の「宝」ですね。そして「御」というのは大切なものにつける字ですよね。そして、さらにそれが「大」きいと。本当に、「国民がすごく大事なんだ。宝なんだ。」と仰っているのです。本当に有り難く、嬉しいことですよね。

【大御宝】
おおみたから

国民を「大御宝（おおみたから）」と呼んで慈しみ、その幸福を無私に祈り続けて来られた。

【養正】
ようせい

常に正しさを養っていく

【八紘一宇】
はっこういちう

一つの家族のように仲良く暮らしていける国にしよう。和の精神を重んじる。

もう一つ、先ほどの言葉の中に**【正しきを養い】**という言葉がありました。熟語にすると**【養正】**という言葉になります。これは、神武天皇ご自身が、**【常に正しさを養っていく】**という姿勢をあらわしているんですね。もうすでに答えがあるものを押し付けていくという考え方ではなく、天皇ご自身が常に問い続けながら、正しさを養っていく。そして、その姿を、国民の皆さんにも広めていこうというリーダーとしてのあり方を示しているのですね。

そして、最後に、**【八紘をおほひて、宇とせん】**という所です。これは、**【八紘一宇（はっこういちう）】**という言葉です。**【一つの家族のように仲良く暮らしていける国にしよう】**という、日本の和の精神を重んじる心を表しているんですね。

国民のことを【大御宝】としてその幸福を祈り続け、天皇自らが【正しきを養う】姿勢を大切にし、そして、皆が一つの家族のように仲良く暮らしていける【八紘一宇】の国づくりを目指した。

力や権力ではなく、「徳」をもって国を治めようと努力してこられた。

だから、天皇陛下という存在を、国民も尊敬し、いっしょになってよい国づくりを目指してきた。国の危機には、皆で一丸となって守り抜いてきた。だからこそ、世界で唯一、一度も滅びたことのない、世界一長い国として、存在し続けているのだと考えます。

まさに、日本建国の理念、すなわち創業の志が、素晴らしかったといえますね。

先生の尊敬する教育者、吉田松陰先生が、「**士規七則**」という、日本人として大事にしてほしいことをまとめた訓えがあるんですね。その二つ目に「日本人としての道」が書かれています。こんな風に書かれています。

一、凡そ、皇国に生まれては、よろしくわが宇内に尊きゆえんを知るべし。

【二】日本人としての道とは何か

一、凡そ、皇国に生まれては、よろしくわが宇内（うだい）に尊きゆえんを知るべし。
けだし皇朝は万葉一統にして、邦国の士夫、世々に禄位（ろくい）を襲（つ）ぐ。
人君は民を養いて、祖業を続（つ）ぎたまい、臣民は君に忠して父志（ふし）を継ぐ。
君臣一体、忠孝一致なるは、ただ、吾が国を然（しか）りとなす。

【二】日本人としての道とは何か

天皇がしろしめされる、わが日本国に生まれたのであれば、

世界の国々のなかで、私たちの日本が、すぐれている点について知っておかなければなりません。

日本は、初代・神武天皇から変わることなく、

今も万世一系（ばんせいいっけい）の天皇がしろしめされている国であります。

※しろしめす…「しらす」＋尊敬の意「めす」＝「しらしめす」→「しろしめす」お治めになる。

※万世一系…永久に同一の系統の続くこと。特に皇室についていう。

「天皇がお治めになる、わが日本国に生まれたのであれば、世界の国々のなかで、私達の日本が、すぐれている点について知っておかなければなりません。

日本は、初代・神武天皇から変わることなく、今も万世一系（ばんせいいっけい）の天皇がしろしめされている国であります。国民を思う天皇陛下の大御心と、その大御心に感謝し、報恩の念をもって日々力を尽くす人々との心の絆が、日本という国家を統合形成しています。このような国は、世界でも日本ただ一つでありますから、そのことを誇りに思い、我々も受け継いでいかなくてはなりません。」という意味になります。

世界で一番長く続いている国は、紛れもなく我が国日本であります。今年で、**２６８３年目**です。初代、神武天皇は、**「天を屋根とするような家のような国をつくりなそうではないか」**と人々に呼びかけられたときに、

【二】日本人としての道とは何か

国民を思う天皇陛下の大御心（おおみこころ）と、
その大御心に感謝し、報恩の念をもって日々力を
尽くす人々との心の絆が、
日本という国家を統合形成している

世界でも日本ただ一つでありますから、
そのことを誇りに思い、我々も受け継いでいかなくてはなりません。

【二】日本人としての道とは何か

世界で一番長く続いている国は、紛れもなく我が国日本であります。今年で、２６８３年目です。

初代・神武（じんむ）天皇は、
「天を屋根とするような家のような国をつくりなそうではないか」と人々に呼びかけられたときに、その国の名を「大和」とされました。

これは、異なる文化共同体が、一つの価値を他に強制することなく、それぞれの伝統価値を尊重しながら、全体として和する国や世界の在り方を示したのです。

ここに我が国日本の建国の理念があるのです。

【二】日本人としての道とは何か

「一（ひとつ）、凡（およ）そ、皇国（こうこく）に生まれては、よろしくわが宇内（うだい）に尊きゆえんを知るべし。」

日本の国体を次世代に繋いでいくこと。
さらに、その大和の心を世界に広げていくこと。
美しい調和のとれた世界を実現させていくこと。

その国の名を「大和（やまと）」とされました。

　これは、**異なる文化共同体が、一つの価値を他に強制することなく、それぞれの伝統価値を尊重しながら、全体として和する国や世界のあり方**を示したのです。

　ここに我が国**日本の建国の理念**があるのです。

　つまり、私達日本人として大事なことは、まずこの素晴らし**い日本の国体を次世代にしっかりと繋いでいくこと。さらに、その大和の心を世界に広げていくこと。美しい調和のとれた世界を実現させていくこと。**ここに私達日本人の役割があるのだということですね。

　日本という素晴らしい国家を建国してくださった神武天皇には、実は今もその子孫がいます！　それが、この方です。皆さんも知っているかと思います。現在の天皇陛下ですね。

では、現在の天皇陛下は、何代目になるのでしょうか？

なんと、**126代目**なんです。初代、神武天皇からず～っと、同じ血筋で、126代まで続いてきているということなんですね。これは、現在まで続く世界最古の王家として、世界ギネス記録にも認められています。

現在の天皇陛下のお名前を知っていますか？

徳に仁と書いて、徳仁(なるひと)様と言います。ぜひ、この機会に知ってほしいと思います。

そして、今の元号は**【令和】**ですね。**【美しく和する】**という意味です。私達、日本国民が、そのような日本、世界を目指して行動していきたいですね。

二月十一日は、我が国日本の建国記念の日です。

ぜひ、この日は、これまで２６８３年も我が国を守ってくださった歴代の天皇陛下と全てのご先祖様達に、感謝の心をもって、そして、私もこの日本を受け継いでいく国民の一人であるということに誇りをもって、日本の誕生日をみんなでお祝いできる一日にしたいですね。

日本の２６８３歳のお誕生日、おめでとうございます！

今日のお話は、ここまでです。

以下は、この「語り」を聞いた子供達（当時、小学校六年生）の感想です。

○ここまで続く日本がすごいと思った。日本人として日本のことをもっと知りたいと思った。日本を本気で祝いたい。

○日本人であることに誇りを持って天皇陛下への感謝と日本に対しての感謝を忘れずに生きていきたい。

○知らないことを知れた。神武天皇から一度も血筋が途切れることなく続いているなんて、すごすぎる日本。

○いつも天皇陛下がみんなに平和を願っているということ、国民を「宝」と言っていることに感謝しなきゃダメだなと思いました。

○今回の誕生日で、日本が２６８３歳になるのがすごい！と思った。世界でも堂々の一位の国なのにそれを国民はほとんど知らないというのにとてもショックだった。神武天皇の時から続いている天皇１２６代の血筋のおかげで、日本はずっと続いてきているから、もっと天皇と日本を感謝するべきだと思った。日本誕生日おめでとう‼

○国民の建国記念の日、日本の年齢の認知度が１００％になれば良いなと思った。そして私は天皇陛下の大御心を忘れずにいたいです。日本は世界最古の国だからそれをもっと誇りに持てたらいい。
○国の大事な日なので、いろいろな人に伝えたいと思った。これからもずっと国を大切にしていこうと思った。
○明日で日本が２６８３歳になるということで、改めて「日本はすごい国だ」と思いました。でも、そのことを知らずにただ祝日とだけ思っている人が多いことを知り、ガッカリしました。僕は何年後でも小出先生のこの話を思い出して、一年一年大切にしていきたいです。
○今日教わった日本の歳、日本を建国した人などをしっかりと忘れないようにする！　そしてそのことを、家族に話して一緒に日本の誕生日を祝おうと思います！　日本、お誕生日おめでとう！
○建国記念の日は何月何日かを言えるようにする。日本の年齢もいえるようにする。世界で日本だけが滅びていないのはすごいと思った。民のことを大御宝と呼んでいて驚いた。日本のことをもっと知りたいと思った。
○神武天皇の血筋が今も続いていることに驚きました。日本が２６８３年続いていることがすごいと思いました。日本にもっと関心を持っていろいろ知りたいと思いました。
○今よりもずっと日本のことを知って、国家を愛し、私は日本人だと胸を張って言えるようになりたいと思いました。日本の大和魂を忘れず、天皇陛下に感謝をすることを誓います。
○日本という国に生まれたことにもっと誇りを持ちたいなと思った。世界の長寿国ランキングでも一位で、ギネスにも載っているのがすごいなと思った。
○日本が、２６８３年間続いていて、ご先祖様の日本への気持ちがよくわかった。日本をより知ってみたくなった。
○日本人の誇りを忘れないようにしようと思った。明日を祝おうと思った。

○日本は、改めて長寿国ランキングで1位と分かった。初代神武天皇から２６８３年の歴史があり、一度も天皇の血筋を途絶えさせなかったすごい国。
○天皇陛下が、「災いを自分に通してください。」と言っていたり、いつも国民の平和を願ってくださったりしているのに、今までの争いは、天皇のせいなど言っている人がいてダメだと思いました。
○私は、建国記念の日について聞いて、改めて天皇陛下のすごさを知りました。大和国を建国した神武天皇や、その大和国を代々繋いで守ってきて下さった天皇陛下もすごいと思いました。「令和」という元号のように大人になったら美しい日本のあり方を守っていきたいと思いました。
○建国記念の日は前から知っていたけど改めて我が国の歴史、そして天皇陛下がいてくださること、毎日国民のためを思って祈ってくださることに感謝をしたいと思いました。日本に感謝し、天皇陛下にも感謝して、日本２６８３歳の誕生日を祝いたいです。
○ここまで続いている日本を絶対に途絶えさせたくないと思った。これからも和の心を大切にして受け継いでいきたい。
○２６８３年も歴史のある日本は、危機があったけれどそれを乗り越えて、２６８３年も続いたのはすごいと思う。そして２６８３年の歴史を0からにしないように、みんなで築いていく必要があると思った。
○いろいろな情報が聞けて嬉しかった。長く続く日本がすごい。もっと知りたい。建国記念の日を言えるようにする。天皇陛下に感謝。
○歴史ある立派な日本の考えや天皇陛下の国民に対する祈りに感謝する事で、日本を祝いたい。
○世界長寿国ランキングで日本が一位ですごかった！２６８３年の歴史をみんなで築いていきたい。天皇陛下に毎日毎日感謝する！

子供達の感想を読んで、いかがでしたでしょうか。**天皇陛下を戴く日本という国に対する感謝や誇り、日本人としての自覚や使命感**が、少しずつ芽生え始めていることを感じませんか。

このような「語り」を、機会を見つけて取り入れていくことで、子供達は自分の生まれ育った母国、日本のことを知り、感謝や誇り、愛が生まれます。それが、**公に向かう精神の土台**になっていくのです。

子供達と共に、我が国の歴史と誇り、日本の精神を取り戻していきたいと思うのです。**知ることは、愛することの第一歩です。**

戦後79年間、封印され続けた大和魂を取り戻しませんか。

それが今を生きる我々教育に関わる者達の務めだと思うのです。

四　世界の中での日本に目を向ける

「国の最も大なりとする所は、華夷の弁なり」（国の最も大事な所は、自国と外国の区別をしっかりとすることである）と、松陰は言います。

つまり、日本と海外との違いを認識し、「世界の中での日本」という大きな視点で、我が国日本の現在の立ち位置や未来、世界の中での日本の役割というのを、考えていくことが大切であるということです。

まずは、世界に類まれなる【日本の良さ】から考えていきたいと思います。

世界の中で、日本の特質すべき良さを一つ挙げるとするならば、私はその【精神性の高さ】をあげます。

元台湾総統の李登輝(りとうき)氏は『「武士道」解題　ノーブレス・オブリージュとは』という著書の中で、このような言葉を書き残しています。

「日本が数千年に渡って積み上げてきた輝かしい歴史と伝統が、人類社会に対する強力なリーディング・ネーションとしての資質と実力を明確に示しており、世界の人々から篤い尊敬と信頼を集めている。**大和心、大和魂、武士道こそ、日本人が最も誇りに思うべき普遍的価値であり、人類が直面している危機的状況を乗り切っていくために、絶対必要不可欠な精神的指針である。**日本人は自分達の使命に目覚めよ！」

この言葉からも、我々日本人が、長い歴史と伝統の中で培ってきた【精神性の高さ】にこそ、日本の価値が詰まっていることが分かります。さらに、李登輝氏は、その精神を「**普遍的価値**」であると述べています。「普遍的」とは、「広く行き渡るさま。極めて多くの物事にあてはまるさま。」を言います。個人がどう考えるかではなく、すべての思考や認識に合致するというさまを言います。つまり、**いつの時代でも、どんな場所でも、誰にとっても、大切な考え方が詰まっているのが日本人の精神にあるのだ**ということです。

なぜ、我々日本人がそのような普遍的な価値をもつ、精神性を身につけることができたのでしょうか。

それは、日本のルーツである、一万四千年という長い時代の間、武器も持たずに平和を貫いた縄文時代にその所以があります。優れた建築技術と高度な生活水準を保ちながら、争うことを一切せずに、皆で協力し、助け合って生きてきた縄文時代に、日本の「和」の精神の土台が出来上がったと考えられています。霊性が高く、宇宙や神々への信仰があったこと、自然への感謝と脅威を両方体験していたからこそ、自然への畏敬の念をもつことができたこと。だからこそ、自然と共存していくという考え方を身につけていくことができたこと。

そして、大自然の恩恵を皆で互いに分け合い、助け合いながら生活していくことが、皆が楽しく幸せに生きていける秘訣であるということを知っていたこと。世界最古の縄文文明が研究されていく中で、こうしたことが明らかになってきているのです。

私達日本人が、好戦的ではなく、周りのことを考えながら、仲良く暮らしていこうではないか、という気質を今でも持っているのは、一万四千年の間に培われた縄文時代のＤＮＡが残っているからではないでしょうか。

そして、その長い縄文時代の土台の上に、日本という国が出来上がっていったのです。

初代、神武天皇も建国の詔の中で、「この国を授けてくださった神々の徳にこたえ、先祖が育まれた正しい心を広めていこう」と述べています。神武天皇も、神々やご先祖様への感謝と、これまで培われてきた精神を大切にして、それを広げていこうと仰っていることからも、もうすでに、日本建国の前から、素晴らしい心が培われてきていたことがわかります。

そして、その精神が、日本建国からこれまでに渡って、世界で一番長く続く国の中で、途絶えることなくずっと繋がれてきていることを思う時、日本の精神が「普遍的な価値」を持っているということの意味が理解できるのではないでしょうか。

では、日本の精神性を最も端的に表すものとは何でしょうか。

それは、**「和の精神」**です。

「和」という言葉には、大変深い意味があります。

争いごとがなく穏やかにまとめること。（和解、和平、和合、平和、協和など）
ゆったりとして角立たない、やわらいださま。（和気、温和、清和、柔和など）
性質の違うものがいっしょにとけ合うこと。（調和、中和、混和など）

などがその意味としてあげられます。つまり、「和」の精神というものは、どちらか一方の意見だけを択一したり、自分の意見を押し殺して誰かに合わせたり、ぶつかり合って争ったりすることではなく、**それぞれの意見や考えを尊重しながら、それぞれの良さを生かし合って、共存共栄を図っていくというあり方**なのです。

この「和の精神」が、縄文時代から、神武天皇の「建国の詔」、聖徳太子の「十七条の憲法」、明治天皇の「五箇条の御誓文」へと受け継がれ、大切にされてきたのです。

日本は、世界にも類を見ない、一万数千年にもわたって「和」を貴んできた、唯一の国であるという自覚をもちたいと思います。

そうは言っても、日本は侵略戦争を起こした悪い国ではないか、という人がいます。果たして本当にそうなのでしょうか。

世界からの言葉に耳を傾けてみましょう。

次の文は、１９９１年、日本傷痍軍人会代表団がオランダを訪問した時、市長主催の親善パーティで、当時アムステルダム市長だったエドゥアルト・ヴァン・ティン氏が歓迎の挨拶を行った時の演説の内容です。エドゥアルト・ヴァン・ティン氏は、アムステルダムの市長で、その後オランダの内務大臣に選ばれた人物です。

「あなた方の日本国は先の大戦で負けて、私共のオランダは勝ったのに大敗をしました。

今日の日本国は世界で一、二位を争う経済大国になりました。私達オランダは、その間、屈辱の連続。即ち、勝った筈なのに、貧乏国になってしまいました。

戦前は「アジア」に大きな植民地（オランダ領東インド（蘭印）＝ほぼ現在のインドネシア）が有り、石油等の資源・産物で、本国は栄耀栄華を極めておりました。しかし今では日本の九州と同じ広さの本国だけになってしまいました。

あなた方の日本国は、「アジア各地で侵略戦争を起こして申し訳ない。アジアの諸民族に大変迷惑をかけた」と、自らを蔑み、ぺこぺこと謝罪していますが、これは間違いです。

あなた方こそ、自らの血を流して、アジア民族を解放し、救い出すと言う人類最高の良い事をしたのです。

何故ならば、あなた方の国の人々は過去の真実の歴史を目隠しされて、先の大戦の目先の事のみを取り上げ、或いは洗脳されて、悪い事をしたと自分で悪者になっていますが、ここで歴史を振り返って真相を見つめる必要があるでしょう。

本当は、私共白色人種が悪いのです。百年も二百年も前から、競って武力で東亜諸民族を征服し、自分の領土として勢力下に置いたのです。

植民地・属領にされて、永い間奴隷的に酷使されていた東亜諸民族を解放し、共に繁栄しようと、遠大崇高な理想を掲げて、大東亜共栄権樹立という旗印で立ち上がったのが、貴国日本だったはずでしょう。

本当に悪いのは、侵略して権力を振るっていた西欧人の方です。日本は戦いに敗れましたが、東亜の解放は実現しました。

即ち、日本軍は戦勝国の全てをアジアから追放して終わったのです。その結果、アジア諸民族は各々独立を

達成しました。日本の功績は偉大であり、血を流して戦ったあなた方こそ、最高の功労者です。自分を蔑む事を止めて、堂々と胸を張って、その誇りを取り戻すべきであります。」

次の文は、インドネシアの元情報大臣であるブン・トモ氏の言葉である。

「われわれアジア・アフリカの有色人種は、ヨーロッパに対して何度も独立戦争を試みたが、全部失敗した。インドネシアの場合は、３５０年も失敗が続いた。それなのに、日本軍が、アメリカ・イギリス・オランダ・フランスをわれわれの目の前で、徹底的に打ちのめしてくれた。われわれは、初めて弱い白人を見て、自信を持ち、アジア人全部の独立は近いと知った。一度持った自信は、決してくずれない。日本が戦争に負けたとき、われわれは、今度こそ自力で独立を勝ち取ることを決意し、オランダ軍をインドネシアから追い出すことができたのである。」

タイの元首相、ククリット・プラモート氏も次のように述べている。

「日本のおかげでアジア諸国はすべて独立した。日本というお母さんは難産して体を壊したが、生まれた子供はすくすくと育っている。今日、東南アジアの国々が、西洋と対等につきあえるのは、いったい誰のおかげであるか。それは、身を殺して仁をなした日本というお母さんがあったためである。12月8日（真珠湾攻撃）は、アジア人はアジア人の力で国を持てと考えた日本が、一身を賭して重大な決意をされた日である。さらに8月15日は、我々の大切なお母さんが病の床に伏した日である。我々は、この二つの日を忘れてはならない。」

最後にインドのラダ・ビノード・パール判事（極東国際軍事裁判判事・法学博士）の言葉を紹介したい。

「私の判決文を読めば、欧米こそ憎むべきアジア侵略の張本人であるということがわかるはずだ。それなのに、あなた方は自分らの子弟に、日本は犯罪を犯したのだ、日本は侵略の暴挙を敢えてしたのだ、と教えている。満州事変から大東亜戦争にいたる真実の歴史をどうか私の判決文を通して十分研究していただきたい。日本の子弟がゆがめられた罪悪感を背負って、卑屈、頽廃に流されていくのを私は平然として見過ごすわけにはゆかない。

時が熱狂と偏見とをやわらげた暁には、また理性が虚偽からその仮面をはぎとった暁には、その時こそ、正義の女神はその秤を平衡に保ちながら過去の賞罰の多くにそのところを変えることを要求するであろう。」

戦争を肯定するつもりは毛頭ありません。しかし、なぜ我々のご先祖様達が戦ったのか、その真実に、本当の想いに、我々は目を背けてはならないのではないでしょうか。

五　大和の世界を目指して

「大和魂教育」について、お話してきましたが、最後に、私の考える本当の意味での「大和魂」について、お伝えしたいと思います。

それはまさに、**「大いなる和」**の世界を目指す**魂**です。

初代、神武天皇は、**「天を屋根とするような家のような国をつくりなそうではないか」**と人々に呼びかけられたときに、その国の名を**「大和」**とされました。これは、**異なる文化共同体が、一つの価値を他に強制することなく、それぞれの伝統価値を尊重しながら、全体として和する国や世界のあり方**を示しているのです。

まさに、二十一世紀は、この大和の世界を目指していくべきではないのでしょうか。

大和の世界とは、万物の命が輝く世界です。当然争いはなく、お互いがお互いを愛し、尊重し、信頼し、それぞれの良さを生かし合いながら助け合う世界です。そこには、希望があり、温もりがあり、真の豊かさがあります。

このような世界をリードしていくのは、権力や武力、金などの力ではありません。**天皇陛下が日本という国家を「徳」をもって治めたように、今度は、日本が世界を「徳」をもって、大調和に導いていくことが、二十一世紀の日本の役割なのです。**

日本人なら、それができます。そして、日本人だからこそ、それが成し得るのです。

以下は、かつて、アインシュタインが日本を訪れた時に、日本に託した言葉です。

「近代日本の発達ほど世界を驚かしたものはない。その驚異的発展には他の国と違ったなにものかがなくてはならない。果たせるかなこの国の歴史がそれである。

この長い歴史を通じて一系の天皇を戴いて来たという国体を持っていることが、それこそ今日の日本をあらしめたのである。

私はいつもこの広い世界のどこかに、一ヶ所ぐらいはこのように尊い国がなくてはならないと考えてきた。なぜならば、世界は進むだけ進んでその間幾度も戦争を繰り返してきたが、最後には闘争に疲れる時が来るだろう。このとき人類は必ず真の平和を求めて世界の盟主を挙げなければならない時が来るに違いない。その世界の盟主こそは武力や金の力ではなく、あらゆる国の歴史を超越した、世界で最も古くかつ尊い家柄でなくてはならない。世界の文化はアジアに始まってアジアに帰る。それはアジアの高峰日本に立ち戻らねばならない。我々は神に感謝する。神が我々人類に日本という国を作って置いてくれたことに。」

僕は、この言葉を聞くと、いつも心が震える。体の内側から熱いものがこみ上げてくる。日本人であることへの誇りと感謝の気持ちが自然と湧き出てくる。

そして、**私達日本人の世界における、いや、人類の歴史における、大きな使命を自覚するのだ。**

「世界を真の平和へ。大和の世界に導いていくのは、我々日本人の役目なのだ！」と。

僕は、自分は何のために生まれてきたのか？　何のために生きていくのか？　幼い時から疑問に思っていた。大学4年生の秋に、この問いに真正面からぶつかり、答えが見つからずに鬱になった。三十歳を過ぎて、また、この問いと向き合った。

その時に、自分の心の内の内の内側にあった、本当の願いに耳を傾け、**「一人一人の命を最大限に輝かせる教育者になって、地球人を真の大和の世界に導く」**という志を立てた。

この時、このためになら、自分の命を捧げてよいという思いに初めてなった。一度きりの人生、命をこのために使いたいと思えた。いてもたってもいられず、夜も眠れず、明け方まで6時間歩き続けた。

自分の生まれた本当の意味が分かって、嬉しかった。本当の志を立てるということは、こんなにも嬉しいものなのかということを知った。

私の志と立志の時のエピソードを聞いた大日本茶道協会会長の松平(まつだいら)洋史子(よしこ)さんが、私に向けて一首の歌を詠んで下さった。

「日の本の　国の光ともろともに　御霊(みたま)輝く　若き益荒男(ますらお)」

そう私の内側から、この想いが湧いてきたのは、私という生命体の中に、これまで縄文時代から培われてきた「和」のＤＮＡが流れているから。

私の命が輝くのは、日本という国が育んできたパワーが流れているから。ご先祖様、みんなのエネルギーが詰まっているから。

僕は、**「大和の世界」を創りたい。**そのためにできることを最大限にやり尽くしていく。

第四章　その二　個性教育

一　松陰先生に学ぶ個性教育の真髄

松陰の教育の中核である「立志」を支えるもう一つの要素として、**それぞれのもって生まれた「個性」を大切にしていた点**を欠くことはできません。

「天　我が材を生ずる　必ず用あり」とは、李白の言葉です。

天は自分という人間をこの世に生んだ、天が生んだ自分には必ず用、即ち役割、使命があるということです。

また、『大学』の冒頭には、**「大学の道は、明徳を明らかにするに在り。民に親しむに在り。至善に止まるに在り」**とあります。

『知徳を兼ね備えて世によい影響を及ぼすような立派な人物、即ち大人となる学問の道筋は、**先ず生まれながら与えられている明徳を明らかにするところにある。**その明徳が発現されると、自ずから通ずる心一体感が生じ、誰とも親しむようになる。更に判断が正しくなり、常に道理に叶った行為が出来るようにもなる。』という意味です。

個性教育

〜一人一人の個性を見抜き、伸ばせ〜

「天　我が材を生ずる　必ず用あり」李白

天は自分という人間をこの世に生んだ
天が生んだ自分には必ず用，即ち役割，
使命があるということである。

「大学の道は，明徳を明らかにするに在り。民に親しむに在り。至善に止まるに在り」『大学』

知徳を兼ね備えて世によい影響を及ぼすような立派な人物，即ち大人となる学問の道筋は，先ず生まれながら与えられている明徳を発現（明らかに）するところにある。

その明徳が発現されると，自ずから通ずる心一体感が生じ，誰とも親しむようになる。更に判断が正しくなり，常に道理に叶った行為が出来るようにもなる。

「私にはこの世に誕生した偉大なる目的がある」

ユダヤ人家庭教育の教え

人それぞれに才能や適性が大きく異なる

|

各々の目的を達成するためのとっておきのアイテムとして創造主たる神が私たちに与えてくれている

創造主とのパイプの詰まりをとるために 愛、感謝、喜び、自由、利他などの積極的感情や利他の心

つまり、**一人一人のもって生まれた才能や明徳**を見出し、それを本人に自覚させながら、伸ばしていくことが、教育において忘れてはならない要だということです。

「私にはこの世に誕生した偉大なる目的がある」

これは、目覚しい成果を上げている、ユダヤ人家庭教育の教えです。人それぞれに才能や適性が大きく異なるのは、各々の目的を達成するためのとっておきのアイテムとして創造主たる神が私達に与えてくれているのだと。そして、創造主とのパイプの詰まりをとるために 愛、感謝、喜び、自由、利他などの積極的感情や利他の心があると教えられています。

これらの偉人や哲人の言葉からも分かることは、**人は誰にでも、この世に生まれてきた崇高な使命があるどの命にも意味があり、無駄な命など一つたりともない**ということです。これは、世の真理であるといってよいでしょう。

人は誰にでも
この世に生まれてきた
崇高な使命がある

どの命にも意味があり
無駄な命など一つたりともない

吉田松陰先生の個性教育

湯浅勲（ゆあさいさお）著
『吉田松陰の教育の方法』
海鳥社（2009年）

この「**一人一人のもって生まれた才能や明徳を見出し、それを本人に自覚させながら、伸ばしていくこと**」を私は「**個性教育**」と呼びます。

それぞれの使命を自覚させるために、松陰は、塾生それぞれの本とするところ（根本）を見抜き、それを拡充させていきました。そして、**人間に限界を設けず、偉大な人間へと成長させよう**としました。

松陰は、一人一人との問答や関わりの中で、その人の本となる部分を見抜いて、伸ばしていったのです。

子供達一人一人の良さを見抜くこと、そして、**子供達自身が自分の真骨頂（しんこっちょう）を見つけられるよう**手立てを講じていくことが、「立志」を支えるもう一つの要素となるのです。

吉田松陰先生の個性教育について、湯浅勲（ゆあさいさお）著『吉田松陰の教育の方法』から以下の三つの点がその柱になっていたことが分かります。

一　生命に対する畏敬の念
二　「本とするところ」を見抜き、拡充する
三　激昂憤励　情熱と気迫

1　生命に対する畏敬の念

「教師たる者は，若い人たちに対して，『将来偉大な人物になる人々だ』として，尊敬し，仕えて，若い人たちの中に潜在している才能を十全に引き出していくべきである。これこそが現実において人間を尊敬していくということではなかろうか。」

相手にも自分にも人間に限界を設けない

一　生命に対する畏敬の念

「松陰の教育にあっては、『人の人たる所以』を学ばしめることにある。

そしてその初めにして究極のところが聖人の道である。

ゆえに、松陰の教育にあっては、どのような英才であろうと不良少年であろうと、初めから聖人の道を志さしめるものである。

そして、商人であろうと百姓であろうと、たとえどのような立場にあったとしても、聖人の道を楽しみ実践しようとする人を育てようとするものである。」

「松陰には生命に対する畏敬の念がある。

そして人間に限界を設けず偉大な人間へと成長せしめようとする。

これは、その根底に、人に対する畏敬の念がなければできることではない。

松陰も『学人の志、要は自ら画らざるを貴ぶのみ』と言っているように、学問をなす者は自らの限界を設けてはならない。これこそが自分自身の生命を尊敬していくことであり、人々の生命を尊敬していくことである。そして、そのための方法が古の聖賢を師とし、古の聖賢の志をわが志としていくことである。この志の中に、智慧、慈悲、勇気といったものは全て含まれているのである。」

「教師たる者は、若い人たちに対して、『将来偉大な人物になる人々だ』として、尊敬し、仕えて、**若い人たちの中に潜在している才能を十全に引き出していくべき**である。これこそが現実において人間を尊敬していくということではなかろうか。」

つまり、松陰は塾生一人一人の生命に対しての絶対的な畏敬の念をもっており、どんな人であろうとも、人間の最高峰ともいえる聖人の道を目指させようとしたということです。

そして、そのためには、自らも聖人の道を志したのです。

「相手にも自分にも限界を設けない」こと。これが、個性教育に大切な土台です。

二 「本とするところ」を見抜き、拡充すること

「注目すべき点は、松陰が日頃から相手のことをよく知ろうとしていることである。

市之進の場合にあっても、その『本とするところ』をすばやく見抜いている。

『本とするところとは某は賢というように、**その人のすべての行いの根本となっているところ**であります。この人は**寛容**をもって根本となし、この人は**猛々しい**ことをもって根本となし、あるいは**慈愛**をもって根本とし、あるいは、**酷薄**をもって根本としているなどと計り知ることです』とあったように、松陰はその人の**「本とするところ」を見抜き、その「本とするところ」を拡充したにすぎない。**したがって松陰の教育法は基本的に単純明快である。すなわち、**長所は伸ばし、短所は矯正する、これのみである。**」

2　「本とするところ」を見抜き，拡充すること

誰に	本とするところ	使命の自覚
弥二郎	悪を悪み，善を善すること	伯夷（はくい）の如き聖人となって不正不義を正せ
市之進	人に反抗すること	天下の悪に反抗せよ
溝三郎	人に諂屈（てんくつ）しないこと	たとえ困窮したとしても盗泉を飲まず，天下の商人道を変えよ
篤太郎	篤（名は体を表すもの）	天下の風俗を篤実ならしめよという任務を与えた

2　「本とするところ」を見抜き，拡充すること

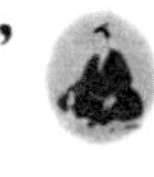

高杉晋作と久坂玄瑞を教育するにあたっては，「『晋作の識見』をもって，『玄瑞の才』を行う。気魄は2人とも皆もとより持っているのであるから，為して成らないものがあろうか」と言っており，松陰は，晋作と玄瑞が互いに学び合い補い合うことによって，さらに伸ばすことをねらった。

（『識見』…物事を正しく見分ける力，『才』…事をなし遂げる力）

「これまで松陰は弥二郎の『本とするところ』を『事に臨んで驚かない』ことであると思っていた。しかし今はその評を改めて、**『悪を悪むこと太だ厳しい』**と言いましょう。

悪を悪むことが、なぜ思父（品川弥二郎のこと）の真骨頂といえるのか。それは（思父がその性質を）学問によって得たものではなく、師友に教えられることによって得たものでもなく、**生まれつきの資質**だからです。ゆえに、これを真というのです。**学問によって（人としての生き方を）学ぼうとするにあたっては須らく自分の真骨頂が何であるかを理解し、その上でその工夫をなすべきです。**」

また、高杉晋作と久坂玄瑞を教育するにあたっては、**『晋作の識見』**をもって、**『玄瑞の才』**を行う。**気魄は2人とも皆もとより持っているのであるから、為して成らないものがあろうか**」と言っており、松陰は、**晋作と玄瑞が互いに学び合い補い合うことによって、さらに伸ばすことをねらったのです。**

（『識見』…物事を正しく見分ける力、『才』…事をなし遂げる力）

3　激昂憤励　情熱と気迫

「松陰は常に人々の中に眠っている至誠の心を呼びさまし，悪に対する憤りと正義に対する熱情を燃えたたせようとする。（中略）ゆえに松陰が人々をしてよく激昂憤励せしめることができたのは，真の正義を大音声をもって相手に訴えたことによるのみである。松陰は正義への燃えさかる熱情をもって相手の心を燃やしたにすぎない。」

吉田松陰先生の個性教育

1　生命に対する畏敬の念
2「本とするところ」を見抜き，拡充する
3　激昂憤励　情熱と気迫

三　激昂憤励（げっこうふんれい）　情熱と気迫

「松陰は常に人々の中に眠っている至誠の心を呼びさまし、悪に対する憤りと正義に対する熱情を燃えたたせようとする。（中略）ゆえに松陰が人々をしてよく激昂憤励せしめることができたのは、真の正義を大音声をもって相手に訴えたことによるのみである。松陰は正義への燃えさかる熱情をもって相手の心を燃やしたにすぎない。」

松陰先生に学ぶ個性教育の真髄を整理すると、「人間に限界を設けず、誰でも立派な人物になれると心から信じ、その人のもつダイヤモンドの原石を発見し、その原石を自ら自覚し、磨き続けていけるよう、全身全霊で励ましていくこと」であるといえよう。

二　子供の個性を生かす学級づくり

「人賢愚（けんぐ）ありと雖（いえど）も、各々（おのおの）一、二の才能なきはなし、湊合（そうごう）して大成（たいせい）する時は必ず全備（ぜんび）するところあらん。」

「人間には賢愚の違いはありますが、どんな人間にも一つや二つのすぐれた才能を持っていないものはいません。その個人の特性を、全力を傾けて大切に育てていくならば、その人なりのもち味を持った人間として高めることができましょう。」

松陰先生が教育における要所として、大切にしていたことがこの言葉に表れています。

学校の中においても、一人一人の個性を生かし合い、自分の良さを自覚し、それを伸ばし合えるような、学級づくりや授業づくりを推進していきたいものです。

以下は、私が実際に行った「個性教育」の教育実践です。ぜひ参考にしていただけると嬉しいです。

子供の個性が輝く　会社活動

小学5年生。新しい学級がスタートして二日目。係活動決めの時間です。子供達に問います。

小出「係活動って、何のためにあるの？」

子供「クラスのため」

小出「クラスのためって、クラスのみんなをどうするため？」

子供「笑顔にしたい」「生活しやすくするため」

「やさしくするため」「勉強しやすくするため」

小出「なるほど～。」

子供「自分から動ける人になるために。」「自分達の将来のために。」

小出「いや～すごいね！そうだよね。学校で行っている教育活動は、みんなが社会に出た時のためにつながっていくんだよね！じゃあ、社会で係活動のような役割を果たしているものって何かな？」

子供「会社！」「いろいろな仕事」「ボランティア」

小出「そうだよね。じゃあ、みんなもこのクラスが小さな社会だと考えて、会社をつくってみようよ。係活動を会社活動にしてみない？」

子供「おお～！」「はいっ！」「やったー！」

小出「じゃあ、どんな会社をつくっていくか考えていってほしいんだけど、**みんなは将来仕事をするときに、どう決める？**　自分のきらいなことや苦手なことを仕事にしたいって人いる？」

子供「それはいやだ。仕事にしたくない。」

小出「じゃあ、逆に、自分の好きなことや得意なこと、つまりやりたいことやできることだったらどう？」

子供「それは最高！！」「幸せ」

小出「だよね～。**自分の好きなことや得意なことで誰かの役に立てたら最高だよね！じゃあ、その考えで会社をつくってみようよ！これまでの係活動にとらわれずに、どんどん新しいアイディアを出していいよ！！」**

「これから君達が生きていく時代は、ＡＩやロボットが出てきて、今ある仕事の半分くらいがなくなってしまうと言われているんだ。でも、**半分なくなるということは、その分今はない新しい仕事が生まれていくってこと。じゃあ、その新しい仕事をつくっていくのは誰ですか？？」**

子供**「ぼくたちです！！」**

小出**「その通り！！！」**

小出「これまでにない仕事を創るということは**『新しい価値を生み出す』**ということ。

これを**『創造』**と言います。（板書）」

子供「その『そうぞう』か。想像かと思った。」

小出「お！いいね～。創造は『想像』することから生まれるんだ！

『すべてのものは二度つくられる』まずは、頭でイメージしたものが、実際にかたちになる。想像することが創造につながるよ！」

「まずは、アイディア会議だ！**どんな会社があったら、もっとこの社会（クラス）がより楽しく、より豊かになるか？自分の好きなことや得意なことをどうやって生かせるか？できるかできないか考えずに、とにかくアイディアを出していこう！**言ったらやらなければいけないなど考えずに、無責任でいいからどんどん出していこう！」

「ちなみに、昨年の最後にお楽しみ会で『好き×得意』なら何でもオッケーって言ったら、校庭にディズニーランド＆ディズニーシーをつくりたい！ってアイディアが出てきて、今の６年生は本当に実現しちゃったよ！」

子供「え～～～っ！！！」「すごっ！！！」

小出「そのくらいぶっとんでいていい！！とにかくいっぱい出していこう！」

【子供から出てきたアイディア】

・お手伝い会社　・新聞会社　・掲示会社（手紙、飾り）　・生き物会社（メダカ、昆虫）　・お笑い会社　・ミュージック会社　・落語会社　・博物館　・占い、心理テスト会社　・スポーツ会社　・保健会社　・マンガ　・マジック会社　・郵便局　・ディズニー会社　・ハンター逃走中会社　・タイマー会社（時間管理）

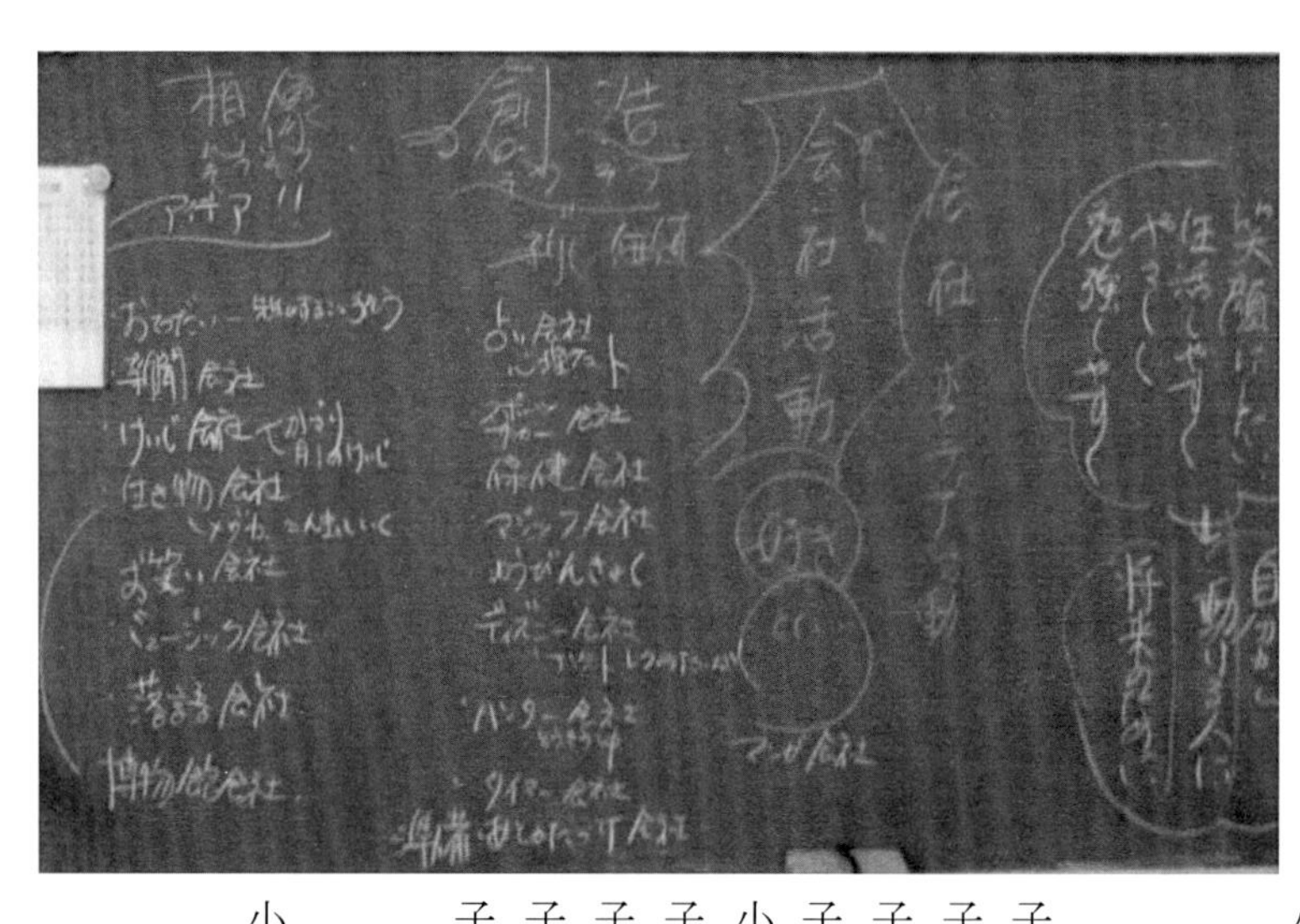

小出「いや〜たくさんのアイディアが出てきたね！　じゃあ今出て会社の中で自分がやりたい会社はありそうですか？」

（全員挙手）

「じゃあ、どの会社にするか決めていこうか！」

子供**「先生！似ている会社は合体させるといいんじゃないですか？」**

子供・小出「いいね〜！」

子供**「新聞会社×掲示会社」**

子供**「お笑い会社×落語会社×マジック会社×ミュージック会社」**

小出「まさに、エンターテイメント会社だね！！」

子供**「生き物会社×博物館」**

子供**「占い、心理テスト会社×マンガ会社」**

子供**「スポーツ会社×ハンター逃走中会社×ディズニー会社」**

子供**「お手伝い会社×郵便局」**

（同じ色の線で結び、つなげていく）（これを改めて板書に書き出す）

小出「すごい！6社に整理されたね！」

「じゃあ、ネームプレートを一番やりたい会社のところに貼っていこう。」

結果、スポーツ会社に9人、お手伝い会社が2人、あとは4~5人ずつ。

小出「はじめに言ったように、自分の『好き×得意なこと』で会社活動を決めようってなったから、先生はこのままやってもいいと思う。けれど、**これでスタートしたらこの社会（クラス）で困ることってありそうかな?ちょっとこの先を想像みよう。何か問題はありそうですか?**」

子供「**お手伝い会社が2人では、大変!5人は必要だと思います。**」

子供「**スポーツ会社に9人は多いと思います。**」

※これまであった「給食係」「保健係」「配り係」「黒板消し係」などのクラスを支える仕事はこの**お手伝い会社**に含まれています。

実はこれが、一番人気がありませんでした。あまり創造的ではないですからねぇ。

しかし、こうした仕事で活躍できる子もいることも事実ですし、このような仕事が暮らしを支えてくれていますね。

小出「みなさん、さすがですね。今、自分達で、先を見通して、このままではうまくいかないな、大変な人が出てきてしまうな、と想像し、問題を見つけることができましたね!これを、問題を発見する力『**問題発見力**』といいます。この力はこれからの時代とても重要です。**問題を問題だと気付くことができなければ何も変わりませんからね。**」

「では、問題を発見した後、必要な力は何でしょう?」

子供「問題解決力！」

小出「素晴らしい！！　その通りです！！」

問題発見力 ⇩ 問題解決力

小出「では、この『お手伝い会社』の人数が足りないという問題を解決するための方法を考えてください。」

子供「人数が多いスポーツ会社から、何名かお手伝い会社に移動すればよいと思います。」

小出「皆さんはどう思いますか？」

子供「それでいいと思います。」

小出「そうですか～。でもこれでは、誰かが我慢して自分が一番やりたいと思っていた会社に入れなくなってしまいませんか？　先生が最初に提案した『自分の好きなことや得意なこと、やりたいことを仕事にする！』という点が達成できなくなってしまうね。
この点も達成し、尚、人数不足の点も解決する方法を考えなくてはなりませんね！」

子供「・・・」（そんなスーパーな解決法はないんじゃないかと困った様子）

固定概念にとらわれるな

小出「問題解決をしていく上で大事なことは、**『固定概念にとらわれない』**ということです。固定概念とは、これはこういうものだと決めつけてしまっている考え方のことです。これまでの経験や教わってきたことから、当たり前のように感じてしまっている考えのことです。**この固定概念を取っ払わないと、新しい解決方法は浮かびません。**」

チャイムがなってしまう・・・。

小出「どうしますか？皆さんがとらわれている固定概念、伝えましょうか？？」

子供「待って！！自分たちで考えたい！！」

小出「わかりました。では、休み時間の後、続きをやりましょう。」

子供　一人が手を挙げる。

小出「さぁ、固定概念をぶちこわし、問題を解決する方法を考えられた人はいますか？」

子供「**ある会社の人が、人数が足りない会社へ手伝いにいけばよいのでは。**」

他の子供「おお～～！」

小出「○○さん、素晴らしい！！よく気が付きましたね！！皆さんがとらわれていた固定概念は何だか分かりましたか？」

「そうです。**『一人が入れる会社は一つ』**という考えです。**職業は一つにしなくてよいってことです！**これを、兼業や副業と言います！これからはこうした働き方が、これまでよりももっと自由にできるようになってきます。」

これからは兼業・副業が増えていく時代

「先生の知り合いの人で、自分のことを『世界オンリーワンサラリーマン』と呼んでいるサラリーマンがいます。この前、オンラインで対談しました。この方は、本業はＩＴ企業のサラリーマンですが、その他にも、人と人をつなげるイベントを開催したり、資産運用の仕方を教える講座をしたり、学生と企業をつなげたり・・・と、**合計10種類くらいの仕事**をしていました！！！」

子供「え～～っ！！！　すごっ！！！」

小出「すごいですよね！　どうしてこんなに仕事をしているのか?を聞くと、『たくさんのありがとう』を言ってもらえる人になりたい！っていう思いから、どんどん仕事が増えていったんだって。本当にオンリーワンサラリーマンだよね！」

「他にも先生の知り合いで、まだ**20代で、本業の会社に勤めながら、自分で別の会社を起業して、兼業で社長をしている人**もいるよ！」

「他にも、**生命保険会社に勤めながら、兼業で会社を2つもっている社長さん**ともお会いしましたよ！」

小出「このように、先生の知り合いの方々を見てみると、どんどん兼業・副業をしている人達が多くなってきています。」

「また、今回のコロナ禍によって、これまでの仕事での収入が減ってしまったために、兼業・副業によって収入を得られるように、許可をする企業も増えてきています。」

「まさに、これからは『一人一つの職業』という考えに縛られることなく、やりたい仕事は、どんどんやっていっていい時代なんですね！」

子供「おお～～っ」

小出「ただ、仕事を多く掛け持つということは、それだけの仕事をやっていける**バイタリティー**がなきゃできませんね！」

子供「**バイタリティー**って何ですか？」

小出「**生命力や体力、気力などの活力**のことです！！　やれる人はどんどんやっていい！　自分の力をどんどん発揮していっていいのです！！」

小出「さてさて、では、今までの話を聴いて、今自分が一番やりたいという会社の他に、兼業で他の会社にも入りたいっていう人はいますか？？」

な、なんと、20人が手をあげる！！

小出「いや〜〜！！　すごいね！！　兼業したい人がこんなにいるとは！　では、掛け持ちたい会社名の下にチョークで名前を書いてきてください。」

子供は『やりたい！』のだ。

子供はいろいろな活動を「やってみたい！」し「できる！」のだ。大人（教師）の勝手な固定概念で、子供の活躍の場を制限してはいないか？？という気付き。

そうして、出来上がった会社をご紹介します。

小出先生ボランティア会社　10名

これまでの「給食係」「保健係」「配り係」「黒板係」を統合した会社です。

早速曜日ごとにシフト表を作成していました。クラスを支える公務員的な会社です。

エリート会社　11名

会社名がすごいですね。女子達が立ち上げました。

世の中で起きている出来事をみんなに伝える新聞を作成したり、季節に合った飾りつけなどの掲示物づくりをしたりします。

学級に情報文化を取り入れ、飾りでクラスを豊かにします。

スポーター会社　10名

これは、「体育係」と「レク係」そして「逃走中」を掛け合わせた会社です。

体育の時間には、準備運動を進めたり、準備や後片付けをしたりします。

また、自分達で曜日を決め、月曜日・水曜日（逃走中）・金曜日に学級レクを企画し、皆で遊びます。学級の仲を深める遊び文化を取り入れつつ、体を動かす遊びで体力向上も担います。

生き物会社　7名

教室の水槽で飼育しているメダカのお世話をします。それ以外にも採集した昆虫を教室で飼うそうです。

また、生き物に関する知識やクイズを発信し、皆の生き物への関心を高めます。

占い・まんが会社　5名

占いや心理テスト、マンガを載せた雑誌を週1回発行します。

占いは「手相占い」「人相占い」など、いろいろやります。出張占いもします♪

占いも、まんがも、人生を後押ししたり、豊かにしたりしてくれますね。

エンターテイナー会社　7名

「お笑い」「音楽・歌」「マジック」「落語」が好き×得意な子供達で結成された会社です。

エンターテインメント、その名の通り、クラスの皆を楽しませ、笑顔にしてくれますね♪

SKY会社　7名

これは、飛行機が大好きな男の子が、「こんな会社があったらいい!」と兼業申請中に、思いっきで立ち上げた会社です! なんと7名の子が入り、新たな会社が出来てしまいました!

全員、掛け持ち(副業)として、成立している唯一の会社です!飛行機に関わるクイズを朝の会や帰りの会で出題します♪ 空港のあるまちならではの会社ですね。


以上のような子供とのやりとりを通して(時間にして約2時間分)、会社活動の基盤を創っていきました。


「好き×得意を活かして、クラスを笑顔にする会社をつくろう!」

「問題を想定し、解決策を自分達で考えよう!」

「兼業オッケー!」


これらをしていった結果、29名のクラスなのでありますが、**10名+11名+10名+7名+5名+7名+7名=57名** 延べ人数57名の会社活動(係活動)となったのです。

3〜4つの会社を掛け持つ超人もあらわれました(笑)

結果、どうなったか・・・？

クラスの活性化がすごい。

29名のクラスで、57名分（約2倍）の仕事が行われている訳ですので、結果、クラスの活性化が単純計算で通常の2倍です。

さらに、一人として「やらされている」あるいは「やりたくないのにやっている」子供がいないのです。皆、**「自分の好きなことや得意なことを生かした、やりたい仕事」をしているのです。その意欲ややる気を計算すると、2倍以上の活性率です。**

だから、自ら動く、動く。

学級開きで、熱～いトークをしていた担任が、もう2日目から、聴き手にまわる、まわる。あ～、でもこんな風景が見たかったんだなと、幸せな気持ちで子供を見守るのです。

子供が自ら動く、動く。

先生、メダカの水槽よごれています。タニシを飼えば、藻を食べてくれます。タニシを捕まえてきていいですか？紙コップを貸してください！
↓休み時間後
「先生、タニシこんなに見つけました！」
翌日も彼・彼女らのタニシ捜索は続く…。

先生、○日の昼休みにマジックショーをやります！なので、○日だけ特別に、マジックで使う小道具を持ってきてもいいですか？
↓翌週
マジックショー開催！大盛況！
その翌日も別のマジックを披露！

「今日の昼休みに、逃走中をやります！1時間目と2時間目の休み時間に、ハンターを決めます。ハンター希望者は集まってください！」
↓昼休み
クラスみんなで逃走中！
途中「ミッション」もあり、盛り上がる！

新しい占い&心理テスト&マンガの雑誌が完成しました！
掲示板に掲示するので、皆さん見て下さい！

主体的・創造的な姿。

先生、こんな本を借りてきました！

『メダカの飼育のしかた』

すごいわ～。メダカの飼育のプロになってくれや～。

「先生、水温調整が大事ですよ。温度計を貸してください。ライトもつけると水温が温かくなりますよ。」

↓翌朝
「先生、メダカが卵を産んでいます！！」すごっ！


日記にこんなことが書いてありました。

「家で、〇〇ちゃんと〇〇ちゃんと、エリート会社の会社活動をしました。新しいキャラクターがたくさん生まれました！　教室の貼る場所も話し合って決まりました。」

↓翌日、季節に合ったかわいい飾りたちが教室を彩っていました。４月はイースターエッグ、５月は鯉のぼりや兜！

「今日の昼休みのレクは、リレーです！

赤　対　白でやります！」

「今日のレクは、ドッジボールです！」

「今日は逃走中です！」

1週間のうち、3日、学級レクになっています♪

小出先生ボランティア会社の皆さんは、
「給食配膳台の準備、よびかけ、片付け」
「ノートなどの配り」「黒板消し」「健康観察簿の持ち運び」と多岐にわたる
仕事を分担と連携で難なく行っています。

素敵サイクルを回すのだ！

この**「素敵サイクル」**の考え方は、北見俊則先生主催（元横浜市中学校校長、全国学校レクネットワーク代表、一般社団法人志教育プロジェクト専務理事）の北見元氣塾の中で、北見先生から教わりました。

子供達が楽しくいきいきと学校生活を送るために、**「主体的」→「創造的」→「自己発展的」→「社会的承認」→「主体的」・・・の循環を回していくことを意識していくことが大切だ**ということです。

この考え方は、**教科、領域、校種を超えます。**

会社活動も、これを意識していくことで、さらに子供達の活動を後押ししていくことができるでしょう。

素敵サイクルを回すために

この素敵サイクルを回していくために私の考えた手立てについて紹介します。

素敵サイクルを回すために。
主体的
好き×得意を活かす
子どもに委ねる
任せる　信頼する
創造的
アイデア会議
掛け合わせ　子どもの考えを尊重
自己発展的
自分のがんばりを振り返る黙想タイム
振り返り日記
社会的承認
よいこと見つけ
すぐに「ありがとう」
ほめほめカード

主体的……好き×得意を活かす、子供に委ねる、任せる、信頼する

創造的……アイディア会議の時間確保、ブレインストーミング、掛け合わせ、発想の尊重

自己発展的……帰りの会で自分や友達の頑張りを振り返る、振り返り日記

社会的承認……よいこと見つけ（帰りの会）、「ありがとう」キャンペーン、ほめほめカード等の取り組み

会社活動決めを行った日の日記より

「占い・漫画会社に入りました。自分の好きなことがクラスの役に立てるのはとてもうれしいです。友達と協力してみんなを笑顔にしたいです。将来の夢は漫画家です。夢を叶えるための第一歩になったと思います。」

クラスでの活動が子供の夢の実現への第一歩につながっていると分かり、とても嬉しく思いました。

子供の個性が輝く会社活動　まとめ

子供の個性が生かされ、主体的かつ創造的に活動し、クラスが何倍も活性化する会社活動への道筋

1　係活動は「何のために」あるのか考えさせよう

2　「好き×得意」なことで会社をつくることを提案しよう

3　『イメージの限界はその人の限界』アイディア会議で、できるできない関わらず、どんどんアイディアを出させよう

4　全員が自分が一番やりたい会社に入らせよう

5　問題は子供に発見させ、解決策は子供に考えさせよう

6　兼業可で、バイタリティーある子供を育てよう

7　「主体的」「創造的」「自己発展的」「社会的承認」の素敵サイクルを回そう！

以上が、子供の個性が輝く会社活動の教育実践のまとめです。

いかがだったでしょうか。

あらかじめ決まっている仕事をやらされる係活動から、自らの個性を生かし、クラスをより楽しく、笑顔に、豊かにするために主体的・創造的に活動を生み出す会社活動へ、変革していきませんか？

ちょっとした工夫が、子供達、そして、日本の未来へつながる大きな変革につながっていくと信じています。

道徳授業～個性を将来にどう生かすか～

以前受け持った5年生に対し行った道徳の授業について紹介します。

【主題について】
主題名は「自分の良さを生かす」、内容項目はA－（4）個性の伸長
教材は文溪堂『5年生の道徳』より「マンガ家になろう－手塚治虫」を使用しました。

【児童の実態】
授業前にとったアンケート調査の結果、28名中27名が自分の良さを言うことができ、平均して2～3項目あげていました。そして22名がその良さを生活の中で伸ばそうとしていると回答しました。しかし、自分の良さを将来にどう生かすかまで考えている児童が少ないということが分かりました。

【人間が個性を発揮し、成長していく過程】
本教材で取り上げる手塚治虫氏の生き方を例に、人が自分の個性を発揮し、成長していく過程を以下の4段階に整理しました。

①自分の良さを自覚する段階
②その良さを日々の生活の中で生かしていく段階
③将来にわたっての自己実現につなげていこうとする段階
④自己の弛まぬ努力によって個性に磨きをかけ、自己実現させていく段階

授業前の子供達は、おおむね②の段階であったことから、本時のねらいを③将来にわたっての自己実現につなげていこうとする段階に焦点化することにしました。

【本時のねらい】
そこで、**「自分の良さを自覚し、将来の自己実現のために、どう生かしていきたいかを考え、さらに伸ばしていこうとする態度を育成する。」**これを本時のねらいとしました。

【教材のあらすじ】
日本だけでなく世界的に知れわたっている漫画家、「手塚治虫」の話である。いじめられっ子だった治虫少年は、みんなのできないことを体得して一本とってやろうと特殊技能を身に付けることにした。それが、両親が大好きで家にたくさんあったマンガだった。

5年生の頃ノート1冊分の長いマンガをかき上げて学級で見せて回っていた時、担任の先生が「もうおまえは好きなだけマンガをかいていい。」と言ってくださった。みんなからも、一目置かれる存在になった。

中学校では、戦時下にマンガにかくとは何事かと学校の先生ににらまれる中、美術の先生だけが、「手塚はこれが才能なんだから。」と職員室で他の先生に熱弁をふるってくれた。

「手塚、どんなに戦争がはげしくなっても、たとえ兵隊にとられても、マンガをかくことだけはやめるなよ。おまえはいつか、マンガで身を立てるチャンスがあるんだから、今はこういう時勢だが、あきらめちゃいかんぞ。」

美術室の先生の机の前で、こう励まされ、手塚氏はひどく感動した。

その後、戦争はますます激しくなったが、マンガをかくのはやめなかった。マンガをかくことは、本能のようなものだった。

大学では医者になる勉強をしていた。マンガ家になるべきか、医者になるべきか、迷う手塚氏の心を決めてくれたのは母だった。「あなたは、マンガと医者と、どっちが好きなんですか。」答えはマンガに決まっていた。すると、母は簡単に言ってのけたのです。「それなら、マンガ家になりなさい。」

その後、自己の努力によってマンガの技術をさらに磨いていくことで、やがて世界中の人々を楽しませる漫画家になった。

【授業の流れ】

1　手塚治虫について知る。（写真や動画）

2　教材を読み、手塚治虫氏の生き方について話し合う。

「手塚さんがマンガ家の道を志したのは、どうしてでしょう。」

☆小グループで話し合う。

3　自分の良さを見つめ直し、将来にどう生かしていきたいか考える。

「皆さんは、自分の良さを将来にどう生かしていきたいですか。」
☆「自分の良さシート」を活用する。
☆二人組でアドバイスし合う。
4 教師の説話を聞き、今日の学習を振り返る。
「人賢愚ありといえども、各々一、二の才能なきはなし、湊合して大成する時は必ず全備するところあらん。」吉田松陰

【授業の実際】

発問は、**「手塚さんがマンガ家を志したのはどうしてでしょう。」**この一つとしました。

まず、個人でワークシートに書かせ、それを小グループで練り合い、発表用ボードに書かせ、発表させていきました。

マンガが好き、楽しい、やめられない、才能、本能という自分の良さ（個性）を、応援し、励ましてくれる人がいたから、マンガ家への道を志したということに整理できました。

授業の後半は、自分の良さを見つめ直し、将来にどう生かしていきたいかを考えさせました。ここで活躍したのが、**「自分の良さシート」**です。

事前の学級活動において、『自分の良さ、友達の良さを見つけよう』という活動を行い、「良さカード」に自分の良さと班の友達の良さをそれぞれ3つずつ書き込み、交換し合いました。さらに、全保護者に協力してもらい、子供の良さを3つ書いて提出してもらっていました。担任からのカードも加え、一人につき、合計18個の良さが書かれた「自分の良さシート」を活用しました。

この「自分の良さシート」があったおかげで、子供達はスムーズに活動に取り組むことができました。また、多面的に自分の良さを見つめることができ、多角的に将来について考えるきっかけとなりました。とは言っても「どう将来に生かしていくのか」なかなか自分で考えることが難しい児童もいます。

そこで個人で考えた後、隣同士ペアになってアドバイスし合う時間を設けました。

ペア活動では、相手の意見を肯定的に受け止めることと、具体的な助言の仕方について掲示物を使って確認しました。このアドバイスをし合う時間が効果的でした。実際は、2分ずつ程度しかとれませんでしたが、小グループで一人に対して、3人からじっくりアドバイスできる位の時間をとれるともっとよかったと振り返ります。

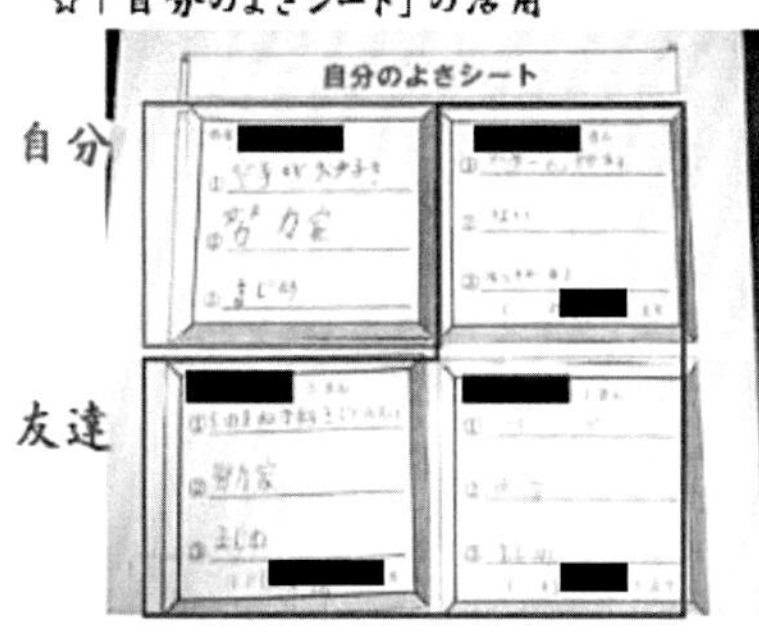

事前の学活で準備

それぞれ3つ。合計18個の自分のよさ。（重なりあり）

保護者　担任

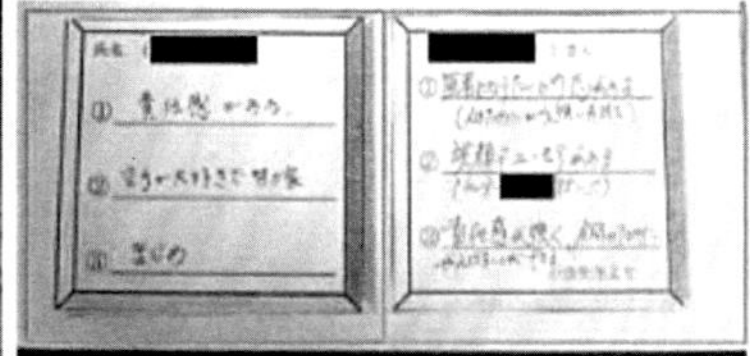

自分のよさを将来にどう生かしていきたいですか。

個人でワークシートに記入→ペアでアドバイスし合う

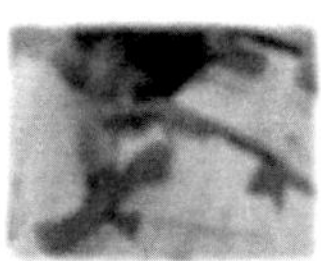

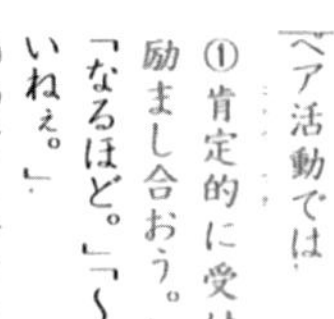

ペア活動では
①肯定的に受け止め、励まし合おう。
「なるほど。」「～～がいいねぇ。」
②助言し合おう。
「～～というよさを伸ばしていくといいんじゃないかな。」

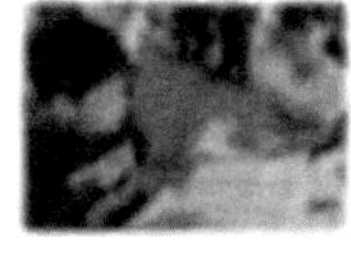

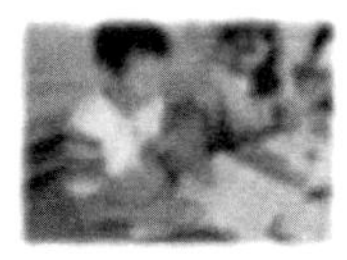

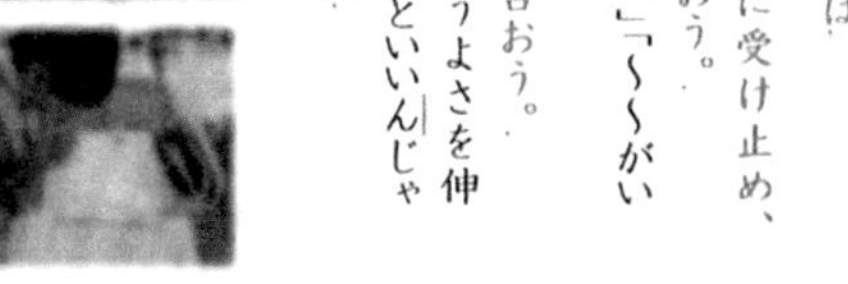

以下は、児童が書いたものの一部です。すでに将来の夢がある児童は、そこに向かってどう自分の良さを生かしていくか、まだ、ない子は、自分の良さを職業や生き方にどう生かしていくかを考えさせました。

- **絵を描くことが好き…**将来の夢がマンガ家なので、絵を描くことやストーリーを考えることをがんばりたい。
- **優しい、人に好かれる…**もっと優しくなって人に好かれるディズニーキャストになりたい。
- **小さい子に人気…**保育士になって小さい子と遊んでもっと優しくしたい。
- **手先が器用…**手先が器用だから細かいことをすることに生かしたい。
- **リーダーシップをもっている…**将来みんなの前に出て、引っ張れるような人になりたい。
- **責任感がある…**どんどん責任を果たしていきたい。医者になれた時に、責任をもってがんばる。

・**企画力がある、最後までやり切る**…洋服デザイン関係の仕事などに生かしていきたい。
・**楽器を演奏することが得意**…夢が楽器を演奏する人になることだからこれからも伸ばしたい。
・**誰かの役に立ちたいという思い**…警察官になりたい。警察官になってもこの心を忘れない。
・**サッカーが好き、夢中になれる**…サッカーがうまくなるようにして、生かしていきたい。
・**笑顔**…身の回りの人を笑顔にして楽しい雰囲気にしたい。もっと伸ばしたい。
・**動物が好き**…動物に関わることをしてたくさんの動物と触れ合えるようにしたい。
・**スポーツが好き、意志が強い**…卓球チームのエース的な存在になる。
・**踊りが得意**…バレリーナの将来に生かしていきたい。もっと伸ばしたい。
・**自然が好き**…自然に関わる仕事につきたい。
・**よく食べる、料理に興味がある**…料理人になって、生かしていきたい。
・**明るい**…将来保育士になって、周りを明るくしたい。
・**優しい**…みんなに好かれる警察官になりたい。
・**熱心、真面目、頑張り屋**…夢の剣道日本一に向けて練習に励む。

終末では、吉田松陰先生の言葉を紹介しました。

「人賢愚(けんぐ)ありと雖(いえど)も、各々(おのおの)一、二の才能なきはなし、湊合(そうごう)して大成(たいせい)する時は必ず全備(ぜんび)するところあらん。」

『人間には賢愚の違いはあるが、どんな人間でも一つや二つのすぐれた才能を持っているものである。全力を傾けてひとりひとりの特性を大切に育てていくならば、その人なりのもち味を持った一人前の人間になることができる。（今まで多くの人と接してきて、これこそが人を大切にする要術であると確信した。）』


【子供達の感想】

授業後の子供達の感想の一部です。

・自分の良い所を友達、家族、先生に出してもらって、今まで知らなかった自分の良さを知り、その良さがどういう仕事につながるかを知れて、もっと将来の夢が多くなり、広がりました。これからも良いところを大切にしたいです。

・自分の良さを生かしていけば、将来に変化が起こることが分かりました。

・自分の特長や個性を生かして、将来やこれからの生活に役立てていきたいです。

・自分が好きなことや、自分で長所を生かすと仲間ができたりして、夢が叶うのかもしれないと思いました。自分の良さを正しい方向で生かすと、大きな成功が待っているのかと思いました。

・一人一人良いところやすごいところがあるんだなぁと思いました。ぼくも自分の良いところに自信をもって、これからの生活に生かしていきたいなぁと思いました。

・自分の良い所を伸ばしていくことで、それを将来に生かせることや、今後の人生に役立つかが分かった。自分がよいと思う所は全力で伸ばしていきたい。

・手塚治虫さんみたいに、自分の才能を将来に上手に生かしていきたいです。

・人は自分の得意なことや好きなことを伸ばしていくことで、手塚さんのように色々な才能が開花すると思いました。

・自分では見つけられないような良い所を人に見つけてもらうのはとてもうれしいことだと知り、その良さを生かしていきたいと思いました。

・今日の学習で色々な自分の良さを見つけたので、これからも自分の良さを武器にしてがんばっていきたいです。

・自分の良さが思っていた以上にあったので、その**良さで将来の夢を実現させたい**です。
・**今日の学習をして、自分の夢ができました。**
・自分の才能を生かすということが大切なんだと思いました。今後は、きちんと将来の夢を今に生かしたいです。
・自分の良さを生かして、将来人の役に立てるようになりたいです。

子供達の感想から、子供達が自分の良さを見つめ直し、それを将来にどう生かしていくかを考えることができた時間となったことが分かりました。

また、この授業を通じて、自分の良さを見つめることができたことで、**「夢ができました。」と目を輝かせてくれた子供もいました。**それまで、自己肯定感が低く、夢はない、と言っていた子です。この変化はとても嬉しかったです。

最後に、**この話は、手塚治虫さんがそうであったように、子供の素晴らしい個性を、生かすのも、押さえつけるのも、周りの大人のあり方がとても重要であることを教えてくれています。親や教師は、子供の中にあるダイヤモンドの原石を見つめ、励ます目と心を持ちたいですね。**

三　一人一人への魂のメッセージ

吉田松陰先生がそうしたように、子供達を送り出す日には、一人一人の人生を支え、励ますことができるような、力強いメッセージを贈りたいものです。

「吉田松陰流教育」を始めて、初めてもった卒業生。彼、彼女らの一人一人の今、そして未来の姿をイメー

ジし、ずっと励まし続けられる言葉を考え、色紙の表面に書きました。裏面には、その言葉をどうして選んだのかの理由やその子の良さ、励ましの言葉を、魂を込めて書きました。書きながら涙がとめどなく流れてきました。

卒業式当日の朝、黒板に表面を見せて並べました。誰がどの色紙かは分からないように、順番はランダムにしました。

卒業式後の最後の学級活動の時間、表面を選び、誰への言葉か予想させながら、渡していきました。子供達のほとんどが、誰に対しての言葉なのかを当てることができ、驚きました。

一人一人、前に出てもらい裏面のメッセージを読み、両手で手渡し、握手をしていきました。私も、子供も、途中から涙がとまりませんでした。

その内容を紹介させて頂きます。彼・彼女らは、もうじき二十歳になります。どうしているか、ぜひ会いたいですね。

『魂の走り』　将来の夢：サッカー選手

６年生のマラソン大会のあなたの根性の走りに感動しました。君の魂を見た気がしました。サッカーでも同じことが言えると思います。どれだけ魂を込めたか、力を注いだか。あなたのサッカー人生をこれからも応援しています。

『美しく舞う一輪の花よ』　将来の夢：バレリーナ

あなたが大きな舞台で美しく舞い、見る者の心を魅了する姿が思い浮かびました。とても楽しそうに、笑顔で、まるで広々とした野原に咲く春の花のようです。

『大丈夫　なんとかなる！』　将来の夢：医者

物事に対し、深く、多面的に考え、それを分かりやすく文章に表すことができる人。何度もあなたの書く文章に驚かされました。それと同時にあなたの楽観的な部分もすてきです。大丈夫、なんとかなるよ！

『夢に向かって一直線！！』　将来の夢：宇宙飛行士

あなたには、宇宙飛行士になりたいという夢があります。そして、あなたには、目的・目標に向かって一直線に突き進むことができる力があります。夢を語る時のあなたの瞳の奥にパワーを感じます。

『ＬＯＶＥ＆ＰＥＡＣＥ』　将来の夢：世界の貧しい人々のために役立ちたい

あなたの顔を思い浮かべたらこの言葉が出てきました。「ＬＯＶＥ＆ＰＥＡＣＥ」愛と平和。あなたの夢は、私の夢でもあります。どんな形で実現していくか、それがとても楽しみです。溢れて燃ゆる希望をいつまでもその胸に託して！

『無限大の可能性』　将来の夢：デザイナー、看護師、教師など

私は、あなたに無限大の可能性を感じています。あなたの優しさ、勇気、感受性、考える力、これらはとても魅力あるものです。あなたの思い描く未来になることでしょう。

『寄り添い　共に歩む』　将来の夢：ペットショップの店員

あなたは、だれかのそばにそっと寄り添い、共に歩んでいくことのできる本当の優しさをもった人です。心の美しい人です。あなたの力、優しさを必要とする人、いのちがいます。ぜひ、そのいのちを大切にし、あなた自身が幸せを感じて下さい。

『優しく　強く　美しく』　将来の夢：小児科医

あなたは、優しく美しい花のような人間です。そして、自分の夢に向け、歩み出す強さをもっています。まよわず、自分の夢に向かって力強く進んでください。そして、たくさんの子供の笑顔を咲かせてください。

『笑顔と信頼』　将来の夢：公務員、社会教育主事

あなたの笑顔はとても優しく、周りを和ませます。それと同時にあなたはとても信頼のできる人です。きっとあなたに支えられている友達は多くいることでしょう。これからもおそれることなく、あなたがよいと思うことを、自信をもって行動に移していってくださいね。

『武士道』　将来の夢：野球選手

あなたは、本当はとても友達想いの優しい芯のある人です。団長としての姿、最後のラストエールは本当に感動しました。君に贈る言葉は「武士道」。自分に厳しく、人に優しく、たのもしく、たくましい自己を確立していってください。

『なんでも包み込む安心感』　将来の夢：ものづくりに関係する仕事

なぜ、あなたの周りにたくさんの友達がいるのか、なぜ、あなただったら心を開ける人がいるのか、あなたは気付いていますか。それは、あなたには誰よりも大きく温かい包容力があるからなんですよ。

『人間愛のある人』　将来の夢：看護師

あなたは人間愛に溢れた人です。老若男女すべての人を愛し、愛される力をもっています。看護師という仕事はあなたにぴったりだと思います。どうか他を幸せにし、あなた自身を幸せにしてください。

『人と人を繋ぐかけがえのない人』　将来の夢：歯科衛生士

あなたは、人と人をつなぐことができる人です。かけがえのない存在となる人です。それは、あなたがもっ

優しさ、安心感、前を向く力、人を信じる力がそうさせています。友だちとの絆を大切に、夢に向かって歩んでくださいね。

『一生青春　一生勉強』　将来の夢：国際公務員
あなたには、あなたにしかできないことがあります。それは、あなたの心の奥底に隠されています。あなたの進むべき道はあなたが決めるのです。一生青春、一生勉強です。どうせやるなら、とことん楽しんでやっていこう。

『夢を叶える』　将来の夢：まんが家
私は、あなたの心を絵にこめて、ストーリーにこめて、たくさんの人に届けてほしいと思っています。あなたの描くまんがに、夢をのせてください。愛をこめてください。希望をたくさんつめてください。

『明るく　優しく　元気よく』　将来の夢：保育士
あなたは、周りを明るく、元気にすることができるエネルギーをもった人です。そして、困っている人にそっと寄り添える優しさも兼ねそなえた人間です。あなたの元気で、笑顔で、明るさで、たくさんの人に夢と希望を与えてください。

『一歩ずつ　着実に進む』　将来の夢：建築士
あなたは、自分の夢に向かって自分の力で、一歩ずつ着実に進んでいける力をもった人です。人と比べる必要はありません。自分を見つめ、自分のペースで進みなさい。大きく、頼れる立派な人になりなさい。

『世の中を照らす光』　将来の夢：建築士
あなたは大変豊かな心をもち、多芸多才な人です。そして、何よりも魅力的なものが、人を喜ばせる力です。私もあなたからたくさんの優しさを、喜びを受け取りました。まさに周りを明るく照らす光のような人です。世の中を照らす光となってください。

『自信をもって自分の為に生きる』　将来の夢：建築士
あなたは、いつも私の話を真剣に聴いてくれました。私は君達に世の為人の為に尽くす志をもちなさいと言ってきました。でもそれは、あなた自身の為に、ということです。人生の主人公はあなたです。あなたがなりたいものに全力を尽くして下さい。それを全力で応援しています。

『光明正大』　将来の夢：医者
あなたはまさに、光明正大という言葉がぴったりの人です。いつでも、だれに対しても、明るく優しく、広い心で接していました。自分の良心に恥じることなく、あなたの道を堂々と歩んでください。いつまでも元気で！

『正義を貫く』　将来の夢：警察官
あなたは、正義の心をもった人です。「なぜ、警察官になりたいのですか」という私の問いに、間髪を容れずに、「平和な日本にしたいからです。」とすでに志をしっかりともっていましたね。義を見て、せざるは勇なきなり。正義を支えるものは勇気です。正義を貫く逞しい人になってください。

『積小為大』　将来の夢：飛行機の整備士

あなたはたくさんの魅力がある人です。真面目でもあり、ユニークでもあり、優しく穏やかでもあり、リーダーになれる。そして、幼い頃からの夢に向かって、着実に歩んでいる。人生は、積小為大です。小さなことの積み重ねが、大きなものになります。あなたには、それができます。

『明朗快活』　将来の夢：銀行員

あなたはまさに、明朗快活な人間です。明るく朗らかに、気持ちよく、元気に毎日を生きる力があります。そして、友達を思い、絆を信じ、いつでも希望をもって進んでいける人です。これからも元気で。そんな自分をいつまでも大切にしてくださいね。

『揺らがない芯のある人』　将来の夢：警察官

あなたは、芯のある人間です。そして勇気があり、自らの努力により、着実に向上し続けていける人です。そんな、あなただからこそ、咲かせることのできる花があるのです。逞しく、美しく生きよ。頑張れ！！

『周りを温かく幸せにできる人』　将来の夢：ペットショップ関係など

あなたがそこにいるだけで周りが温かくなれる。あなたの笑顔は、周りのみんなを幸せにすることができます。たくさんのエネルギーを人に与えることができる人です。今日もどこかで、あなたの笑顔を待っている人がいます。どうか、幸せな毎日を送ってください。

『挑戦　躍動』　将来の夢：サッカー選手（なでしこジャパン）

みんなが見つけた☆○○さんのよいところ☆

皆を笑顔にするのが上手　皆を笑顔にしている　いつも笑顔にしてくれる　みんなを笑わせてくれる　みんなを笑わせられる　給食の時などにみんなを笑顔にしてくれる　悲しんでいる友だちがいたら，その友だちを笑顔にできる　毎日笑顔でおもしろいことを言って笑わせてくれる　笑わせてくれる　場を和ませることができる　いつも明るい　とても笑顔　いつも笑顔　いつも笑顔　笑顔　元気があって笑顔　ユーモアがある　すごくおもしろいところ　おもしろい　おもしろい　おもしろい　おもしろい　おもしろい　おもしろい　おもしろい　おもしろい　優しい　ポジティブ　いつも元気　いつも元気　いつも元気でいい　元気　元気　返事がよい　盛り上げる　友だち作りが上手　仲良くしてくれる　一緒にいて楽しい　一緒に遊んだりしゃべったりしてくれる　いつもぼくの話し相手になってくれる　いっしょによく話してくれたりして，うれしい　友だちと仲良くしている　友だちと仲が良い　友だちとたくさん話していて「いいな」と思う　困っている時声をかけてくれる　思いやりがある　朝ボランティアを頑張っている　他の委員会の仕事を手伝っている　ふれあいで手助けなどをしてくれる　勇気がある　いつも発表をたくさんしている　いつもいっぱい発表している　授業でよく手をあげているところ　たくさん発表して授業をしっかりと受けている　たくさん手を挙げて発表している　積極的に手を挙げる　よく発表している　発表がたくさん　運動神経がよい　朝の国語タイムの時に書くのが速い　宇宙に興味をもっている　宇宙飛行士になりたいという夢をしっかりともっている

○○さん
あなたのよい所はこんなにたくさんありますね。友だちにとって、あなたは友だちにとって、元気な笑顔を届けてくれる郵便屋さんのような存在ですね。
これからも、その笑顔と元気を大切にして、たくさんの友だちを幸せな笑顔で包んでいってくださいね。

みんなが見つけた☆○○さんのよいところ☆

リーダーらしく，人を助けてくれて，分からないことがあったら優しく教えてくれる　一生懸命　やる気を感じる　真剣に取り組む　こつこつとがんばることができる　努力家　前向きにがんばっている　皆をまとめるのが上手　皆をまとめることが得意　人の前に立つのが得意　みんなをまとめてくれる　頼れるリーダー的存在　優しいリーダー　かわいい　いつも優しい　いつも笑顔　いつも笑顔　学校に来ると笑顔でいてくれるのがうれしい　笑顔で優しい　いつも元気　優しい　優しい　優しいところ　思いやりがある　明るく，返事がうまい　助けてくれる　アドバイスをたくさんくれる　おもしろい　誰とでも仲が良い　誰とでも分け隔てなく仲が良い　みんなとたくさん話している　自分から進んで行動しているのがすごい　あきらめないところ　係で新聞を自ら書いている　係や委員会をがんばっている　係ではリーダーシップを発揮している　係の仕事を頑張っている　係の仕事を頑張っている　係の仕事をきちんとこなす　フレンドリー小出のリーダーとしてがんばっている　ふれあいリーダーとして責任感をもち，全体を見て指示を出している　音楽の時，歌のテストですごくきれいな声をもっている　朝の歌の時いつも笑顔で大きな声で歌っている　歌を大きな口で歌っている　歌がうまい　アルトホルンで大きな音を出している　ピアノが上手　手を挙げて発表することが多い　たくさん発表している　いつも発表している　積極的に手を挙げる　発表ではよい気付きがある　字が上手　字がきれい　絵がうまい　運動神経が良い　スポーツが得意　足が速い　体育でバレーをがんばっていて，ボールをつなげようとがんばっている　陸上部のリレーを毎朝頑張っていた　授業を集中して取り組んでいる

○○さん
いろいろな角度から、あなたのよい所を友だちが感じていることが分かりました。友だちにとって○○さんは、「まとめるのが得意な優しいリーダー的存在」ですね。歌声や表情もいつも素晴らしいです。何事にも前向きに努力する姿勢も立派です。これからも、自分を大きく育てていってくださいね。

あなたは素晴らしい才能をもった魅力ある人間です。その才能を出し惜しみすることなく、発揮してください。そうすることで、あなたの輝きは一段と増すことでしょう。そして、夢に向かって挑戦してください。躍動してください。道はひらく。信じて進む。

『大志を抱け』　将来の夢：国際公務員　国連で働く人は、志を立てることで真のスタートを切ります。君は、小学生にして、夢を見つけました。それは、あなたの心が見つけた夢です。叶えたい夢、守りたいいのちがあるのなら、悩むことなく、迷うことなく進めばよいと私は思うのです。人生二度なし。少年よ、そして青年よ、大志を抱いて、迷わず進め！

『今日という一日を幸せに生きる』　将来の夢：薬剤師　あなたは目の前にある一つ一つ真剣に向き合い、そこで学んだことを大切にし、まさに一歩一歩大きくなってきました。一つ一つを、一日一日を大切にし、自分を、まわりを大切に生きる力をもった人です。今日も笑って、幸せを感じよう。

また、教師だけでなく、子供達も友達の良さを見つける天才です。クラスの解散の前には、全員が全員の良さを伝え合ったり、メッセージを書き合ったりする時間を作っています。友達からもらう言葉にも物凄く励まされますよね。

第五章　その三　立志教育

立志教育

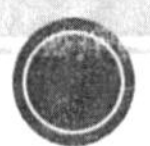

～人生を貫く志を立てよ～

一　最も大切なことが「志を立てる」ということ

松陰先生は、人は志をもつことが一番で大切であると考えていました。志とは、**「世のため人のため未来のために、自分のなすべきことを明確にした決意」**です。

その自分の人生の進むべき道の大きな方針を決めることが「立志」です。

「志を立てて以(もっ)て万事(ばんじ)の源となす」

志を立てることが、自分の考えや行動、全ての源、エネルギーになると考えていました。

「道の精(せい)なると精(せい)ならざると、業(ぎょう)の成(な)ると成(な)らざるとは、志の立つと立たざるとに在(あ)るのみ。」

道理に精通しているか、していないか、仕事や勉強がうまくいくかいかないかは、心に目指すところがきちんと定まっているかどうか、つまり志があるかないかによる。

学ぶことについても、「なぜ、学びたいのか、学んでどうするのか？　つまり、君の志は何だ？」と、まず、学ぶ目的をしっかりと考えさせ、志を立てることの大切さを説いていました。

「夫(そ)れ重きを以(もっ)て任と為す者、才を以(もっ)て恃(たのみ)と為すに足らず。知を以(もっ)て恃(たのみ)と為

すに足らず。必ずや志を以て、気を率（ひき）ゐ、黽勉（びんべん）事に従ひて而（しか）る後可なり。」

重要な仕事をする人は、才能を頼みとするようではだめである。知識を頼みとするようでもだめである。必ず、何のためにその仕事を行うのかという志をもち、気持ちを奮い立たせ、仕事に励むことにより、達成することができるのである。

学問のみならず、仕事に対しても同様に、志をもつことが、まず大切であると説いていました。

二　志がなく苦労した経験の中で生まれた私の初志

私の原点を少しお話させてください。私は、静岡県清水市（現静岡市清水区）の出身で、明るく元気でいつも笑顔あふれる母と、面白くて地域のために貢献する父のもとで育ちました。温かい家族の中で純粋な心を育ててもらいました。

中学二年生で進路を決めるとき、特別になりたいものがなかった私は、「自分は何が向いているかな？」と台所に立つ母に相談しました。すると、「潤は人を相手にする仕事に向いていると思うよ。機械やものではなく人間を相手にした仕事がいいんじゃない？　教師はどう？」と返ってきました。（この母親の助言が教師を目指すきっかけとなりました。今では天職に導いてくれたことに、母親の偉大さを感じています。）

「教師か、いいな、自分にあっているかもしれない」と思い、教員免許を取るべく大学に進学しました。この時は、何のために教師になるのかということは深く考えずに単純に「いいな、やってみたいな」という気持ちでした。

教師を志した原点

大学4年　秋　鬱を経験

何のために勉強しているのだろうか

なぜ教師を目指しているのだろうか

何のために生きているのか

大学入学後は、苦しかった受験のための勉強から解放され、サークル活動やバイトに明け暮れる毎日でした。

大学四年生の時、転機が訪れます。卒業論文を書くために、テーマを決めなければなりませんでした。これまで自分でテーマを決めて学ぶという経験がなかった私は、自分自身でテーマを見つけろといわれても何も思い浮かばず、困ってしまいました。そこで初めて、自分の中に何もないことに気付いたんです。

今でこそ、「総合的な学習の時間」といった、自分や社会に対するテーマを考える機会が学校教育に組み込まれていますが、私の学生時代には、まだありませんでしたので、このとき初めて自分で学びたいテーマを決めるということを求められたのです。

教育に対しても、社会に対しても「こういう風にしたい」とか「こういう課題意識をもって勉強したいんだ」ということがなくて、大学四年生の夏になっても卒業論文のテーマが決まりません。周りの友達はどんどんテーマを見つけていき、やりたいことがはっきりしていてすごくうらやましかったです。

私は何のために勉強しているのだろうか。なぜ教師を目指しているのだろうか。いや、そもそも何のために生きているのか？　自問し続

けました。

そして私は、自分の生きる意味が分からなくなってしまい、答えが出ず、ついに、鬱になりました。部屋に引きこもって、電話にも出ず、友達からも心配され、約一ヶ月間、外に出ませんでした。本当にその時は辛かったです。**自分の生きる意味がわからない、情熱を注げるものがない、これこそ本当に辛いことでした。**そんな自分の姿を人に見せることも嫌で、最後、追い詰められた私は包丁を手にしました。「もう命を終わりにしよう」そう思ったんです。

しかしその瞬間、両親の顔が思い浮かびました。

「こんなところで死んだらあかん！　何をやってるんだ、俺は！　裏切るんじゃやねえ！」

包丁を投げ捨て、涙がとめどなくあふれてきました。**真剣に生きなきゃ。こんなところで死んだら、両親泣くぞって。お前を一生懸命温かく育ててくれたじゃないかって。**

そう思ったら今度は意識が周りに向いたんです。

私がやってしまったこのような過ちは、子供達に経験させてはいけない。そんな想いが湧いてきました。**子供達が学び、大学を出る**

ときになって、何をするのか、何のために生きるのかということがわからないまま大人にしてはいかん。そこで初めて、私の初志ができました。子供達と生きる意味を一緒に考えられる教師になろう。生きることは辛いことではなく、とっても希望のあふれることなんだということを伝えていきたい。

そのときに書いたノートがこちらです。

「生きる希望。それを繋ぐために。俺は教師になる。」

これが、私の初めてできた志です。

私が大学四年の時に、なぜ鬱になってしまったのか、冷静に振り返ってみると、「何のために学ぶのか」や「何のために生きるのか」という、学問の目的や人生の目的を、真剣に考えた経験がなかったこと、受験のためだけに勉強をしていたこと、教師になるという夢、目標は抱いていたけれども、「何のために教師になりたいのか」「教師になって何がしたいのか」という志を育んでいなかったことが原因として挙げられます。

思えば、小中高の学校教育の中でも、夢をもちましょうとは言われても、「志を立てましょう」とは言われたことはなく、そもそも「志」という言葉さえも知りませんでした。

後に分かったことですが、かつては日本の教育の中でも「志」を立てるということは中核に位置付けられていました。それが、戦後の教育の中からは、「志」という言葉が失われてしまったのです。大和魂教育のところでも触れましたが、日本がそれまで大事にしていた精神性を骨抜きにするためです。残念ながら、現行の学習指導要領の中においても「志」を育てることについては、記述されていません。

教育によって育まれる力や心を木に例えると、国語、算数、理科、社会等の教科の力やコミュニケーション

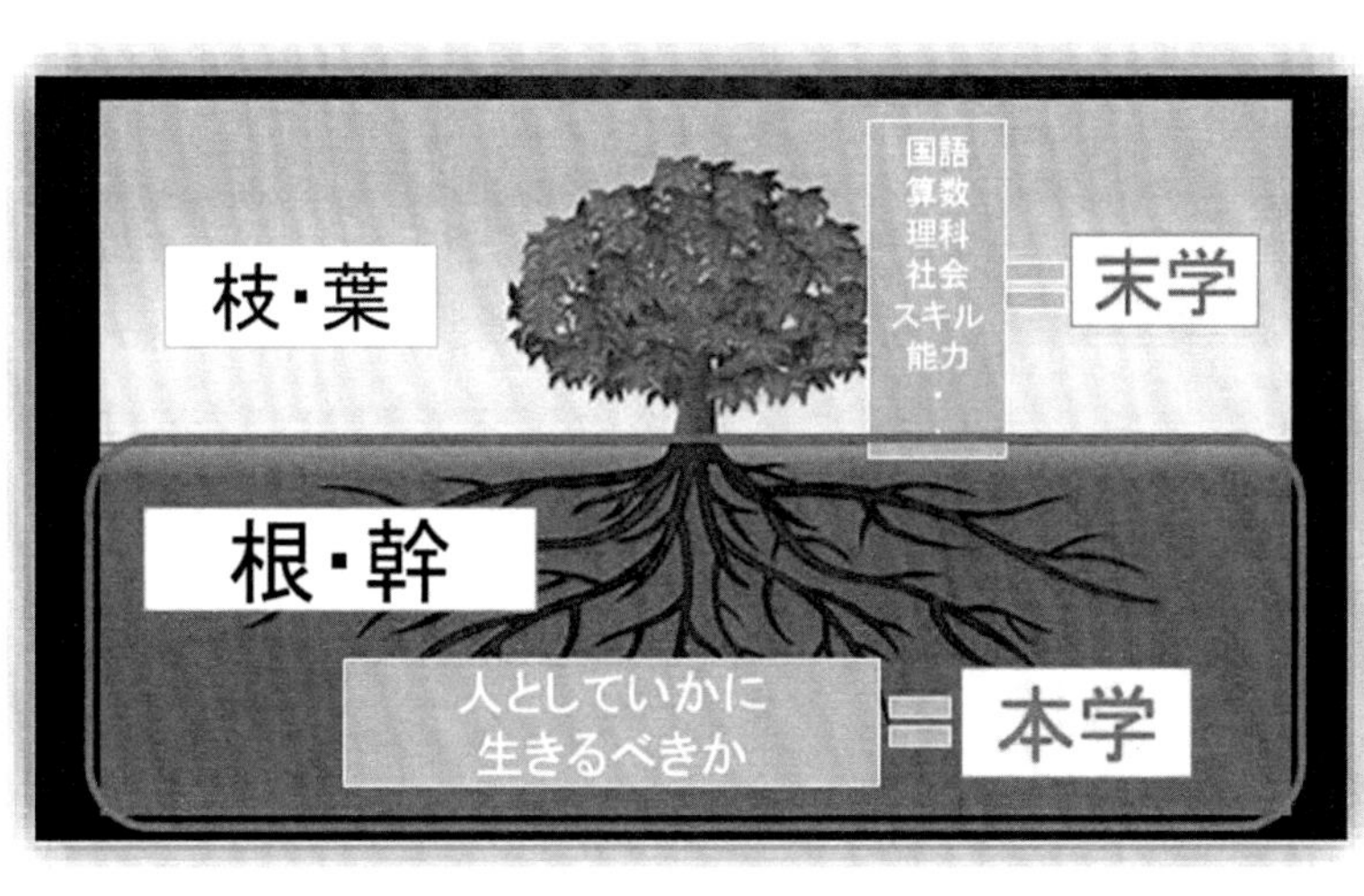

能力などのスキル面は、言わば、枝・葉の部分にあたります。それに対し、**人としていかに生きるべきかといった、精神性や志は、木の根や幹となります。孔子は、枝・葉の部分である学力は「末学」と呼び、根・幹にあたる学びを「本学」と呼びました。**

「人としていかに生きるべきか」という本学がおろそかになってしまうと、根や幹を養うことが出来ずに、人間としての土台がしっかりとしません。目に見えにくい部分ですので、数値に表れやすい学力に目がつきやすいですが、子供達の人生を長く見た時に、人間としての土台や根幹がしっかりと身についていることが極めて重要であることは明らかでしょう。

いくら知識や技能を身に付けて、テストでよい成績をとって、よい学校へ進学できたとしても、その身に付けた能力をどのように、世のため、人のため、未来のために生かしていくのかを考えることなく、どう生きていくのかが明確にならなければ、宝の持ち腐れとなってしまいますね。

国民教育の師父と呼ばれた森信三先生は、『修身教授録』の中でこう語っています。

「そもそも真実の教育というものは、自分の失敗とつまずきとを、後に来る人々に、再び繰り返さすに忍びないという一念から起こると言

教育とは？

かくして今日教育の無力性は、結局「志」という根本の眼目が欠けていることでしょう。いろいろな学科を習っても、肝腎の主人公たる魂そのものは眠っていて、何ら起ち上がろうとはしないのです。
というのも志とは、これまでぼんやりと眠っていた一人の人間が、急に眼を見開いて起ち上がり、自己の道をあるき出すということだからです。

第34講「国民教育の眼目」

ってもよいでしょう。したがって**真の教育愛の生まれ出るためには、教育者は何よりもまず自分の過去の過ちに対して、痛切な反省と懺悔とがなければならないでしょう。**」と。

まさに、私自身が大学四年の時に直面した、「何のために生きるのか」を考えず、志がなかったことで味わった苦しみは、現代の教育における問題点を象徴している出来事であったと認識しています。

このような経験を人に話すと、同じように、「何のために生きるのか」が分からずに、鬱になってしまった経験がある方が、意外と多くいることも知りました。

私達は、同じ過ちを、後に生きる子供達にさせてはなりません。今こそ、学校教育の中において、「人としていかに生きるべきか」を学ぶ本学を取り戻し、自分の人生をどのようにして生きていくか、自分のためだけでなく、世のため、人のため、未来のために、「志」を立てて逞しく自分の人生を切り拓いていく若者達を育てていかねばなりません。

森信三先生も、志の教育について、このように語られています。

「かくして今日教育の無力性は、結局「志」という根本の眼目が欠けていることでしょう。

いろいろな学科を習っても、肝腎の主人公たる魂そのものは眠

っていて、何ら起ち上がろうとはしないのです。というのも志とは、これまでぼんやりと眠っていた一人の人間が、急に眼を見開いて起ち上がり、自己の道をあるき出すということだからです。」

「今日わが国の教育上最も大きな欠陥は、結局生徒たちに、このような「志」が与えられていない点にあると言えるでしょう。生徒たちの魂は、ついにその眠りから醒めないままで、学校を卒業するのが、大部分という有様です。」

教育において最も重要なことは、「志」を立てることであると、吉田松陰先生も、森信三先生もおっしゃっています。**「志」の教育が、今の日本に必要不可欠なのです。**

三　志を立てるために

「志を立てる」ということは容易いことではありません。

森信三先生は、**「真の志とは、自分の心の奥底に潜在しつつ、常にその念頭に現れて、自己を磨き、自己を激励するものでなければならぬのです。」**と言っています。

また、松陰先生の師匠である佐久間象山を育てた江戸時代の儒学者、佐藤一斎（いっさい）は、『言志四録』という著書の中で、**「ついつい余計なことに気を取られるのは、志が定まっていないからだ。ひとつの志が立てば、邪念は逃げていく。湧き出る清らかな泉に、外の水が入ってこられないのと同じだ。」**（現代語訳）と述べています。

経営の神様と言われる松下幸之助氏も、**「生命をかけるほどの思いで志を立てよう。志を立てれば、事はもはや半ばは達せられたといってよい。志を立てるのに、老いも若きもない。そして志あるところ、老いも若き**

も道は必ずひらけるのである。」という名言を残しています。

つまり、「志を立てる」ということは、「何のために生きるのか」という人生の目的、「自分の生きる意味」を明確にすることであり、真の志というものは、常に自分の中に軸として存在し、己を激励し、己を磨き続ける原動力になるものです。志のために生き、志のために死ぬ。**「二度とない、一度限りの人生を、このためなら命を懸けても惜しくない」と自分の人生を捧げられるものが、真の志なのです。**ですから、生半可な気持ちでは、志を立てることはできないのです。

そのために「吉田松陰流教育」では、いきなり志を立てるのではなく、愛情教育と友情教育の土台のもと、大和魂教育で日本人としての誇りと自覚を育成し、個性教育で天より授かりし、自己の徳と才を明らかにした上で、志の醸成をしていくのです。

特に、大和魂教育の中で、日本の正しい歴史と正確な現状を知ること、誇り高く生きた先人の生き方に触れることは、志を立てる上において、非常に大事な教育であると実感しています。

愛情教育、友情教育、大和魂教育、個性教育の土台の上で、立志教育をいかにして実践していくか、私自身が学び、実践してきて効果の高かった手法を紹介していきます。

重要なのは、志は強制するものでも、与えるものでもなく、自らが見つけ、掲げていくものであるという点です。また、人によって時期もタイミングも、当然内容も千差万別であるという点です。そのことを念頭に置きながら、教育実践に生かしていって頂ければ幸いです。

（一）原点を見つめる

まず、志を立てる上で重要なのは、自分の志のもととなる「**原点を見つめる**」ということです。これは、私の師である、林英臣先生から教わりました。林英臣氏は、松下幸之助が主宰した松下政経塾の第一期生であり、松下幸之助の直弟子として「国手」となる約束をかわし、日本改新を志していらっしゃいます。主に経営者や社会活動家などリーダー層を対象に、年間約１５０回の講演をこなしています。政治家天命講座を主宰し、志の高い若手育成家を多数育てていらっしゃる先生です。

私は、**東京綜學院**（とうきょうそうがくいん）という場所で、林英臣先生から三年間、学んできました。

綜學は、混迷する日本を変え、行き詰った世界を救うための綜合学問で、日本の原点と文明の大局を知り、本気の立志で徹底して生きる現代英傑の学、人類進化の帝王学です。

「知」・・・文明法則史学

人類全史を鳥瞰するマクロの歴史学で東西文明の交代期である現在位置を知り、現代人に必要な大局観を身につけます。

「情」・・・大和言葉

日本に生まれたことや日本に生きていることの意味を掴み直し、日本人としての感性と情愛を養います。

「意」・・・武士道と東洋思想

一回限りの人生をどう生き、なんのために死ぬべきかを覚る（さとる）事で自己確立を図るための究極の哲理を学びます。綜學はこれまで学んだ知識や知恵を結んで活用していくための学問であり、部分観から全体観へ広がります。

「変化の激しい激動期を生き抜いて大成するにはどうしたら良いのか。」

「人生このまま終わるわけにいかない、立志に基づいて徹底して生きるにはどうしたら良いのか。」そうした思いの原点に気付いた時が、本当の自分との出会いになり、本気の立志へ繋がります。

綜學の「綜」は原点から広がった全体を意味します。

種（原点）を明らかにし、
根（大局）を深く張り、
幹（本氣）を太く養い、
枝葉（徹底）を豊かに茂らせ、一人一人の人生を開花結実に導きます。

これまでも現在も実際に、国会議員や市長など多数の志士政治家、事業家、経営者を養成・指導している林英臣先生が直々に、塾生一人一人を本気の立志へ導くべく、年間を通して指南する稀有な講座です。

綜學院では3回のワークで学びを生かします。全体を観、核心を掴み、自分の立ち位置を確認し、知恵を働かせて生きるためのワークです。（東京綜學院ＨＰより引用）

そのなかで、「原大本徹」というワークがあります。これは、自分の志の「原点」を明らかにし、我が事と思う広がりを「大局」とし、人生を貫く「本気」の志を立て、志の実現のために知恵を使い、工夫を怠らず、どんなことを「徹底」していくのかを、言語化していくワークになります。

このワークは、全員が全体の前で発表し、林英臣先生から皆の前で直接ご指南を受けます。

その様子を見ていて感じるのは、誰にでも志のもとになる「原点」があるのだということです。

志のもとになる「原点」とは何でしょうか。

それは、「誰のため」「何のために」「何がしたかったのか」という思いに至った原体験や出会いなどのことで

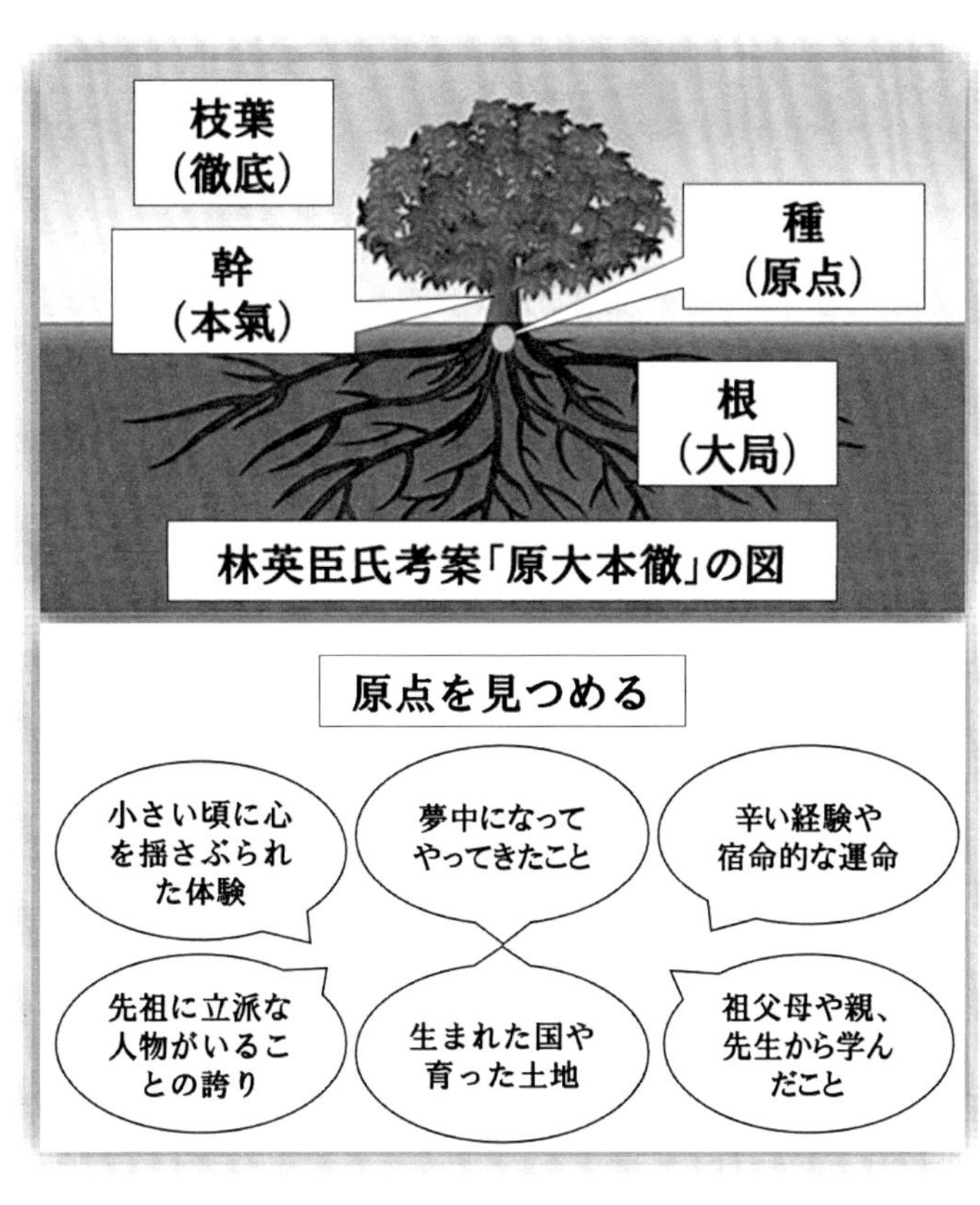

す。自分はそもそも誰のため、何がしたかったのか、それは一体なぜか？こうした問いを自分に向け、深掘っていくことで、原点を見つめることができます。

この原点は、いわば人生の種となります。この種から、根を伸ばし、芽が出て、幹となり、枝葉が茂り、大木となっていくのです。全ての始まりは種、すなわち原点がもととなります。

「原点」は、初志や素志ともいえます。そもそも私は、何のため、誰のため、何がしたかったのか、その原点をしっかりと認識していることで、重要な決断や判断を下す際の、ぶれない軸が生まれると林英臣先生は言います。

人生の種となる原点は、人それぞれ違います。

ある人は、**自分が幼い頃から好きだったことや時を忘れて夢中になれたものが**、志の原点となっています。

夢中になれるもの、好きで好きで仕方がないもの、それはその人の持って生まれた最強の個性だとも言い換えることができるでしょう。自分の好きなこと、夢中になれることを極めていくことで、誰かの役に立てたら、これ以上の幸せはないでしょう。

ある子は、幼い頃からなぜか夢中になっていた大好きな魚の研究をし、魚の再生能力の仕組みを解き明かし、人の役に立つことを志しています。

ある子は、小さい頃から好奇心旺盛で、何でも知りたがりで研究熱心であるという自分の好きや得意を生かし、世界中を驚かせ、役に立てるエンジニアになることを志しています。

また、ある若者は、**幼い頃や学生時代に体験した辛い経験**が志の原点になっています。例えば、幼い頃に親の介護をしながらも誰にもその苦労を相談することができなかったヤングケアラーの子が、自分がかつて経験した辛さをこれからの子供達に味わわせたくないという想いから「ヤングケアラーの子供達を救う」という志を立てています。

また、ある若者は、自身が食物アレルギーをもっていたことで、苦しい思いを味わってきたことから、同じく食物アレルギーや食の課題をもつ人を救いたいという想いで、「食の不便を解決する」という志を立てています。

ご自身の生まれた国、育った土地に、志の原点となるルーツがある場合もあります。

これは、日本に限った話ではありません。あるウガンダ出身の青年は、飢餓に苦しむ人々、命を落としていく子供達、その一歩手前にある子供達を何とかして救いたい、自分がその現状を変える世界の指導者になるんだという志を立て、若者を勇気づけ育成する組織を立ち上げ、活動しています。

原点はそれぞれにあるのですが、全然原点が浮かんでこないという人のために、林英臣先生は「**原点発見のヒント**」を三点挙げています。

第一は、「**内なる声**」に聞いてみるということです。答えは、外ではなく、案外自分が知っているということです。自分の内なる声に、もっと耳を傾けてみてください。

第二は、「**運命の肯定**」です。人には、誰しも自分でどうすることもできない宿命的な運命をもっています。これを否定するのではなく、肯定出来ることで、原点が確立する可能性が大いにあるということです。

第三は、「**危機感をもつ**」ことです。危機や問題を感じたところに原点が潜んでおり、危機感が働けば、「種」が宿されるということです。

ぜひ、これらを参考にされながら、ご自身や関わる方、子供達の人生の種となる「原点」を見つめていっていただければと思います。

(二) 理想を掲げる

志を立てる上で、重要な要素に、「**理想を掲げる**」というものがあります。

これは、私の同志の友である夢志教師塾塾長であり、講演家の星陽介氏から学びました。

星陽介氏は、元幹部自衛官で、現在は、若者や教員、ビジネスマンに対して、日本や世界の歴史や現状を分かりやすく解説すると共に、その人自身の強みを分析することで、それぞれの**ブレない軸となる夢(理想の自分)と志(実現したい社会ビジョン)を明確にする**講演やワークショップを行っています。

① 自分の描く理想の世界・日本を書き出す

左図は、星陽介氏が開発した、夢と志を明確にするためのワークシートです。

夢志教師塾
未来へのビジョンを持って教育する学び場

夢志宣言ワークシート

①理想

	どんな人で溢れている素敵な社会にしたい？(^^♪
世界	
日本	

③理想の自分・実現するアクション

理想の自分（夢）	な教師・教育者・自分
	になって
ビジョン（志）	を通じて、
	な世の中を創る

アクション（理想の自分や社会を創るために、5年後・1年後・1カ月後どうしたい？）

②現状

	今どうなっているんだろう？	改善した方が良いこと
世界		
日本		

※番号は取り組む順番

夢志教師塾　「夢志ワーク」

理想の自分の姿（夢）
と
実現したい社会ビジョン（志）

を明確に描く

② 自分の思う世界・日本の現状や課題を書き出す

③ 現状から理想に向かうための夢や志、アクションを書き出す

の順に、ワークシートを埋めていくことで、それぞれの夢や志が明らかになっていくという優れたワークシートになっています。

例として、今から三年前の令和二年十二月に私が作成した「夢志ワーク」を共有させていただきます。

まず、**①理想の世界や日本を描きます。**「どんな世の中」になって、「どんな人」に溢れていたら素敵なんだろう？　という質問が書かれていますね。ここは、現実の問題に捉われずに、**わくわくするような理想の未来を描く**ことがポイントとなります。

私は、理想の世界として、「真の大和の世界」互いに分かり合い、分かち合い、良さを生かしながら、より良い世の中を創っていく！　と書いています。

また、理想の日本として、「志の国日本！」一人一人が日本人としての誇りをもち、自分のやるべきことを

夢志教師への道♪(ˆˆ♪　小出潤　令和2年12月19日

①理想

③理想の教師・実現するアクション

②現状

	「どんな世の中」になって、「どんな人」に溢れていたら素敵なんだろう？
世　界	真の大和の世界 互いに分かり合い分かち合い良さを生かしながら、よりよい世の中を創っていく！
日　本	志の国　日本！一人一人が日本人としての誇りをもち、自分のやるべきことを志事にして輝く！

どんな教師（夢）	吉田松陰先生のような愛と情熱と大局観で多くの人の道を照らす教師
	になって
アクション（志）	一人一人の命を最大限に輝かせる　教育を通じて、
	世の為．人の為．未来のために．志を立て学び行動し続ける人を育成し、
	誇り高き日本人が真の大和の世界創りを担っていく世の中にする
背景（なぜその教師になりたいか？、その教育を通じて、理想の世の中を創りたいか？）	
まず、日本が今元氣を失っている。日本の先人の尊い思いや願いをないがしろにし、自国に誇りが持てない歴史教育によって、自尊心が低下している。日本や世界の現状（経済．外交．国防）に本気に向き合い．自分達の手で何とかしていこうと気概がない大人．子どもたちが多い。日本が元氣を取り戻していくことは．世界を良くしていくことに直結する。和の精神．自然との調和が今こそ必要！	

	今どうなっているんだろう？	良くないなって思うところ
世　界	部分最適が全体最悪を生んでいる	国同士のよさが生かされていない
日　本	元氣がない。誇りや使命感の低下。	この先どう進むかのビジョンが見えない。

※番号は取り組む順番

志事にして輝く！と書いています。

「真の大和の世界」も「志の国日本」も、今現在も私が大切にしている理想の世界と日本のキーワードです。この時から、変わらず一貫していることに我ながら驚きました。

次に、**②現状です。世界や日本は、今どうなっているのだろうか。その中でも、特に自分が良くないなと感じている点について**書き出します。

私は、世界の現状として「部分最適が全体最悪を生んでいる」、課題として「国同士の良さが生かされていない」としています。

日本の現状として「元気がない。誇りや使命感の低下」、課題として「この先どう進むかのビジョンが見えない」としています。

これらの①理想と②現状を踏まえ、現状から理想に向かうために、③どんな人物になって、どんな世の中にしたいかを書き出します。

私は、

【夢】吉田松陰先生のような愛と情熱と大局観で多くの人の道を照らす教師になって、

【志】一人一人の命を最大限に輝かせる教育を通じて、世の為、人の為、未来の為に、志を立て、学び行動し続ける人を育成し、誇り高き日本人が真の大和の世界創りを担っていく世の中にする。

と書いています。

そして、その背景として、「まず、日本が今元気を失っている。日本の先人の尊い思いや願いをないがしろにし、自国に誇りが持てない歴史教育によって、自尊心が低下している。日本や世界の現状（経済、外交、国防）に本気に向き合い、自分達の手で何とかしていこうという気概がない大人、子供達が多い。日本が元気を取り戻していくことは、世界を良くしていくことに直結する。和の精神、自然との調和が今こそ必要！」と書いています。

このようにして、自分の志を明確にしていくという手法です。

この手法の優れている点は、何といってもはじめに**「理想の世界と日本」**を掲げるところにあると感じています。

どんな世界になったらよいか、どんな日本になったらよいか。日頃、生活している中で、理想の世界や日本を意識している人はそう多くないと思います。もしくは、理想を描いていても、現実とのギャップや忙しい日々を目の前にして、理想を忘れてしまう方もいるのではないでしょうか。

しかし、「どんな世界や日本にしたいか？」と問われれば、多くの人がその理想の姿を言葉にすることができます。つまり、人は皆、日々意識するかしないに関わらず、こうあってほしいという理想を持っているということです。**その想いを、あえて言語化し、明確にすることで、どんな世界や日本にしたいのかのゴールをイメージすることができます。**

また、この一つ目の質問では、**「理想の世界・日本」**を問うています。ここも重要な視点です。つまり、**世**

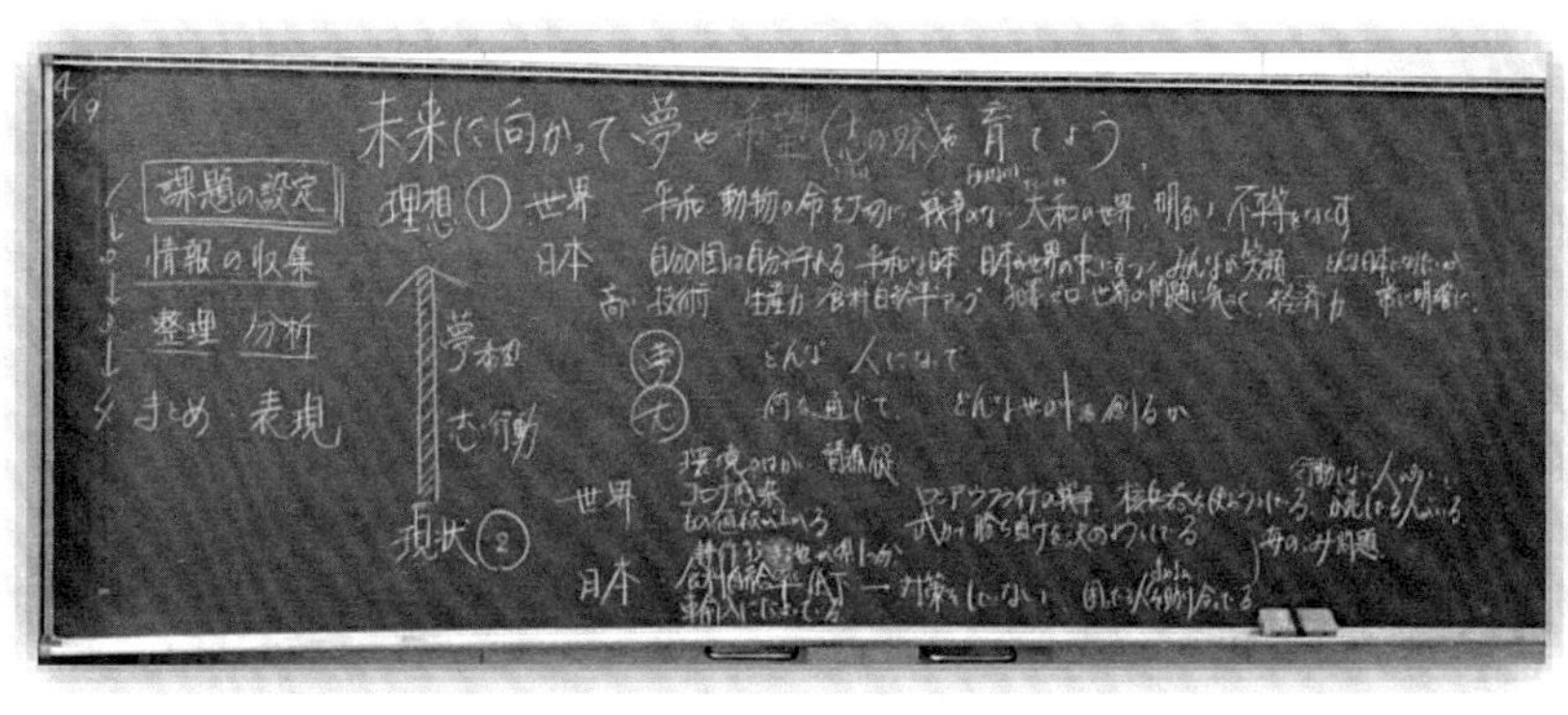

界や日本（世の中）と自分をつなぐ役割も果たしているということです。**理想の世の中を描くことで、その理想の世の中を創っていくのは、他でもない自分自身であることに気付き、社会課題を自分事として、捉えることができるようになる**という効果もあります。

私の受け持ったクラスでも、このワークを用いた授業を展開しました。小学校六年生、総合的な学習の時間「未来に向かって夢や希望を育てよう」という単元の導入で、このワークを行いました。

まず、**「どんな世界にしたいか？」理想の世界**を尋ねます。「平和な世界にしたい。」「動物の命を大切にする世界にしたい。」「人々が怯えなくてよい戦争のない世界にしたい。」「大和の世界。」「明るく、不平等のない世界にしたい。」などの思いが発表されました。

「どんな日本にしたいか？」理想の日本を尋ねると、「自分の国は自分で守れる平和な日本にしたい。」「日本が世界の中心に立つ！」「みんなが笑顔で過ごせる日本。」「高い技術力を生かし、生産力の高い日本。」「日本の食料自給率をアップさせたい。」「犯罪がゼロの日本にしたい。」「国民が世界の問題に気付き、行動できる日本にしたい。」「経済力を高めたい。」「どんな日本になりたいか、常にゴールイメージを明確にもっている日本でありたい。」などの思いが発表されました。この授業は、授業参観で多くの保護者が見守る中で行いましたが、子供達の描く理想の世界や日本の姿に、保護者の皆さんも感心されている様子でした。

子供達は、もうすでに、理想の世の中というものを内に秘めているのですね。子供達から学ぶものは多くあります。

次に、**「今、世界にはどんな課題があるか」世界の現状**を尋ねます。

「環境の破壊が進んでいる。」「これから資源が不足していく。」「コロナ感染が広がっている。」「物の値段が上がっている。」「ロシア、ウクライナで戦争が起きている。」「武力で勝ち負けを決めようとしている。」「核兵器を使おうとしている。」「餓死している人もいる。」「海が汚れている。」「問題は多くあるが、行動しない人が多い。」などの意見が発表されました。

「今、日本にはどんな課題があるか」日本の現状を尋ねると、前年の小学校五年生の社会科の授業で学んだ知識を生かし、「食料自給率が年々低下し続けている。」「耕作放棄地が県一つ分もある。」「輸入に頼っている。」「しかし、これといった対策がなされていないまま。」という意見や、「助け合うことができている部分と、まだできていない部分がある。」などの意見が発表されました。

これらを、黒板に整理していきます。

そして、子供達に問います。

教師「こんな世界、日本にしたいという理想と比べて、現状はどうですか？」

子供達「まだ、理想の世界、日本とはいえない。ほど遠い。」

教師「では、この現状を、見て見ぬふりをして、生きていきますか？　理想の世界、日本をあきらめますか？」

子供達「あきらめたくない。」
教師「では、この現状から、理想に近づけていくには、何が大事でしょうか？」
子供達「夢です！」「希望です！」「志です！」「行動です！」
教師「素晴らしい！まさに、現状から理想に近づけていくために大切なのは、夢や希望を忘れないこと。そして、志をもって行動していくことに他なりませんね。」
「この総合的な学習の時間の中で、みんなの夢や希望〈それを志のタネと呼んで〉育んでいきましょう。」

このようなやりとりをしながら、導入の一時間目を進めました。

この後、この単元の中で、**特に自分が何を明らかにしていきたいのか**、テーマを考え、情報収集をしていきます。

すでに、もともとやりたいことや将来の夢がある子は、その職業に関わる現状や課題をさらに調べていきました。また、**自分がやりたいことを達成していくために、どんな仕事があるのか、どんな仕事が必要なのか**を調べたり、考えたりする子もいました。

まだ、具体的に将来の夢や目標が決まっていない子は、自分の興味のある分野についての情報を集め、改めて、自分が「どんな人になって、何を通じて、どんな世の中をつくっていくか」を考えていました。

最後に、これら集めた情報を整理、分析し、改めて、自分のやりたいことを考え、プレゼンテーション資料にまとめ、発表をするという授業です。

総合的な学習の時間の時間の中で、将来の夢を考えたり、興味のある職業について調べて発表したりする授業は、多くの教室で実践していると思います。

しかし、あくまでも自分の興味のあることの延長で、将来を考えることになります。**そうすると、より広い視点で社会全体を見つめてみたり、解決したい社会課題から将来の自分の理想の姿やビジョンを描いたりする機会がないままに、進んでいくことになります。**

かつての私も、本当は何がしたいのか？　どんな社会や国にしていきたいのか？というビジョンがなかったことで、進む道が見えずに苦しんだ一人です。

ぜひ、総合的な学習の時間で将来について考える時間を、単なる職業調べに終わらせずに、**「一人一人が理想の世界や日本を描き、その実現に向けて、どうアクションを起こしていくのか」**を考える時間に変えていきましょう。

(三)　肖る人物をもつ

人が志を立てる上で、重要なことは**「肖る人物をもつ」**ことであると、徳塾修身館主宰の寺井一郎先生は言います。

先ず初めに志を立てることが重要であるが、その時大変参考になるのが偉人、先人の言行である。戦前までは修身教科の中で、様々な人物の事績や遺された言葉などが紹介されていた。これは生徒にとっては何よりも楽しく、また大変人気のある教科で、子供達は立派な人物を目標にして勉学に勤しんでいた。

偉人の生き方を通して、知らぬ間に道徳心の涵養がなされていたのである。つまり知ることによって生徒は憧れの人物と出会い、自らその人物に近付こうと励んでいくことになるのである。これを「人物に肖る」と言う。

（寺井一郎著『日本を愛ふ』第三章　身を修める　より）

私自身、吉田松陰先生という偉人との出会いと松陰先生からの学びが、志を立てる上でなくてはならなかったものであり、まさに私は吉田松陰先生に肖っているということになります。

当然、人によってその人物は違います。どの偉人の生き方や生き様が、子供達にとっての憧れの的となり、目標となる人物になるのかは分かりません。

だからこそ、子供のうちから、多くの偉人、先人の生き方に触れておくことは、教育においてとても重要なのです。しかし、今は道徳の教科書で紹介される偉人の数も、とても少ないです。また、子供達に偉人を伝える際は、臨場感や情熱をもって、感動と共にその偉人の生き方を伝えていきたいものです。そのため、教師自身が、多くの偉人の伝記を読んだり、学んだりすることで、どれだけ多くの偉人の生き方を伝えることができるかが重要です。

それを研鑽し、実践力を高める教育者の学び場が「**偉人語りの会**」です。小学校教師である伊藤優先生が会長を務めています。毎月、二名ずつ、偉人を語る語り手を交替しながら、偉人の生き方をありありと語っていきます。パワーポイントで資料も作成し、子供達に分かりやすく語れるよう、工夫をしています。

偉人の生き方に、子供達は心を打たれ、憧れを持ちます。そして、自らも偉人達のように志を立てて、世のため人のために生きていきたいという熱い想いを抱きます。

「肖る人物をもつ」ということは、偉人から、時空を超えてパワーをもらうことでもあります。志を立てる上で、偉人の生き方や生き様から、とても力を得ることができます。

(四) 志の一文を磨く

志を立てるにあたって、**自分の心の奥底にある想いを一文に表す**ということが重要になります。「あなたの志は何ですか?」と問われた時、「わたしの志は、○○です。」といつでも、すぐに答えられるようにしたいものです。

それができる状態になるには、**自分の志は何なのか? 人生をかけて、本当にやりたいことは何なのか?それを深く問い、自分の中で志の一文が肚落ちするまで磨いていく**必要があります。そのため、**「志の一文を磨く」**ことが重要になってきます。

「志の一文を磨く」ために有効な**『志共育』**という教育メソッドがあります。

『志共育』は、一般社団法人志教育プロジェクト理事長である出口光氏が開発しました。

志教育プロジェクトでは、「志」を**「世のため、人のため、未来のために、自分の心の奥底にある崇高な想いを、自他を生かして実現していく決意」**と定義しています。

そして、本来誰もが心の奥底にもっている崇高な想いに目を向け、それぞれの本質的な素晴らしさを、ワークを通して明らかにしていきながら、自分の志の一文を磨いていきます。

詳しい内容については、志教育プロジェクトが主催している講座や、志共育マンガテキスト『夢を叶える方法~志の法則~』(教育再生実行連絡協議会)にて学ぶことができます。

夢を叶える方法
志の法則
日本初！志アクティブ・ラーニング教材
KOKOROZASHI
あなたの書いた“志”が
イーロン・マスク氏率いるスペースX社製
ロケット「ファルコン9」で
宇宙へ飛び立つ！
5年間
地球を周回し
最後は流れ星に！

この『志共育』の良さをいくつか挙げます。

① 夢と志のちがいが分かる。
② 人の心（ココロ）の構造が分かる。
③ 自分の本質的な素晴らしさが分かる。
④ 相手の本質的な素晴らしさが分かる。
⑤ 自分の本質的な素晴らしさから、志の動詞が分かる。
⑥ 志方程式にそって、志の一文（志のタネ）ができる。
⑦ ペアワークを通して、志の一文を磨くことができる。
⑧ 志の一文を、声に出して発表し合うことで、互いの志を知ることができる。
⑨ 人生の目的・志が明確になる。（アンケート調査により実証されています。）
⑩ 自己肯定感や自己有用感が高まる。（アンケート調査により実証されています。）

2時間の授業で、このような成果を得ることができます。

私自身も、小学校五年生、六年生の子供達に実践したことがありますが、どの子も志の一文（志のタネ）をつくることができました。また、知り合いの先生は、小学校二年生に実践し、子供達は立派な一文をつくることができたという実践例もあります。

ここで大切なのは、この時間でできるのは、あくまでも**「志のタネ」**であり、**子供達が自身の志を見つめるきっかけづくり**として位置づけることです。

当然、発達段階のなかで、子供達の経験や学びによって、夢や志は進化していきます。

ここで考えた志の一文をきっかけにして、**その後も自身の志を探究していく**という姿勢が大切です。また、志の実現に向かって、目標や行動計画を立て、実際に勉強や行動をしていくという姿勢も大切です。そのようなことも、子供達に伝えていく必要があります。

また、残念ながら現代では、日常生活の中で「志」や「志を立てる」、あるいは、「立志」という言葉をほとんど耳にすることはなくなりました。学校教育の現場でも、「夢」や「目標」をもつことの大切さは語られますが、「志」や「人生の目的」について、考えたり、話し合ったりする機会はほとんどありません。私自身も、学校で「志」をもつことの大切を教わったことはありませんでした。

さらに、現代社会の風潮として、個人主義や拝金主義が蔓延し、「自分さえよければよい、お金さえあればよい、今さえよければよい」と考える人達も多くいます。子供達をとりまく環境も変化し、勉強をしたり、読書をしたりするよりも、ゲームをしたり、動画を見たりする方が楽しいと、一時の快楽に流されやすい誘惑の多い環境になってしまっています。

そのような中で、いきなり、「志を立てることが大切なんだ。」「あなたの志は何ですか？」と子供に迫っても、かえって子供は引いてしまいます。

やはり、大切なことは、**志のタネを蒔くための土壌を日頃から耕していくこと**です。

その土壌というのが、**日頃から感謝の気持ちを育む**ことや、自分さえよければいいという自己中心的な利己的な考えから、**誰かのために行動する利他的な考えの素晴らしさ**を育んだりしていくということです。

私は今、小学校四年生の担任をしていますが、日頃から、**今豊かな生活が送れていることは、当たり前ではないということ、感謝の気持ち、恩を感じることの大切さ**を伝えています。

また、道徳の時間などを活用し、志をもって生きた偉人の生き方を伝え、なぜ、そこまで人々のためにがんばることができたのか、その理由や偉人の生き方から学べることについて話し合っています。

第二章で、「吉田松陰流教育」の全体像をお伝えしましたが、松陰流教育の中核は、「立志」にありますが、**「立志」のためには、その土台である「愛情教育」や「友情教育」、そして「大和魂教育」や「個性教育」という両軸を大切にしていくことが重要です。まさに、これらの教育が「立志教育」の土壌となります。**

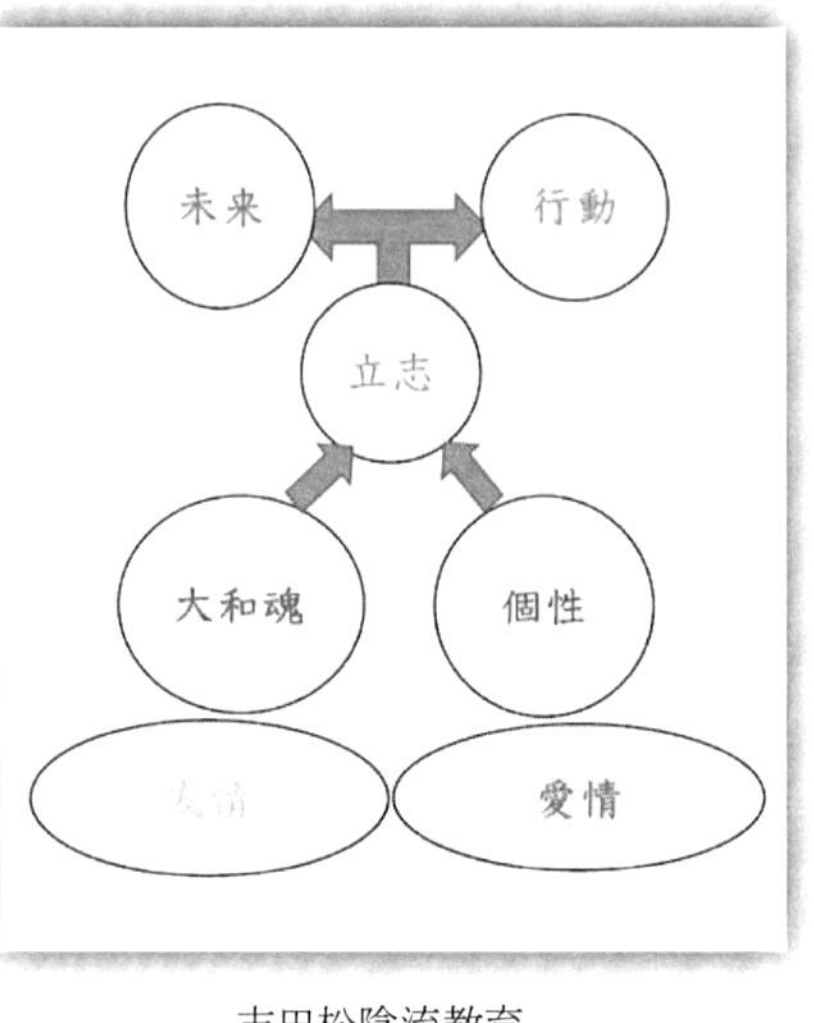

吉田松陰流教育

『志共育』の教育メソッドは、**「志の一文を磨く」**ために、大変有効であります。

そして、この「志の一文を磨く」時間を、**より深く、効果的な時間にするためには、やはり、日頃からの土壌づくりが大切で**あるということを付け加えておきたいと思います。

（五）同世代の本気の志に学ぶ

国民教育の師父、森信三先生は、人生において志を立てることを、**「ろうそくに火を灯すこと」**だと例えました。ろうそくは、火を灯されて初めて、ろうそくとしての役目を果たすことができます。**人は誰しも、ろうそく（＝使命）を持ってこの世に生まれてくるのですが、ここに火をつける（＝志を立てる）ことが重要だ**ということです。

火を灯されたろうそくは、周りを明るく照らすことができます。まさに、**志を立てて生きていくことは、自分の周りを明るく照らしていくこと**に他なりません。

ここで大切なのは、**いかにしてろうそくに火をつけるか？**ということです。

「子供達は皆、素晴らしいろうそくを持っているのに、日常や学校生活の中では、そこに火を灯す瞬間がなかなかない。」と嘆く中学校の先生もいました。

つまり、今、日本の子供達に不足しているのは、**自分のろうそくに火を灯す着火剤となる出会いや環境**なのです。

ろうそくにいかにして火をつけるのか？

その方法は人それぞれですが、これまでに出会ってきた志を立てて生きている若者達との出会いから、いくつかの共通点を見出しました。

一つ目に、**「自身の歩んできた境遇」**です。「原点を見つめる」の項でお伝えしましたが、志を立てている若者達の中には、決して順風満帆な人生を歩んできた訳ではないという若者が多いということです。その人自身の歩んできた人生での、辛さや苦しさ、困難さを、「同じ思いをさせたくない」という想いに変え、心を燃やす若者達がいました。

二つ目に、**「自身の価値観を180度転換させるインパクトある経験」**です。特に、海外への留学や、日本とは全然違う生活状況にある国での経験がきっかけとなり、志を立てるにいたった若者達もいました。

三つ目に、**「危機意識」**です。日本・世界の現状や明るくない未来への危機意識。例えば、少子高齢化により、愛着ある地元が、限界集落となってしまうことへの危機意識。例えば、地球環境の破壊から、多くの生物が絶滅し、いずれは人類も生きることができなくなってしまうのではないかという地球環境への危機意識。

これらが、動機となり、心を燃やす若者達もいました。

しかし、**このような、きっかけを持ち、自ら「ろうそくに火をつける」ことができる若者は、ごく稀だと感じています。**では、このようなきっかけがなかなか得られない子供達は、本気の志を立てることができないのでしょうか。

私は、そうではないと感じています。

ろうそくに火を灯す、素晴らしい方法があります。

それは、**「火の灯っている人に出会う」**ということです。

志を立て、志に本気になって生きている人達の生き様や言葉、表現に触れることです。

その情熱の火は、必ず相手に伝播していきます。

特に、若者達の心に直接火を灯せるのは、同世代を生きる「若者達の熱」であると感じています。

そこで紹介したいのが、一般社団法人志教育プロジェクト主催の**世界青少年「志」プレゼンテーション大会、通称WYK【World Youth KOKOROZASHI】**です。世界青少年「志」プレゼンテーション大会は、世界の若者達が、自身の「志」をプレゼンテーションする大会です。文部科学省や環境省、外務省からも後援を頂いている大会です。

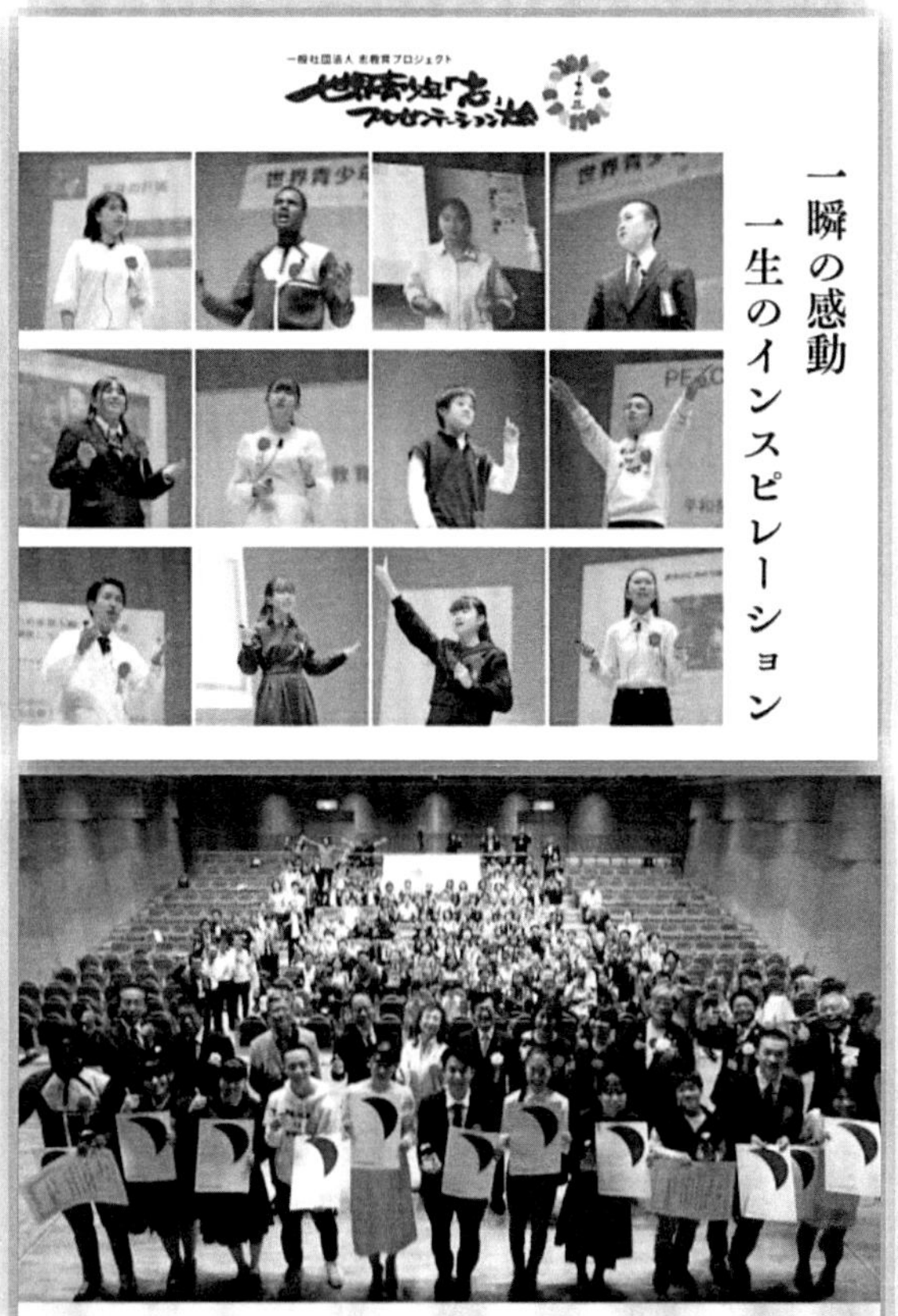

「**志を立てて生きる若者達が育ちつながる場を創る**」という目的をもち、二〇一八年より世界に志を広げ、青少年を育成していくためのシンボルとして開催されてきました。

第6回目を迎えた昨年（令和五年）は、十一月四日に、東京にある国立オリンピック記念青少年総合センターにて開催されました。私は、この大会の実行委員長として、この場を皆と共に創り、見守りました。

３３２０名の応募の中から選ばれた12人のファイナリスト達は、大会前日から実行委員と、宿泊で研修をし、互いのプレゼンテーションを磨き合いました。それを、本番のステージで見事に出し切りました。

青少年の想いに耳を傾け、共感し、励まし、勇気づける、温かく、熱い大人達の大きな愛に包まれ、内から溢れる真っ直ぐな想いを熱く熱くプレゼンテーションする青少年達の姿。

互いに志を応援し合い、一緒によりよい社会、日本、世界を創る仲間になっていく姿、一体感。

そこでは、紛れもなく、みんなの生命が輝き合っていました。

神様はきっと、我々人類にこんな世界を創ってほしいと願っていると確信しました。

ファイナリスト一人一人の熱い想いに触れ、そして、この場の創る熱にほだされ、大会の開始から溢れ出る涙は、大会終了後も止まることはありませんでした。

この大会の様子や、ファイナリスト一人一人の志プレゼンテーションは、大会ホームページから視聴することができます。

この青少年達の志プレゼンテーションを、ぜひクラスや塾の生徒さん達、親御さんであれば子供達と一緒に見て頂きたいと願います。

彼らの内から溢れ出る情熱、揺るぎない信念は、見る者の心や魂を熱くしてくれます。

そして、ろうそくの火を灯す着火剤となってくれることでしょう。

以下は、大会後に、ファイナリスト達の志プレゼンテーションの一部を教室で視聴したクラスの子供達（小学校四年生）の感想です。

すごかった。」

「（プレゼンター達は）人を助けたい、というような思いを持っている。自分が日本を変えられると思っていて

「僕も自分で疑問に思ったものなどは、がんばって調べていき、その答えを見つけ出す。人の役に立てるようなことはどんどんやっていき、少しずつ人の役に立つ。このようにして、自分だけでなく、日本、世界の問題を解決するのが大事だと思いました。」

「人生には、自分のなりたい夢が大きく広がるような世界が大切で、そのような世界にしたいと思った。今、未来を変えられるのは『自分』。人任せにしてはいけない。この世界を変えられるのは『自分だ！』と心が燃えた。」

「僕は、このプレゼンテーションを聞いて僕たちには、ほど遠いと思いました。そのために、僕たち一人一人が、人、日本、世界をこころざし、一人一人が公の心をもっていく。そして、日本中の人がこころざしをもって、この世界を変えて、争いをなくしていく。そのような国、地球を変えていくという目的を持って、一回きりの人生を生きる。」

「みんながやる気に満ち溢れていたところ、工夫していたところ、みんな自分のやることとやりたいことをやっていることが、素晴らしいと思いました。私は自殺する人をとめたいと思った。まだまだ生きられる人たちの命を失いたくないと思いました。」

「私もあのプレゼンターのようなこころざしをもち、勉強に励み、若い者たちに想いをたくしていこうと思いました。」

「私も少しでも人の役に立ちたいと思った。発表をした人と同じで、今の日本をさらによくしていきたいから、人のために何ができるか考えたいと思った。私はみんなのことを考え、未来を変えたいと思った。」

「世界のためになりたいという気持ちや人を喜ばせたい、人を笑顔にしたいなどすごいなと思いました。私も今、自分ができることは一生懸命して、人のため、世のために、いい地球にしていきたいと思いました。こころざしをもって生きていきたいです。」

「みんな自分が得意なこと、人の役に立つことを追求し、世の中の役に立とうという勇気や、こころざしがとても光に満ち溢れていて、とてもすごいと思いました。」

これらの感想から、小学四年生の子供達の心にも火が灯されたことがお分かりかと思います。

若者達の志プレゼンテーションは、純粋で、かつ希望に満ち溢れています。

さらには、**彼らを励まし、応援する愛ある大人達に囲まれている、その「場」が生み出す空気感が、より彼らの魂を呼び覚ます**のだろうと感じています。

ファイナリスト達のプレゼンテーションの練習を何度も、見てきましたが、やはり当日ステージでの本番のプレゼンテーションが、どのファイナリストも格段に洗練され、迷いなく、魂が１００％解放されていました。

ぜひ、この洗練された志プレゼンテーションを、多くの若者、子供達に届けたいと思うのです。

第6回世界青少年「志」プレゼンテーション大会が終わった翌日、多くの方々が大会の感動をSNSで発信していました。

その中で、今大会唯一の海外プレゼンターで、最優秀賞、環境大臣賞を受賞されたウガンダ出身のSsenyange Apollo（セニャンゲアポロ）さんの投稿を読み、また涙が溢れました。

百万人が飢えている、実際の命を落としていく、そのもう一歩手前にいる子供達に対して、自分が世界の指導者になり、それを変えていくんだという志を立て、立ち上がったアポロさん。そのアポロさんが、大会に対する感想を投稿していました。

以下、引用させていただきます。

ウガンダ出身 Ssenyange Apollo（セニャンゲアポロ）さん

感動の海に迷い込み、言葉では言い表せないほど、ワールドユースこころざし大会は私に大きな衝撃を与えた。

〝こころざし〟という日本語は、ざっくりと訳せば〝リーダーの心〟。

私はその本当の意味を、若い参加者たちの心の中に見出した。

彼らの〝こころざし〟は単なる言葉ではなく、心の奥底から湧

大会前日に互いの志プレゼンテーションを磨き合った仲間達

き出る深い信念であり、その情熱は伝染するばかりだった。

私達の夢と行動を熱烈に育み、私達が夢見る世界を形づくる大人達に導かれながら。

そのユニークな空間で、私は、私達の未来に消えない足跡を残す運命にある、無私のリーダーの誕生を目撃した。このような並外れた人たちの前途に何が待ち受けているのか、期待に胸が膨らむ。

私達の夢はまだまだ続く…。

この文章を読み、私は突き動かされました。私達は歩みを止めてはならないのだと。

この場を創り続けたい。なくしちゃいけない。その想いから、第7回から第10回WYKの実行委員長として立つ決意をしました。

世界青少年「志」プレゼンテーション大会は、一体何のために行うのか？その大意図は、**「世界の課題を解決し、世界平和を実現する」**ことにあります。その旅路はこれからも続いていきます。

関わり支えてくださる皆様の知恵を集めて、叡智に変えて、皆と共に前に進んでいきます。

私達の子供や孫の代に、争いのない、美しい地球を繋いでいきたい。
そのために、21世紀後半を迎える人類に「こころざし」を立てて生きるという生き方を提唱していきたい。
それができるのは志の国、日本の役目なのです。
かつてあった誇りある日本の姿を取り戻しながら、日本の和の精神をもって、世界人類を導いていく。

その想いが本物ならば、必ずや達成できるはずだ。

念じて、念じて、念じ切る。

【みんなの力を信じて、見守る。】

その時にはいつもすごい光景が見れる。生徒会長をやった時も、教育現場でもいつもそうだった。

僕の真骨頂はこれや。僕の人生の真の歩みも、ここからだ。
さあ、21世紀後半の美しく輝く地球を地球人の姿をみんなで迎えにいこう！

『KOKOROZASHI　ALL　JAPAN』結成の時や！
人類の歴史の転換期をわたしたちの手で創り出していこう！！

四　志を立てた子供達

小学校五、六年と二年間受け持った子供の卒業文集を紹介させてください。

私の未来の目標

私の未来の目標は、**『どんな立場の人でも救える優しくて、ゆうかんな人になる』**ということです。

この目標は、私が小学五年生のときに決めました。そのきっかけは、そのときの担任の先生がクラスのみんなに、志というものを教えてくれたからです。

そのほかに、今の日本のこと、過去のこと、未来のことを全部教えてくれました。その時、私は気付きました。「今の世界は、このままでいいのか」と。

それから私は、SDGs のことについて、たくさん調べました。『どんな目標があるのか』『なぜ差別があるのか』『私にできることはないのか』など、次々に知りたいことが、頭の中にうかびあがってきました。その積み重ねで、今の目標ができました。

ある日の学校、私は担任の先生からこう言われました。

「未来をつくるのは自分たちだ！！」

あの日から私は、「もっと未来のことを真剣に考えないとだめだ。」と思いました。

今の私は、自学ノートに『今から卒業までに、SDGs の目標をどうやったら達成できるかを考えよう！』という目標でがんばっています。私が一番達成したくて、自信がある目標は〈1貧困をなくそう〉です。これが達成できたら、世界中の人々が幸せで心配という言葉が減ると思いました。

私は、ぜったいにこの目標を達成してみせます。そのために、今の人生をおもいっきり楽しみます！！


次は夢についてです。幼稚園の時の夢が警察官になることでしたが、四年生で夢が漁師になりました。六年生になった時、環境省に入るという夢に変わりました。なぜ変えたかというと、ごみが増えると魚が減ります。だから漁であまりとれなくなります。なので、**魚を増やすために環境省に入りたい**と思いました。それを考えるきっかけをつくってくれたのは小出先生です。**大好きな魚と海を守る**ためにも、ぼくを信じてくれた小出先生の思いにこたえるためにも、がんばります。


教師をしていると子供達から教わることがたくさんあります。そして、深い感動と喜びを得る瞬間が何度もあります。

この卒業文集を書いた子供達からも得難い学びを得ると共に、深い感動と喜びを感じました。

一人目の子は、出会った頃は、特定の職業ではなく**「人助けをしたい」という夢**を持っていました。**とても優しくて、熱く強い芯をもっている子**でした。

もともとその子の中にあった優しさと勇敢さが、日本人としての誇りを培い、日本や世界の現状を知ることによって、より確かで強固なものとして現れ出てきました。

そして、日本や世界の歴史や現状を知ることで、「今の世界は、このままでいいのか」という危機意識が芽生え、自ら次々と学んでいきました。

新しい知識を得ると同時に、自分にもできることはないかと思索も重ねながら、志がさらに磨かれていきました。

「未来を創るのは自分達だ！」という担任の魂の叱咤激励を受け、さらに、「未来のことをもっと真剣に考えないとだめだ！」と魂に火がつきます。自分達が未来を創るのだという自覚がさらに強くなったのだと思います。

自学ノートにも、「どうしたら世界から貧困がなくなるのか」ということを中心にして、毎日のように、探究学習をしていました。

そして、絶対にこの目標を達成してみせる、人生を思いっきり楽しむと締めくくっています。意気込みと覚悟を感じると共に、自分の魂の声に従って、限界を設けず、大志をもって生きていくことへのワクワク感や本当の意味で人生を楽しもうという迫力が伝わってきます。

「人助けをしたい」という内に秘めた尊い魂、崇高な想いが、大きく育ち、本氣の志として立てることができたのだと思います。

卒業式の日、この子からもらった手紙には、「先生のおかげで志を立てることができました。先生は私の人生を変えました。」と書かれていました。

教師になって15年目。初めて「人生を変えた。」という言葉をもらいました。ようやく真の教育者としてのスタートラインに立てたのではないかと感じた瞬間でした。

二人目の子は、**とにかく魚のことなら何でも詳しい、魚が大好きな子**でした。**「好き」ということは、その子の強みです。**この強みをぜひ生かしてほしいと願っていました。始めは、今は夢がないと言っていたのですが、対話の中で、魚を捕まえる漁師ではなく、**魚をこれからも守りたい、そのためにも海を守りたい**、という気持ちが生まれてきました。そして、大好きな魚、海を守るために、環境省で働きたいと、自ら書いたのです。**魚のことなら誰よりも詳しい、魚が大好き、というのは、その子自身が天より賜りし才能だと思うのです。**それを、本人も自覚し、その才能をどのようにして、世のため、未来のために生かしていくのかを考えていったところに、志が生まれました。

卒業式でも、「海の研究をし、海を守る」と堂々とその決意を宣言して、卒業していきました。

「志とは人間の中に潜在的に眠っている才能能力を開き顕してゆく鍵であり、未来に羽ばたく使命を自覚するとき才能の芽は、急速に伸びることができる」という言葉があります。

まさに、子供達は、自らの使命を自覚するとき、潜在的に眠っている才能能力を発揮させていき、意欲も、学びに向かう姿勢も、行動力も、急速に向上させていくことができます。

この「立志教育」が、吉田松陰流教育の中核となります。

「立志教育」はかつての日本でも、大切にされていた教育です。

もう一度、日本の教育の要に、「立志教育」を据えていきませんか?

五　「立志教育」推進の鍵

この章の終わりに、我が国で「立志教育」を推進していく上で重要な点について述べます。

第一に、**教師自身が志を立てること**です。

これについては言わずもがなです。**相手の心に火をつけられるのは、火のついている人間のみ**です。森信三先生も『修身教授録』の中で同様のことをおっしゃっています。

「真の教育というものは、単に教科書を型通りに授けるだけにとどまらないで、**すすんで相手の眠っている**

魂をゆり動かし、これを呼び醒ますところまで行かねばならぬのです。すなわち、それまではただぼんやりと過ごしてきた生徒が、はっきりと心の眼を見ひらいて、足どり確かに、自分の道を歩み出すという現象が起こって来なくてはならないのです。

しかしながら、このように相手の魂をその根本から揺り動かして目を醒ますためには、**どうしてもまず教師その人に、それだけの信念の力がなければならぬ**でしょう。すなわち、生徒たちがその眠りから覚めて、自ら起って自分の道を歩み出すためには、**まず教師自身が、全力を挙げて自分の道を歩まねばならぬ**でしょう。」

「しかるに今日の学校教育では、生徒はいつまでも眠っている。ところが、生徒たちの魂が眠っているとも気付かないで、色々なものを次から次へと、詰め込もうとする滑稽事をあえてしながら、しかもそれと気付かないのが、今日の教育界の実況です。それというのも私思うんですが、**結局は、われわれ教師に真に志が立っていないからでしょう。**すなわち、われわれ自身が、真に自分の生涯を貫く終生の目標というものを持たないからだと思うのです。すなわち**この二度とない人生を、教師として生きる外ない運命に対して、真の志というものが立っていないところに、一切の根元がある**と思うのです。しかしそんなことで、どうして生徒たちに『志』を起こすことができましょう。それはちょうど、火のついていない炬火(たいまつ)で沢山の炬火(たいまつ)に火をつけようとするようなもので、始めからできることではないのです。」

まずは、**全ての教育者が「何のために教師をしているのか」「教育を通じて、どのような人才を育てるのか」「その人才育成を通じて、どのような地域、日本、世界にしたいのか」よく自問し、真の志を確立することが**第一にすべきことです。

第二に、**子供を囲む大人の理解と関わり**です。

子供達一人一人が自分の使命や志に気付いていくためには、周りの大人の理解や力が必要です。「一人一人

が崇高な使命をもって生まれてきている」というところから、一人一人を観ていく人間観をもつことです。そして、子供達のもつ個性と向き合い、ある時は自己理解を助け、ある時は傾聴し、必要な時には叱咤激励していく、**一人一人の使命を自覚させる関わり方**が必要となります。

第三に、**「志を育む」ことを軸とした校種間の連携**です。

子供達一人一人が志を立てていくということは、並大抵のことではありません。小学校、中学校、高校と継続し、子供達が自分の人生と向き合いながら、**「何のために生きていくのか」「人生を通し本当にやりたいことは何か」を考えていける機会を確保していく必要**があります。さらに、小学校時代に抱いた夢や志を、中学校段階でも教師で連携して引き継ぎ、彼らの想いを大切に育み続けていけるような体制にしていくことが重要です。

第四に、**志を発表する機会の確保**です。

夢や志は、多くの人の前で宣言をすることで、より叶えやすくなると言われています。

そして、実際に志を実現させていくには、同じ志をもつ仲間と繋がったり、多くの人と協力したりすることが必要です。そのためにも、自分の志を相手に分かりやすく、かつ感動してもらえるプレゼンテーション能力を身に付ける必要があります。その機会を、学校や地域で確保していきましょう。さらに、お互いの志を知ることで、相手理解がより深まり、互いの志を応援し合う仲間にもなることができます。

第五に、**若者の志実現をサポートする地域、社会の連携**です。

これは**若者の志を軸とした地域社会、日本社会の再興**を意図しています。

若者の志を発表する場に、保護者のみならず、行政や地域住民、民間企業人も共に参加します。そして、若者の志に共感した企業や行政が、若者と共に、新たな活動を生み出したり、若者の考えや熱意を地域や企業に生かしたりしていく体制づくりです。**若者の地域社会への参画意識や生きがいも高まり、行政も地域活性化につながり、企業も熱い志をもった若者と繋がることができます。まさに、三方よしの日本全体を元気にする取り組みです。**

第六章　その四　未来教育

自分の国の将来について

自分の国の将来について、日本は「良くなる」が13.9%と、他の国に差をつけて6ヵ国中最下位となった。また、「悪くなる」が35.1%、「どうなるか分からない」が30.7%で、それぞれ6ヵ国中最も高いスコア。
「良くなる」という回答が最も多いのは中国（95.7%）で、次いでインド（83.1%）が多い。

Q　自分の国の将来についてどう思っていますか。（各国n=1000）
※「良くなる」回答率が高い順に掲載

		良くなる	悪くなる	変わらない	どうなるか分からない	2019年9月調査「良くなる」回答割合
中国	(n=1000)	95.7	0.7	1.2	2.4	96.2%
インド	(n=1000)	83.1	3.9	3.8	9.2	76.5%
イギリス	(n=1000)	39.1	31.0	10.9	19.0	25.3%
アメリカ	(n=1000)	36.1	27.5	9.0	27.4	30.2%
韓国	(n=1000)	33.8	20.2	32.5	13.5	22.0%
日本	(n=1000)	13.9	35.1	20.3	30.7	9.6%

日本財団 THE NIPPON FOUNDATION

自身と社会の関わりについて 1/2

自身と社会の関わりについて、以下の全ての項目で日本は6ヵ国中最下位となった。特に「自分は大人だと思う」「自分の行動で、国や社会を変えられると思う」がそれぞれ3割に満たず、他の国に差をつけて低い。

Q　以下の項目に同意しますか。（各国n=1000）
※「はい」回答率を掲載

	自分は大人だと思う	自分は責任がある社会の一員だと思う	自分の行動で、国や社会を変えられると思う	国や社会に役立つことをしたいと思う	慈善活動のために寄付をしたい	ボランティア活動に参加したい
日本	27.3 6位	48.4 6位	26.9 6位	61.7 6位	36.2 6位	49.7 6位
アメリカ	85.7	77.1	58.5	73.0	66.7	70.4
イギリス	85.9 1位	79.9	50.6	71.2	69.5	64.2
中国	71.0	77.1	70.9	82.1	75.9	85.3 1位
韓国	46.7	65.7	61.5	75.2	62.4	70.7
インド	83.7	82.8 1位	78.9 1位	92.6 1位	83.7 1位	78.1

日本財団 THE NIPPON FOUNDATION

一　現代における教育の課題

日本財団が行った18歳意識調査「第46回―国や社会に対する意識調査（6カ国調査）―」報告書（2022年3月24日）を見てみると、現代における教育の課題が浮かび上がってきます。

左図に、二つの結果を載せました。一つ目は「自分の国の将来について」です。日本は、「良くなる」が13・9%と、他の国に差をつけて6カ国中最下位となっています。また、「悪くなる」が35・1%、「どうなるか分からない」が30・7%で、それぞれ6カ国中最も高いスコアとなっています。二つ目は、「自身と社会の関わりについて」です。「自分は責任がある社会の一員だと思う」「国や社会に役立つことをしたいと思う」など全ての項目で6カ国中最下位となっています。特に、「自分が大人だと思う」「自分の行動で、国や社会を変えられると思う」がそれぞれ3割に満たず、他の国に差をつけて低いという結果でした。

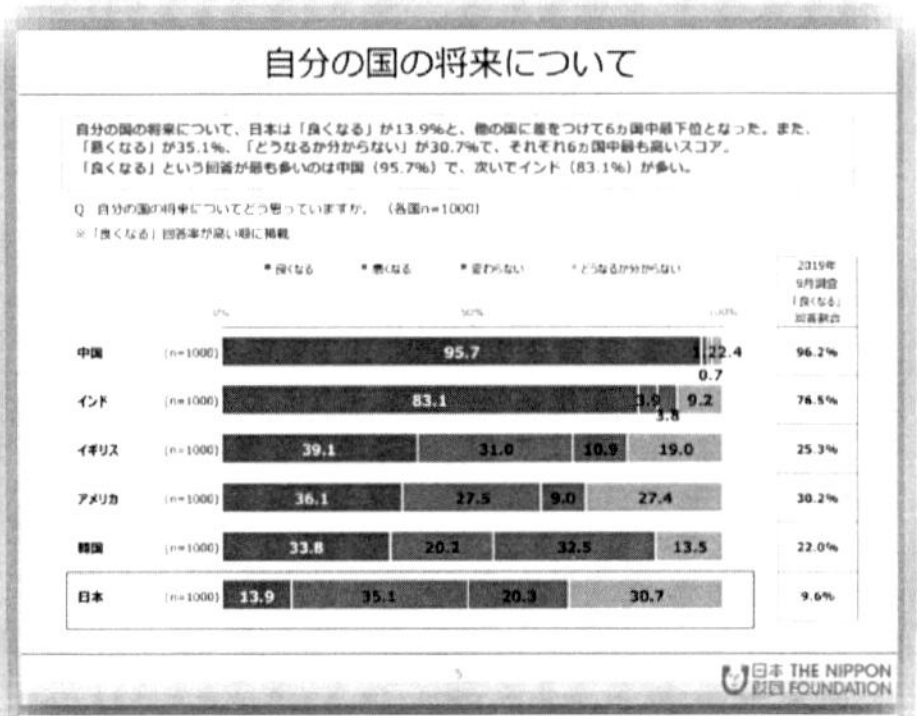

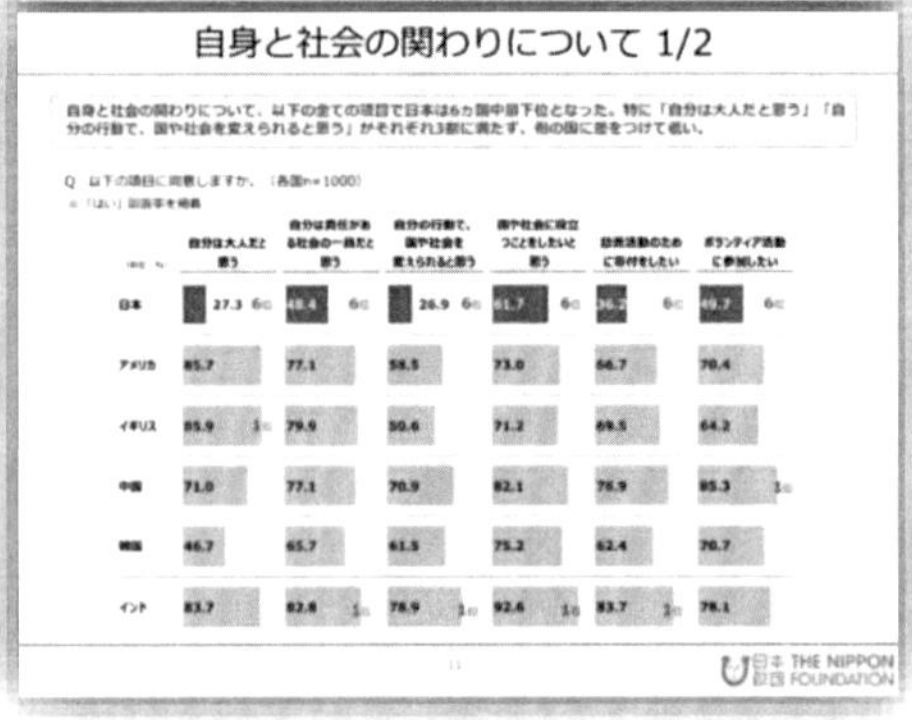

これらの結果から、日本の若者は、**「日本の将来に対して明るい希望を抱いていないが、自分の行動では、日本や社会を変えることができない」**と考えている傾向にあるということが分かります。これは、現代における教育の大きな課題であるといえます。**明るい未来を抱きにくい現代の日**

本だからこそ、自分達の力やアイディア、行動で、地域社会や国を変えていこう、「自分達の手で未来を創るのだ」という意識を育てていくことが求められます。

二　松下村塾での未来教育

そこで注目したいのが、松陰先生が松下村塾で行っていた教育方法です。

それは、実際に起こっている世の中の出来事や政治的な課題について、「君ならどうするか？」と塾生同士に考えさせ、議論をさせていったという方法です。

真剣に議論をするためには、良質な情報が必要となります。

そのため、「飛耳長目録（ひじちょうもくろく）」という、仲間からの情報を集めたノートを用い、「日本はどんな道を選択していけばよいのか」、「幕府の判断についてどう考えるか」、「自分ならどうするか」について、日夜議論をしています。

この方法は、今でいうところのアクティブ・ラーニングの魁（さきがけ）といえるでしょう。塾生が、問題意識をもち、主体性をもち、議論という対話の中で、課題解決の方法を探っていくのです。

まさに、新学習指導要領でいうところの「主体的・対話的で深い学び」です。

そう考えると、「主体的・対話的で深い学び」を実現させていく上での、子供達の学びのエンジンの役割を果たすのが、「何のために学び、議論するのか」

未来教育

～未来のために真剣に学び、議論せよ～

という目的、つまり志が必要であることがわかります。

志を育まないところにおいて、議論させたところで、机上の空論に終わってしまいます。

あるいは、アクティブ・ラーニングごっこで終わることとなってしまいます。

つまり、**「自分達でよりよい未来を創るために学び、議論するのだ」という目的意識が重要かつ不可欠である**といえます。

そのことを強調するために、**「未来のために真剣に学び、議論する」**教育を**「未来教育」**と名付けました。

何のために勉強するのか？という問いに対し、私は**「よりよい未来を創るためです。」**と答えます。

三　社会を創る担い手を育てる　～総合的な学習の時間「平和な世界を創るために」～

小学校六年生を受け持った年、世界ではロシアとウクライナの戦争が起こりました。子供達の関心も高く、日頃から話題に出ることも多くありました。そこで、総合的な学習の時間を使い、「平和な世界を創るために」という授業を行いました。

日頃から、緊迫する世界情勢や日本の抱える問題について真剣に考えてきた子供達。

「なぜ、世界から戦争がなくならないのか？」

「日本は自国を守ることができるのか？」

「世界における日本の役割は何か？」

「戦争のない真の平和な世界にしていく道筋は？」

「そのために我々は何をすべきか？」

こうした問いを投げかけ、平和な世界を創る担い手となるために探究的な学習を行いました。授業の全体の流れは以下の通りです。

インフォメーション（情報）を集めて整理するだけでなく、それらの情報の整理、分析の結果から、いかにインテリジェンス（知性、知恵）を磨いていくのかを重視しました。残念ながら、未だに戦争が起きているということは、現在の人類の知恵では、戦争をなくすことができていないということです。ならば、**未来を創る君達が、戦争のない平和を創るための知性を磨かなければならない**と伝えました。子供達は、**自分達が平和な未来を創る担い手なのだという自覚**をもって、真剣に授業に取り組みました。

①個別のテーマ設定
②個別の探究学習
③個別でプレゼン資料作成
④グループでのプレゼン発表、質疑応答会
⑤個別でインテリジェンスを磨く
　情報整理をして問題↓原因↓主張　の思考整理
⑥グループで個別の主張の発表
⑦グループ内でインテリジェンスを磨く
　個別の主張を建設的に議論し、組合せ、グループでの提案プレゼンを作成
⑧全体に向けて、グループごとに提案発表
⑨全体の場での質疑応答
　↓担任からも鋭い質問
　↓答えに躊躇したところは再度練るように要求
⑩最終レポート作成

以下、子供達の最終レポートの一部を紹介します。

まだ、粗削りのところもありますが、彼、彼女らが、**机上の空論、お花畑の理想論ではなく、現実の厳しさや難しさを理解しながらも、なんとかして、真の平和な世界を築いていこうとする気概**を感じて頂けたらと思います。


憲法9条を改正し、自衛のための武器を持てるようにし、日本の防衛力を上げる。今の防衛費だと足りないと思うので、防衛費を上げる。日本だけでなく、他の国も、自分の国は自分で守れるようにする。

戦争の恐ろしさを知らせ、戦争を絶対にしないという人達を増やす。

総理大臣を選ぶ時は、日本の歴史についてどう思っているか、戦争についてどれだけ知っているのかをよく見て選ぶ。

日本だけが戦争をしないといっても他の国同士で戦争をしたら意味がないので、「戦争を絶対にしない」ことを全ての国が誓い、もし戦争をしたら、とても厳しい罪を償う。


戦争のない世界を実現するために、授業で、日本が世界の平和の実現に向けて努力してきた本当の歴史を教え、自立し志を持った人を育てていくことや、核を使わないように世界に訴えたり、交渉したりすることが大切。

戦争をしてはいけないという意識を世界に広めていかないと平和な世界は実現できない。そのために、小学校や中学校などで、志に関する授業をし、志を持った日本人を増やす。

自分のことだけでなく、日本のことをいつも考えている人を政治家にし、日本の政治を変えていくことが必要。

世界に戦争を起こさないためのルールづくりを発信したり、訴えたりできる人がこの先出てこないと日本、世界は変えられない。そのためにも、教育を変え、その次に日本の政治を変えることが大切。

日本は広島と長崎に原爆を落とされた世界唯一の被爆国なので、いろいろな手段で世界に戦争や核ミサイルの恐ろしさを積極的に発信し、戦争にはメリットがなく、デメリットしかないことを伝える。憲法９条を改正し、防衛力を上げ、自国は自分達で守り、他の国に頼らないようにする。


世界中の国同士、仲良く、平和な世の中になるような決まりをつくる。

教科書や本などで、本当の歴史を伝える。

自分達の国は、自分達で守れるような国づくりをする。

核をつくらない、使わない決まりをもっと厳しくする。

相手が攻めてくることができないような強い国にする。

自分達の国に対する愛や知識、関心を国民全員が持ち、平和な世の中にする。


核ミサイルや暴力で解決せずに、話合いで解決できる世界にする。

そのために、時間がかかるかもしれないが、北朝鮮やロシア、アメリカなどの核の武器などを使えないようにするルールを世界で定める。

唯一の核の被爆国である日本から進んで、核の恐ろしさや戦争の悲惨さを世界に伝える。

日本を外国から守るためには、憲法を改正し、江戸時代のように、日本国の誇りを全員が持てるようにする。本当の日本の歴史を国民全員が知ることで、日本の有難みを知る人であふれると思う。


日本の教育で、歴史や現状の真実を教えること。少しずつ、いろいろな人に教えていく。

もっと本気で日本を変えたいと思う人が、内閣に入る。

他の国のように、いつ敵が攻めてきても守れるように、日本の国の力を強くする。

憲法の「戦力を持たない」のではなく、自分の国を守る力を持つ。

人々の大和魂をまた出す。日本に不利な条約を直す。人々が本気で日本のことを大事だと思う日本にする。

メディアも正しいことを伝える。

こうして、相手が攻めてこられない状態、攻めてきても守れる状態にする。

そのためには、教育やメディアを通して、日本の人々が日本のために行動できるようにしたい。


戦争のない平和な世界を創るために、小学校六年生の子供達が、真剣に学び、議論しました。これらの授業を通して感じたことは、まずは子供達が**「戦争のない平和な未来を創る」**と決意をすることの大切さです。現在もなお、国同士での争いが起こり、尊い命が失われている悲しく悔しい現状をただ他人事として眺めているだけでは、世の中は何も変わらないこと、**その行動の大小に関わらず、「自分達が未来を創るのだ」という自覚をもった子供達を育てる**ことがいかに大切か。子供達が、その自覚を本気でもった時、学びの目的が明確に定まり、学びへの意欲、真剣さが高まります。**「未来教育」**で、その自覚を大いに養っていきましょう。

最後に、ＰＴＡ広報誌で、彼・彼女らに送った卒業のメッセージを掲載します。


「理想に燃え、未来を創る人に！」

今後、世界はますます激動の時代を迎え、日本の役割はより大きなものとなります。

「高徳国家」「公益経済」「共生文明」の創造が日本を救い、世界を救う鍵となるでしょう。

これからの時代を創るのは、他の誰でもない、あなた達自身です。

各分野を率いるリーダーとしての活躍を願います。

理想に燃え、未来を創れ！誉れぞ高き、〇〇小の卒業生たちよ！

第七章　その五　行動教育

行動教育

～できることを考え、行動せよ～

一　松陰先生が大切にした「知行合一(ちぎょうごういつ)」

未来のために真剣に学び、議論する「**未来教育**」と両輪をなすのが、「**行動教育**」です。

松陰先生は、王陽明(おうようめい)が唱えた「知行合一(ちぎょうごういつ)」の考えを大事にされていました。

これは、**学んだだけでは本物の知とはいえず、学んだことを行動に移してこそ本物の知になる**という意味です。また、**やみくもに行動するだけではなく、学問をし、知恵を磨いていくことも大切である**という意味でもあります。つまり、**学ぶだけ、あるいは、行動するだけ、その両者に対して戒めた言葉となります。**

松陰先生は常々、塾生に対して、「**机上の学者になってはならない。行動のための学問をせよ。**」と行動の大切さを説いていました。

そこで、吉田松陰流教育の５つ目が「**行動教育**」です。

ここは、現代の教育の中で、特に意識して育てていかなくてはならない点だと感じています。

例えば、総合的な学習の時間などで、テーマとなる課題について調べ、話し合い、発表して終わる学習ではなく、**実際に課題を解決するために「行動」を起こして、それらを振り返るというところまでをカリキュラムに位置付け**

ていく必要性があります。

また、**日々の生活の中で学んだことを実際に実践に生かしていくところまでを責任をもって指導していく必要**があります。

二　行動する力を育む

子供達の行動する力を育んでいくために、委員会活動や係活動などは最適です。

ここでは、与えられた役割や仕事をただこなすだけにしないことが重要です。**いかに、子供達自身がその活動の目的をもち、自ら課題を見つけ、課題を解決するための手立てを講じ、そのアイディアを形にしていくのか、子供達自身が新たな活動を生み出し、行動していくこと**を大切にしています。

六年生を受け持った時、委員会活動が始まる四月当初に次のような話をしました。

「これから最高学年としての委員会活動が始まります。**委員会活動では、あなた達だからこそ、できることをしてください。**つまり、これまでの六年生達がしてきた活動を、そのまま繰り返し行うだけなら、あなた達でなくてもできますよね。もちろん、これまで行われてきたものは、素晴らしいから行われてきているという面もあります。それはそれで引き継ぎながらも、もっとよりよい学校にしていくためのアイディアを自分達で考えて、創造して、それを実際に行動に移してほしい。**あなた達だからこそできる活動を生み出していってほしい。**」

子供達はこの話を受け止め、これまでの伝統を引き継ぎながらも、もっとよい学校にしていくために、いろいろな行動を起こしていきました。

例えば、図書委員会では、「全校児童に、図書室をより身近な場所に感じてほしい。」という願いから、「図書室キャラクターを作ろう」という取り組みを始めました。上写真のように、図書室キャラクターのアイディアを全校児童に呼びかけ、募集をしました。

また、衛生委員会（給食委員会）では、給食の残飯が多いという問題を解決するために、「完食王」という取り組みを始めました。月に一週間、「完食王」週間を設け、完食させたいメニューを設定し、全校に伝えます。そして、そのメニューの食缶が空だったクラスを毎日紹介し、最後に表彰をするという取り組みです。

この取り組みをする意味や目的も、全校児童に伝え、毎月取り組むことで、学校全体が残飯を減らしていこうという気持ちが高まり、以前よりも残飯が減りました。

こうした行動を、教師主体ではなく、子供達が主体となって行うことで、実際によりよい学校づくりが、子供達の手で行われています。

三　行動こそ雄弁なり　教育者自らの行動で背中を見せる

松下村塾で学んだ塾生達が、机上の学者となるのではなく、学んだことをどんどん行動に移していくことができたのは、**師である松陰自らが模範となって、その背中を見せていたことが大きい**と考えています。「親の背中を見て、子は育つ」と言いますが、まさに師弟関係においても同様のことが言えるでしょう。

皆さんもご存じの通り、松陰は、ペリー来航の際、日本の将来を憂い、命懸けで黒船に乗り込んでいます。この行動が、多くの志士達を目覚めさせるきっかけとなっています。

また、松下村塾で塾生に勉学を教えていた際、松陰は、塾生がいつ来ても必ずすぐに応じていました。待ち時間なしで、すぐやろうと。学びたいという塾生の意欲に対して、クイックレスポンスをしている訳ですね。

例えば、十歳の塾生の岡田耕作という者がいました。お正月に新年の挨拶に来たのです。新年おめでとうございますと。新年の挨拶はこれで終わりで、お正月の初日からすぐに勉強したいと言い出しました。すると、松陰は感動しちゃったんですね。これが本当に志がある人の行動だと、岡田耕作を褒め称えているんですね。

このように、**教育者自らが、言葉だけではなくその行動をもって、背中を見せていく**ことが大切だといえます。

私自身も、自ら立てた志の実現に向かって、行動しています。

私の志は、**「日本の誇りを取り戻し、一人一人の命を最大限に輝かせる世界一熱い教育者として、地球人を真の大和の世界に導く」**ことです。

「もののふの会」～人格を磨き、人間力を高め、日本人としての自覚と誇りを培う～

「夢志教師塾」～教育を通じて輝く未来を創造する　Your will change the world～

「吉田松陰流教育研究会」～一人一人の魂が輝く人才育成法を探究する～

「世界青少年『志』プレゼンテーション大会」～志を立てて生きる若者達が育ちつながる場を創る～

今現在、これら四つの組織のリーダーをしていますが、全てが、日本の誇りを取り戻し、一人一人の命を最大限に輝かせ、大和の世界に導くために、欠かすことのできない活動です。

立てた志に対して、自らの学びと行動が伴っていなければ、それは本当の志とは言えませんし、志は練磨されず、錆びたものとなってしまいます。**教育者自らが、志を立て、その実現に向かって、学び、行動し続ける姿が、子供達にとっての生きた教材**となります。

まさに、**「行動こそ雄弁なり」**です。

教育者自らが率先して行動する姿が、感化力、影響力を高めます。

第八章　その六　友情教育

友情教育
～信じ合い，助け合える一生の仲間となれ～

一　松陰先生が大切にした友情

よりよい未来を実現していくために、**「未来のために真剣に学び、議論する」未来教育**と、その両輪をなす**「できることを考え、行動する」行動教育**が大切であることを述べてきました。

一方で、よりよい未来を創るために、欠かせないものがあります。

それは、**「仲間の存在」**です。

これから先の未来では、予想もできない多くの課題が現れます。

未来を生きる子供達には、**協働的に課題を解決していく力**が求められます。

また、**目的に応じて、自ら仲間を求め、仲間づくりをしていく力**も求められています。

松陰のもとで共に学んだ塾生達は、**互いによりよい日本にしていくという目的を共有し、共に学び、行動していく中で、互いを思いやり、助け合い、高め合う友情、絆を育んでいきました。**

松陰も、**仲間との友情を育むこと**を大切にしていたのです。

今を生きる子供達にも、教室で学び合う友とは、**信じ合い、助け合える一生の仲間**となってほしい。

そして、**仲間と信頼し合い助け合っていく体験が、新たな仲間を作っていく力にもなっていきます。**

信じ合い、助け合える一生の仲間となる経験をすること。そして、**自ら仲間づくりができる力**を育むこと。

これを私は**「友情教育」**と呼びます。

二　松下村塾に学ぶ　仲間のつくり方

では、松陰はいかにして、塾生同士の友情を育んでいったのかに注目していきます。

松下村塾での集団指導の核心となるのが、松陰が示した以下の言葉にあります。


「学の功たる、気類先ず接し義理従って融る。区々たる礼法規則の能く及ぶ所に非ざるなり」

共に学んで力をつけるには、まずお互いの心が通じ合うようにすることが大切である。そうすれば自然に人間として励むべきことと歩むべき道がわかるようになる。細々した礼儀や規則の遠く及ぶものではない。


つまり、松陰は、集団で学ぶ上でまず何よりも大切にしたのは、集団のルールやきまりをつくることではなく、**「心を通じ合うようにさせる」**ことだったのです。

心が通じ合う集団の一体化が、全員の人間的成長を押し上げていくことを大事にしたのです。

そのため、お互いが意見を出し合うグループ学習や集団作業、兵学演習などを奨励しました。共に考え、意見を交わすことで、互いの距離が縮まり、刺激を受け合ったのです。

また、松下村塾では、**松陰が「一方的に教える」のではなく、同じ目線で学ぶこと**を大切にしました。松陰は塾生を「諸友」と呼びました。自分は師ではなく、君達と一緒に学ぶ「友」だとしたのです。このようにして、自らも集団の中に飛び込み、共に学び、共に励まし合い、共に助け合う仲間となっていったのです。

そして、これらを熱烈に動機づけていたのが、**「逆境にある日本を守る」という強烈な目的意識を彼らが共有していた点**にあります。

これらの事実から、松下村塾に学ぶ仲間のつくり方として、以下の三点に整理できます。

一、**心が通じ合える関係性をつくること。**
二、**指導者が同じ目線に立ち、対等に学び合うこと。**
三、**目的を共有すること。**

これらは、教育現場のみならず、企業やスポーツなど、あらゆる組織において活用できる仲間のつくり方の原則といえるのではないでしょうか。

三　友情を育む教育実践

（一）教師の語り

私自身も人生の中で、「友情」を育むことの大切さを実感しています。そのエピソードを子供達に話すこともあります。以下、その内容です。

皆さんには、心の底から信じ合える友達がいますか？

心の底から信じ合える友達はいますか？

私は、小学校、中学校、高校と、自分の学生時代を振り返った時に、心の底から信じ合える友達ができたかと問われると、自信をもって、「はい」と言うことができません。

もちろん、仲の良い友達はいましたし、今でも会えば、思い出話を楽しくすることもできるでしょう。しかし、心の底から信じ合えるかと言われると、自信がありません。

それは、どうしてかというと、どこかで相手に遠慮をしていたり、自分の内面をさらけ出したりすることなく、平穏無事に過ごしてきたからだと思います。

相手に自分の弱い部分や本音を見せるのが、怖かったのだと思います。

自分の本音や心の弱さを受け止めてもらえなかったらどうしよう、そのような不安から、誰かの前で、弱音を吐いたり、不安な気持ちを打ち明けたりすることを避けて生きてきました。

周りからは、いつも元気で笑顔で明るく、優しく真面目な性格だと思われていましたし、そのように過ごしてきました。

転機が訪れたのは、大学時代です。

大学時代は、それぞれ地方から同じ教育の道を目指してやってきた仲間達と、濃密な時間を共にしました。それぞれ一人暮らしをしているため、お互いのアパートで明け方まで語り合ったり、一緒に旅をしたりと、自由で楽しい時間を送りました。特に、浪人を経験していた年齢は一つ年上の同級生がまわりに多くいたことも、大きかったです。彼らには、特に相談しやすく、何でもよく話しました。

そのような関わりの中で、悩みを相談し合ったり、けんかをしたり、熱く語り合ったりしながら、本物の友情を育んでこれたと思っています。

大学四年の秋、いざ社会人になるという目前になって、私は初めて挫折を経験します。

いつまで経っても卒業論文のテーマが決まらないのです。自分の中で、これを追究したい、これについて明らかにしたいという強い思いがないことに気が付いたのです。

これまで、受験勉強を中心とする与えられた学びしかしてこなかったことや、本当に自分がやりたいこととしっかり向き合ってこなかったことを悔やみ、「何のために学ぶのか」「何のために生きるのか」自問するも、答えが見つからずに、ついに鬱になってしまったのです。

人生で初めて弱音をはいた

生きるのがこわい

俺は味方だ

これまでの自分の生き方を否定し、自分を責め、自暴自棄になり、何もするにもやる気が起きませんでした。周りの目を気にして生きてきた自分。着飾っていたものが剥がれ落ち、空っぽだった弱く小さな自分という存在に気付き、**生まれて初めて「生きるのがこわい」という感情に包まれました。**

その時に初めて、友人に弱音を吐きました。かつて、大きなけんかをする程、本音でぶつかり合い、語り合ってきた大学の友人です。

メールで一行、「生きるのがこわい」と送りました。勇気が入りましたが、すがるような気持ちでした。すぐに、メールが返ってきました。**メールには一言、こう書いてありました。**

「**俺は味方だ**」

僕は、涙が止まりませんでした。この一言が、あの時の僕を救ってくれました。

生きることに臆病になっていた僕に対して、初めて弱音を吐いた僕に対して、彼は、心配する訳でもなく、助言をする訳でもなく、ただ一言、「俺は味方だ」と、傍に寄り添い支えてくれました。

この経験から、**本当に友達って大事なんだな、自分が本当に弱っている時に、「味方だ」と言ってくれる人がいるだけで救われるんだな**ということを経験しました。

今度は、相手が苦しい時、助けを必要としている時に、「味方だ」って言える自分になりたいと思えるようになりました。

このことから、皆さんにも、心の底から信じ合える友人を持ってほしいと思いますし、そのような友情を育んでいってほしいと、心から願っているのです。

（以上、「語り」終わり）

このような経験を通じ、人一倍、子供達には互いに信頼し合える仲間となってほしい、深い友情を結んでいってほしいと願っていますので、子供達との出会いの日には、**「出会いの奇跡」の語り**をする時があります。

こちらも紹介させて頂きます。この話は、大学時代にある友人が話していたもので、とても印象に残ったため、子供達との出会いの日にもよく話をしています。以下、語りの内容です。

「出会いの奇跡」

今日から、新しい学年、新しいクラス、新しい友達と先生での学校生活が始まります。

初めて一緒のクラスになった人やまだ話をしたことがない人など、どきどき、わくわくしていることと思います。

新しい「出会いの日」である今日だからこそ、皆さんに伝えたいお話があります。

出会いの奇跡

人の一生は何秒？

さて、突然ですが、**人の一生は何秒くらいか**、計算したことはありますか？

計算したことがない人がほとんどだと思います。

何秒くらいでしょうか？　予想をして、一緒に計算してみましょう。

まず、１分は60秒ですね。

１時間は60分なので、60×60で、３６００秒です。

１日は24時間なので、さらに24をかけて、８６４００秒となります。

１年は３６５日なので、さらに３６５をかけて、３１５３万６０００秒です。

人の平均寿命を80歳とすると、さらに80をかけて、２５億２２８８万秒となります。

１分＝６０秒
１時間＝６０×６０＝３６００秒
１日＝３６００×２４＝８６４００秒
１年＝８６４００×３６５＝
３１５３万６０００秒
８０年＝３１５３６０００×８０
＝２５億２２８８万秒

人は１秒に一人ずつ
出会い続けてても
世界中の人と
出会うことはできない

つまり、80年生きるとすると、**人の一生は約２５億秒**ということになります。

もし、人がおぎゃーとこの世に誕生してから、寿命で亡くなるその瞬間まで、睡眠時間も含めて、１秒間に一人ずつ新しい人と出会い続けるとしたら、世界中の人と会うことはできるでしょうか。

80年、１秒間に一人ずつ出会い続けていったとしても約25億人。世界の人口は約70億人ですから、その半分の人とも出会うことができないのです。

つまり、**人は人生において、１秒間に一人ずつ出会い続けても、世界中の人と出会うことはできないのです。**

しかし、今日、私達は出会うことができました。そして、一年間という時間を、共に過ごすことができます。このように考えると、**人との出会いというものが、いかに奇跡的なのか**ということがお分かりになると思います。**「私達は出会うべくして出会うことができた。」**そう言い合えるように、お互いを大切にして、よく学び、よく遊び、信頼し合える、よき仲間となってほしいと願っています。私自身も、君達から多くのものを学びたいと思います。

（以上、「語り」終わり）

（二）友情を育む学級づくり

子供達同士の友情を育んでいくために、学級づくりにおいて大切なポイントは以下の三点に集約できます。

一、安心・安全で認め合える環境を整えること
二、互いの良さを生かし合い、足りないところは補い合う経験を積むこと
三、子供達の力を信じ、任せること

まず、**「安心・安全で認め合える環境を整えること」**に努めます。

心が通じ合えるような関係性を育てていくには、まずは、お互いに何でも話せるような関係をつくっていけるというところを目指します。そのためには、**自分の意見や考えを受け止めてもらえる、失敗をしても大丈夫という、心理的な安心感を得られる場所にしていくこと**が重要です。

特に、スタート段階では、**安心感**をテーマに学級づくりを行っていきます。**相手を傷つけるような行為や言葉、いじめは絶対に許さないということや、相手を喜ばせたり、安心感を与えたりする言葉や反応、話の聞き方など、言語環境を中心に整えていきます。**一つ一つできたことを認め、褒めながら、学級の土台をつくっていきます。

次に、**「互いの良さを生かし合い、足りないところは補い合う経験を積むこと」**を、実践を通じて、繰り返していきます。

学習場面では、ペア学習やグループ学習など、少人数での話合い活動や学び合いを中心に、互いの考えを聞き合ったり、分からないところをお互いに教え合ったりしながら、協同的に学んでいきます。

生活場面では、よりよい学級を目指して係活動を工夫して行う中で、互いの良さを生かし合っています。

それぞれの好きや得意を生かし合うことを呼びかけることで、毎年、子供達の主体的で創造的な係活動で、学級をより楽しく豊かにしてくれます。

また、学校行事では、目的や目標を自分達で話し合うことで、一人一人が当事者意識を持ち、行事を創り上げていく過程を大切にしています。

最後に、**「子供達の力を信じ、任せること」**です。

子供達のすることですから、時には上手くいかないことも多くありますし、けんかやトラブルが起きることも少なくありません。そのような時には、**子供達の解決する力、乗り越えていく力を信じ、任せ、見守ります。**必要に応じて、話を聴いたり、相談に乗ったりしますが、答えを示さず、それぞれが前を向けるように励まし、勇気づけることに徹します。すると、子供達の力で乗り越えていくことができるのです。**子供達は奇跡を起こします。**それを、これまでに出会った子供達が教えてくれました。

第九章　その七　愛情教育

一　愛情が全ての土台

立志、大和魂、個性、未来、行動、友情とそれぞれの教育の必要性とその関連性、教育実践について述べてきました。いよいよ、最後の７つ目です。

最後は、**これらの全ての教育の土台となる、相手を思う愛情**です。

松陰先生も、愛に満ちた先生でした。心底その人のことを考え、本気で褒め励まし、時には本気で叱りました。

松陰先生自身も、家族や師匠を始め、多くの人に愛されて育ちました。そのことを松陰自身も深く理解していたのでしょう。受け取った愛をさらに大きくしていきながら、塾生達と向き合っていきました。

愛情教育

～愛がなければ子どもは育たない～

「全ての教育は、子供を愛することから始まる。」

この言葉は、私が教師になって初めての挫折を味わった時に、同学年を組む尊敬する先輩から頂いた言葉です。当時、自分が厳しく接するあまりに、受け持っていた子供達との関係が上手くいかなくなってしまっていました。

そんな時に、お酒を交わしながら、**「潤さん。教育において一番大切なことは何だか分かる？」**と言って、このことを教えてくれたのです。

私は、ハッとさせられました。こうなってほしいという自分の熱い気持ちだけが空回りしていたこと、子供達を責めていたこと、そして、本当に一人一人を愛することが出来ているのか…。自分のあり方を見直す大きなきっかけとなりました。

愛がなければ、子供は育ちません。

このことは、いつも自身に対して問い正していかねばなりません。

本当に、子供のことを思っているのか。

愛しているか。

忘れてはならない、教育の原点ともいうべき大切な訓えです。

二　松陰先生に学ぶ愛情教育

松陰先生は、その溢れんばかりの塾生への愛情をどのようにして本人達に伝えていたのでしょうか。それは、**一人一人への手書きの激励文**に表れています。

当時の日本の政治情勢は刻一刻と揺れ動いていました。しかし、松陰自身は自宅謹慎を命じられている身ですから、身動きをとることができません。松陰としては、混乱する江戸や京都の情勢をどうしても知りたいとの思いが強く、門下生を修業の名目で派遣することになります。そこで、**彼らに渾身の思いを込めて、激励文を贈りました。**

江戸に向けて旅立つ入江杉蔵（いりえすぎぞう）に送った激励文の最後には、こんな文が書かれています。

弟子たちに、愛情と期待のこもった激励文を書き与えた

「杉蔵往け。積誠之を動かし、然る後動くあるのみ。」

「杉蔵往け。月白く風清し、飄然馬に上りて、三百程、十数日、酒も飲むべし、詩も賦すべし。今日の事誠に急なり。然れども天下は大物なり、一朝奮激の能く動かす所に非ず、其れ唯だ積誠之れを動かし、然る後動くあるのみ。」

現代語にすると次のようになります。

「**杉蔵君、頼んだぞ。**空には月が白く輝き、風も心地よいだろう。ひらりと馬にまたがっての江戸往きは三百里ほどで、十数日ほどを要するだろう。道中で酒を酌み交わすに足る人に出逢えたら、それもよし。思いを漢詩に託して詠むのもよい。今日の政治情勢は緊迫している。しかし、世を変革するのは極めて難しいぞ、わずかの間で変革はできるものではない。誠（良心）のこもった行動を積み重ねることが大事なのであり、その結果として時勢の変化が生じるのだ」

という意味になります。

松陰先生の弟子を思う深い愛と大きな期待が文面からも伝わってきます。

このような激励文を、**塾生一人一人に合った内容で数多く書いている**のです。手紙を読んだ彼らが、師の愛情と期待を一身に受け止め、心を燃やして努力を積み重ねていった姿は、容易に想像できます。

吉田松陰
真の教え
川口雅昭
一教ふるもの一
非心未だ嘗て格さず
善心未だ嘗て勧めず

また、松陰二十一歳の時に書いた一文に、

「其の非心未だ嘗て格さず。其の善心未だ嘗て勧めず。」という言葉があります。

この言葉の前後の部分もいれて訳すと以下のような内容です。

「今の教える者はそうではなく、子供のために読み方を教えるだけであり、意味を教えるだけである。**学問をしようとする子供の心**がどのようであるかなど問わず、書物を読むことが上手でうまく訳す者は、才能があり、能力があると評価する。

それができない者は、いくら心に飾り気がなく善良であり、まごころを尽くしてもよく勤めても、愚鈍であり行うべきことはないと評価する。**(秀才の)まちがった心をこれまで正したこともない。(愚鈍に見える子の)よき心を素晴らしいと褒めてやったこともない。**

これは昔からの、人を教える方法とは大きく異なるものである。そして、そのやり方を疑いもせず、常識とする。学ぶ者もこのような先生をみて、まちがっているとも思わない。こんな状態だから、ホンモノの学問の伝統は地に落ちているのである。」

わずか二十一歳の松陰がすでに170年前も前に、このような「教育」に警鐘を鳴らしているのです。

成績、評価…それはその子の一面にしか過ぎないはずなのに、いつの間にか数値で見える学力や体力を向上させることに躍起になっていやしないだろうか。

子供の全人格を多面的に見て伸ばしていくことが教育の本質であること。

一人一人にそれぞれの可能性があり、特にそれが目に見えて分かりにくい子に対してこそ、その良さを見出し、激励すること。

松陰先生は、今の私達にも、大事なことを教えてくれているのです。一人一人を心から愛する松陰先生ならではの心に沁みる教えです。

三　子供達に伝える愛メッセージ

子供達一人一人に、その子にしかない素晴らしい良さがあります。しかし、多くの場合、自分自身でその良さを認めたり、自覚したりすることはなかなか難しいです。松陰先生が、塾生達にしていたように、子供達一人一人をよく観察し、対話をし、その人がもつ輝きに光を当て、「君の良いところは○○だよ。将来、きっと○○になるだろう。」と愛情と期待を込めたメッセージを送っていきたいですね。

いろいろな機会に、子供達一人一人に、それぞれの良さを承認し、励ます「愛メッセージ」を送ってみるのはいかがでしょうか。これまでに実践してきたものをいくつか紹介します。

一、出会いのメッセージカード

四月の出会いの初日、学級開きの時、一人ずつ前に出てきてもらい、読み上げて手渡ししていきます。内容は、前担任からの引継ぎの際に教えてもらった一人一人の特徴を参考にして、その子の良いところや得意なこと、**好きなこと**などを一言加えます。

「○○さんへ　みんなに優しくてしっかり者の○○さん。先生のクラスになってくれてありがとう。すてきな一年にしていきましょうね。　□年□組　担任　小出潤」

出会いの日を演出することもできます。子供達はとても喜びます。

二、誕生日のメッセージカード

年に一度の誕生日。その子がこの世に誕生した記念すべき日です。**あなたが誕生してくれてよかった。これからも親に感謝して、自分の命を大事にしていってほしい。精一杯にその命を輝かせていってほしい。**そのような想いを込めて、一人一人に誕生日カードを送ります。

誕生日の給食前に、みんなで歌を歌ってお祝いをします。その時に、近くの席の友達に囲まれて写真を撮影します。その日の昼休みに、印刷をかけて、手書きのメッセージを添えてプレゼントします。台紙の色は、その子の好きな色を聞いて選びます。**メッセージは、その子の輝いているところ**を中心にして書いています。

三、学期末のメッセージカード

学期末などの節目にも、一人一人の頑張りや素敵なところをメッセージにして送ります。ハート型のかわいい付箋紙などに、全員分書いて、連絡帳に貼ります。保護者にも見て頂くことができます。

四、年度末のメッセージカード

年度末は、受け持った子供達との別れの日です。次学年に向けて、自信を持って進級できるよう、**この一年で成長したことや特に輝いていたこと**などをメッセージにして送ります。子供達の人生の支えとなることを願って、想いを込めて書いています。

第十章　七つを融合させるための教育者のあり方

最後に、**吉田松陰流教育の七つの柱を融合させるための教育者のあり方**について述べていきたいと思います。

教育者自身が七つの柱を体現している

まずは、**子供達を導く教育者自身が、七つの柱を体現していること**が絶対条件となります。

- 教育者自身が、**日本人としての自覚や誇りを持っているか。**
- 教育者自身が、**自分自身の個性を十分に理解し、真骨頂を発揮できているか。**
- 教育者自身が、**本氣の志を立て、志に生きているか。**
- 教育者自身が、**常に学び続け、理想の未来を描いているか。**
- 教育者自身が、**志の実現に向けて、行動し続けているか。**
- 教育者自身が、**仲間との友情を育み、人との繋がりを大切にしているか。**
- 教育者自身が、**愛情に溢れ、愛を基盤とした人生を歩んでいるか。**

子供達に育みたいものを、教育者自身が体現していることで、**実践知**として、より理解が深まります。子供達へ伝える言葉にも**言霊**としてエネルギーが乗り、より伝わります。そして、教育者自身が子供達への生きる教材となり、**感化力・影響力**が増します。

自分のもつ崇高な使命を信じ、誇りを持って生きていること

子供達一人一人のもつ崇高な使命を信じ、引き出すためには、教育者自身が自分のもつ崇高な使命を信じ、誇りを持って生きていることがとても重要となります。

吉田松陰先生も、塾生一人一人の可能性に限界を設けず、それぞれのもつ崇高な使命を自覚させていきました。それができたのも、松陰先生が自らに限界を設けず、自らの崇高な使命を自覚していたからに他なり

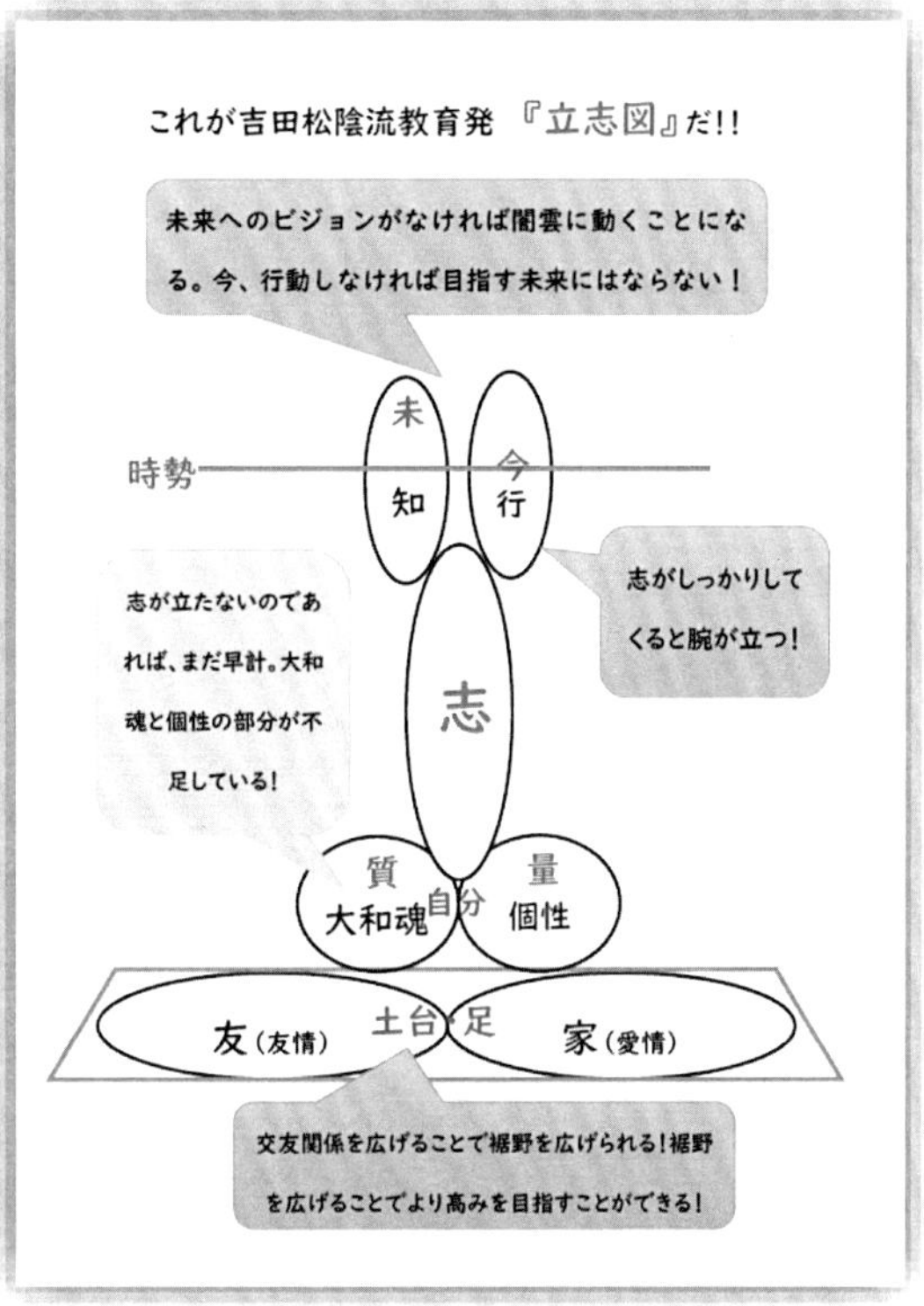

ません。**「自分にも、相手にも限界を設けないこと」**そして、**「自分にも、相手にも崇高な使命があることを信じること」**、このあり方が、自らの可能性を信じ、使命感をもって生きていく子供達の育成に繋がっていきます。

教育者自身が、自分のもつ崇高な使命を信じ、誇りを持って生きていきましょう。

生命に対する畏敬の念をもつ

一人一人のもつ崇高な使命を信じる力はどのようにして養えばよいのでしょうか。

それは、**「生命に対する畏敬の念をもつ」**ことにあります。

人間が、人間として生まれてくる確率はどのくらいでしょうか。

分子生物学者で筑波大学名誉教授の故・村上和雄先生は、**人間として生まれてくる確率を「一億円の宝くじを百万回連続で当てるより稀」**だと表現しました。

十代遡れば、１０２４人。二十代遡れば、百万人以上のご先祖様がいらっしゃいます。

そのうちの、誰か一人が欠けてしまったり、夫婦になることがなかったりしたら、当然、自分という人間は存在していないのです。

そう考えると、この世に人間として生まれてくるということは、実にとんでもない奇跡なのだということの実感が湧いてくることでしょう。

その奇跡的な**「一億円の宝くじを百万回連続で当てるより稀」**な命に、意味のないものなどあろうはずがありません。

私達は、この宇宙にやるべき使命、役割をもって誕生してきました。使命があるから、生まれてきたのです。

生命に対する畏敬の念をもつことで、一人一人のもつ使命、役割を信じ、引き出していくあり方が養われます。それは、**自分自身の命に対しても同様です。**生命の尊さを感じ、生かされていることへの感謝の気持ちを毎日忘れないこと。命への深い感謝と畏敬の念をもつことを常に大事にして生きていきましょう。

ありのままをまるごと愛する大愛

子供達一人一人は、皆ダイヤモンドの原石です。そして、本来、その光り輝かせ方を皆自分自身で分かっています。しかし、子供達は成長の過程で、人と比較されたり、テストの点数で判断されたり、人とは違う個性を否定されたりする経験の中で、自分自身が本当に心の底からやりたいこと、自分自身の光り輝かせ方を忘れてしまっています。

これまで、多くの子供達と接してきて思うことは、**一人一人にそれぞれ違った光り輝く個性があること、子供達は、ありのままの自分を信じ、愛されることで、本来もつ素晴らしい力を惜しみなく発揮するようになること、夢や志は誰かが与えてくれるものではなくて、子供達自身が見つけ、掲げていくものだということ**です。

子供を取り巻く全ての教育者に大切なものは、**子供達一人一人の人生の答えは、子供達の中にあるということを信じ、引き出すこと。そして、子供達のありのままの存在をまるごと愛することです。**

一人一人のもつダイヤモンドの原石を光り輝かせるためには、**教育者の大きな愛と大きな器**が必要です。自分のありのままを認められ、愛された子供達は、自らの想いに真っ直ぐに向き合い、ありのままの自分を愛し、自分を信じて生きていくことができるでしょう。

我（が）を立てず、空（くう）であること

では、どのようにしたら、子供達のありのままを受け止め、愛することができるのでしょうか。

そのヒントは、**「我（が）を立てず、空（くう）であること」**にあります。

私達は、日々の生活の中で、非常に多くの思考をしています。そして、知らぬ間に、先入観や偏ったものの見方をしてしまいがちです。一度もった先入観は、なかなか拭い去ることができません。教育の現場において、この先入観や偏ったものの見方は非常に危険なものとなります。

一度、この子はこういう子だと、決めつけてしまうと、いつの間にかその視点でしか、その子を見ることができなくなり、本来もつ良さを引き出すことができなくなってしまいます。そのため、**日々、子供達と接する教育者には、先入観をもたずに、その子のあるがままを「ただ見る」、「ただ聞く」というあり方**が大切になってきます。

こちらが、自分を空にすることで、そこに空間が生まれ、相手が入ってくる感覚をつかむことができます。すると、相手から感じる良さを、自分の中で受け止める心の器ができます。

さらに、小さな我を捨て、無我の境地になることで、天や宇宙と一体となる大いなる自己として生きる大我の境地へと進むことができます。

このような境地へ自分を導いていくために、おすすめするのが「禅」です。

かつての武士たちは皆、「禅」を習得し、迷いや雑念を捨て、０．１秒の今を命がけで守り続けて生きてい

ました。特に、鎌倉武士たちが励んでいた「禅」を現代で学ぶことができるのが、船戸正義先生の**「武士道禅（さむらいぜん）」**です。

以上、吉田松陰流教育の七つの柱を融合させるための教育者のあり方をまとまると、

「教育者自身が七つの柱を体現していること」

「自分のもつ崇高な使命を信じ、誇りを持って生きていること」

「生命に対する畏敬の念をもつこと」

「ありのままをまるごと愛する大愛」

「我（が）を立てず、空（くう）であること」


であり、まさに教育者の**「全人格をもって導くこと」**だといえます。

もうすでにお気付きかもしれませんが、我々教育者に今求められている変革は、方法論や技術の「やり方」ではなく、**生き方や信念という教育者としての「あり方」**です。


子供達、いや、人間というものを、どのように観ていくのか。

教育者の役割は何なのか。

人を導くということは、どういうことなのか。

子供達一人一人の生まれ持った素質や能力、夢や大志を**「信じて、引き出す」**という信念のもと、日本人としての誇りある生き方を伝承し、先人やご先祖様達への深い感謝の念を育んでいく。

その子のもつ、ありのままの個性に目を向け、世のため、人のため、未来のために、その力を発揮すること

を願い、励ます。

子供達と共に、理想の未来を描きながら、共に学び続ける。

そして、行動することによって、未来を創っていくことができることを経験の中で培っていく。

一人では成し遂げることが困難なことも、仲間と力を合わせることで、大きな力となり、成し遂げることができることを実感していく。

そして、人間のすべての土台は愛であることを知ること。

自分も幸せになりながらも、みんなのために、誰かのために、未来のために、志を立てて生きていくことの深い喜びや尊さを学んでいくこと。


変えたい現状、問題から目を背けずに、自分がその現状を変えていくのだと決意すること。

常識に捉われず、物事の本質を見抜き、世の中を変えていく「変革者」として、生きること。


「吉田松陰流教育」は、まさに、日本人一人一人の魂を鼓舞し、本来の輝きを取り戻し、日本から真の大和の世界へと導いていくことができる『教育変革への道標』なのです。

第二部　不朽の人生指針「士規七則」を教育の立脚点にする

第一章　士規七則とは

一　士規七則が生まれた背景

松陰が松下村塾を主宰し、若者達を教えたのは長くみても二年十ヶ月という短期間。わずかな期間の教導の中から、幕末の志士や明治時代に活躍する多くの人材を輩出したことに、改めて驚かされます。

若者を鼓舞し、訓育の成果をあげた松陰の教えの核心

士規七則（しきしちそく）

元服の祝い「人の生きる道」

吉田松陰　２５歳

従弟　玉木彦介　１５歳

松陰の叔父　玉木文之進

これほどまでに若者を鼓舞し、訓育の成果をあげた**松陰の教えの核心**は何であったのでしょうか？

それは、「**士規七則**」を中心とした教えでありました。

「**士規七則**」は安政二年（一八五五）一月に、松陰が萩の野山獄より従弟（松陰の叔父、玉木文之進の息子）の玉木彦介の元服の祝いとして送ったものであります。

彦介は当時十五歳、松陰が二十六歳の時です。

松陰は、日頃から思索していた「**人の生きる道**」のメモを尊敬する叔父、玉木文之進に示しました。当初は六則でしたが、二人の間でメモのやりとりがあり、士規七則が完成します。彦介の元服の折に渡しました。

松下村塾で教育をしたのは、松陰は二十八、二十

松陰の死後、「松下村塾」復活

明治2年～明治25年（24年間）

教育理念の根幹

若者の生きる指針
武士道の在り方

玉木文之進

九歳の約2年間でしたが、**門人の修養の基本にこの「士規七則」が用いられました。**

安政五年（一八五八）に日米修好通商条約が締結されると、松陰は幕府を批判し、安政の大獄にて捕えられ、江戸に送られて刑死しました。松陰の命を懸けて示した大志は、志士達に脈々と受け継がれ、明治維新の大業が成し遂げられました。

実は、その後「松下村塾」は復活したのをご存知でしょうか。

明治二年に**叔父の玉木文之進が再興して、子弟の教育に努めた**のです。明治二十五年までの約二十四年間存続しました。

その際、松下村塾の教育理念の根幹に掲げられたのが、この**「松陰の士規七則」**だったのです。松陰直筆の士規七則を**版木に彫り、塾内に掲示**しました。若者達は、この教えを胸に学問に励みました。

以来、**士規七則は若者の生きる指針として、また武士道のあり方を示すもの**として大切に伝えられてきたのです。

二　士規七則を肌身離さず所持していた人物

玉木文之進の松下村塾で学び、松陰直筆の「士規七則」を文之進から譲り受け、**御守り同様に肌身離さず所持していた人物**がいます。

それは、**乃木希典大将**であります。

乃木希典大将も、まさに武士道を体現した人物でした。

日露戦争に勝利した際、「水師営の会見」が行われました。会見終了後、日露両軍の将校はそろって、中庭で記念写真を撮って解散しますが、この写真は世界を驚嘆させることになります。

当時、世界の講話会見では、降伏した敵将には帯刀を許さずに丸腰にさせることが当然でした。しかし、乃木希典大将は、**「敵将（ステッセル）に失礼ではないか。後々まで恥を残すような写真を撮らせることは日本の武士道が許さぬ。」**と、敗れた敵将に敬意を払い、互いに帯刀することを認めたのです。

御守り同様に肌身離さず所持していた人物

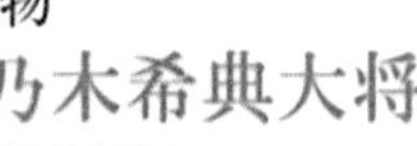

「敵将（ステッセル）に失礼ではないか

後々まで恥を残すような写真を撮らせることは日本の武士道が許さぬ」

それだけでなく、戦後、ステッセルが軍事裁判にかけられ、死刑を宣告された際も、乃木大将は、ステッセルは最後まで敢闘したという資料を送り、彼を弁護するよう指示し、各国の諸新聞に投書して世論喚起を促しました。

その甲斐もあって出獄することができたステッセルに対し、乃木大将は生活費としていくらかの金銭を送っていました。

ステッセルは出獄後、口ぐせのように**「乃木のような立派な将軍と戦って、敗れて悔いはない。」**と語っていました。

正々堂々と最後まで戦い抜く強い精神力と、敵に対しても大慈悲の思いをもつ優しい心を合わせもつ乃木希典大将は、まさに日本の武士道を体現した人でありました。

彼の武士道精神の支柱にあった教えが、まさに吉田松陰の「士規七則」であったのです。

三　精神的支柱を失いかけている日本人

今日の日本を見るにあたり、「人生の指針」「人の生きる道」のような基盤を失ってしまっているかのように思うのです。

「自国に対する誇り」
「国民一人当たりGDP」
「世界幸福度ランキング」
「熱意のある社員」

「人生の指針」「人の生きる道」
基盤　を　失っていないか

●

戦後、見事復興を成し遂げ、経済成長を遂げ、成熟期と入った日本。

しかし、国民の豊かさを示す国民一人当たりの名目GDPは、二〇〇〇年二位から、二〇二二年には三〇位に転落。

国連世界幸福度ランキング二〇二二年によると、日本人の幸福度は世界五十四位。

「自国に対する誇り」も三十三ヵ国中最下位の日本。（二〇〇九年英誌「エコノミスト」調査より）

今一度、我々日本人自身が、もう一度冷静な眼で、日本の良さを見つめ直す時がきているのではないのでしょうか。

四　今こそ、士規七則を

元台湾総統の李登輝氏は、『「武士道」解題』という著書の中で、日本人を鼓舞しています。

「我々人類は未曾有の危機に直面している今こそ、日本及び日本人に対する国際社会の期待と希望は益々大きなものになりつつある。日本が数千年に渡って積み上げてきた輝かしい歴史と伝統が、人類社会に対する強力なリーディング・ネーションとしての資質と実力を明確に示しており、世界の人々から篤い尊敬と信頼を集めている。

大和心、大和魂、武士道こそ、日本人が最も誇りに思うべき普遍的価値であり、人類が直面している危機的状況を乗り切っていくために、絶対必要不可欠な精神的指針である。

日本人は自分達の使命に目覚めよ！　自虐史観に陥っている場合ではない！

日本人が今の自信喪失のままでは、人類社会そのものが、羅針盤を失ってしまう。

日本人の問題は日本人だけの問題ではないのだ。

世界を救うために日本人よ、目覚めよ！

元台湾総統
李登輝氏
『武士道解題』

「我々人類は未曾有の危機に直面している今こそ、日本及び日本人に対する国際社会の期待と希望は益々大きなものになりつつある。日本が数千年に渡って積み上げてきた輝かしい歴史と伝統が、人類社会に対する強力なリーディング・ネーション（指導的立場）としての資質と実力を明確に示しており、世界の人々から篤い尊敬と信頼を集めている。大和心、大和魂、武士道こそ、日本人が最も誇りに思うべき普遍的価値であり、人類が直面している危機的状況を乗り切っていくために、絶対必要不可欠な精神的指針である。

元台湾総統
李登輝氏
『武士道解題』

日本人は自分達の使命に目覚めよ！
自虐史観に陥っている場合ではない！
日本人が今の自信喪失のままでは、人類社会そのものが、羅針盤を失ってしまう。
日本人の問題は日本人だけの問題ではないのだ。
世界を救うために日本人よ　目覚めよ！

日本人を大覚醒させるために、そしてそれによって世界を危機的状況から救うために、やむにやまれずこの本を書いている。
私は元日本人として、この際はっきり言っておかなければならない！」

●日本人を大覚醒させるために、そしてそれによって世界を危機的状況から救うために、やむにやまれずこの本を書いている。私は元日本人として、この際はっきり言っておかなければならない！」

我々日本人が、精神的支柱を取り戻すことが、人類社会を救うことになると、李登輝元総統は、喝破しているのです。

日本人に対する大きな期待と深い愛のこもったメッセージに、私は嬉しさと共に日本人の大きな使命を思い出させてくれる言葉として、いつもこの言葉に魂を奮い立たせてもらっています。また私の周りにいる方々も、李登輝元総統の言葉に胸を熱くしています。

我々日本人が、精神的支柱を取り戻すことが、人類社会を救う

武士道、大和魂を取り戻すため
そのエッセンスが詰められた、
「吉田松陰の士規七則」
最も分かりやすく、実践的である。

今こそ「士規七則」を学び実践しよう

私達日本人がもつ、世界的使命をもう一度思い出しませんか？

混乱に満ち、環境も破壊され、物質主義、拝金主義、個人主義化しつつある世界に、**精神的な豊かさ、お金だけに価値を置かない世界、共生共存する共同体を大切にする日本古来のあり方や考え方を世界に発信し、日本が真のリーダーシップを発揮しながら、和の世界を創り出していきませんか。**

それができるのは、我々日本人だということの自覚と誇りを培っていきませんか。

日本人の精神の大本である武士道、大和魂を培うためには、そのエッセンスが詰められた、「吉田松陰の士規七則」が分かりやすく、実践的です。

そこで、第二部では、松陰が残した不朽の人生指針「士規七則」を解説し、これを教育の立脚点にすることを提唱していきます。

五　士規七則の構成と序文

「士規七則」の構成は、

・序文【はじめに】（なぜこの「士規七則」をつくったのか）
・本文【七つの心得】（第一条から第七条）
・結語【まとめ】（この七つを簡潔にまとめると、この三つの文章になる）

となっています。

さらに、本文【七つの心得】を分類していくと、

一　人の道とは何か
二　日本人としての道は何か
三・四　武士道の原則
五・六・七　武士道修養の方法

から成っています。（上図参照）

「士規七則」の構成

全て、松陰直筆の漢文です。

1　原文（写真）

2　書き下し文
3　現代語訳
4　解説

の順に、一つずつ紹介していきます。

では、まず、序文からいってみましょう。今でいう「はじめに」あるいは「まえがき」にあたるようなところです。

士規七則
披繙冊子嘉言如林躍々迫
人顧人不讀即讀不行苟
讀而行之則雖千萬世不可
得盡噫復何言雖然有所知
矣不能不言人之至情也古
人言諸古今我言諸今亦詎
傷焉作士規七則

序文

(一) 原文

(二) 書き下し文

冊子を披繙すれば、嘉言林のごとく、躍々として人に迫る。顧うに人読まず。即し読むとも行わず。苟に読みてこれを行わば、則ち千万世といえども、得て尽くすべからず。噫、復た何をか言わん。然りといえども知る所あり、言わざること能わざるは人の至情なり。人これを古に言い、今、我これを今に言う。またなんぞ傷らん、士規七則を作る。

(三) 現代語訳

書物を開くと、偉大な言葉が、林のようにたくさんあって、おどりたつ程生き生きと人の心を奮い立たせます。それなのに、人は、この目前にある沢山のよい書物を読まないようです。**たとえ、読んだとしても、**

その通りに実行しないようであります。

もし、ほんとうに心からすぐれた本を読んで、そこに書かれている正しいことを実行しようと努めたならば、たとえ、千年生きても、一万年生きても、やり尽くすことのできないほどたくさんの教えがあります。ああ、それ以上は何も言うことはありません。

けれども、自分が知っているよき教えを、正しいと知っていながら黙っていることは、とても人にはできないことです。どうしても伝えたくなるが、人情というものです。

先人達は同じことを、はるか昔に言っています。そして私は、今これと同じことをあらためて言うつもりです。それも……また、よいことではないでしょうか。ここに「士規七則」をつくります。

(四) 解説

まず、この士規七則を作った理由について述べています。

それは、「もっと書物を読んでほしい。そして、知ったことを実行してほしい。実行しやすいように、すぐれた教えをここにまとめます。」ということですね。

松陰は、とても熱心な読書家でありました。一年に読んだ本は、五〇〇冊を超えると言われています。

そして、学問とは、机上の空論ではなく、実際に行動を伴ってこそ、本物なのだという、知行合一の考えを

大事にしていました。

「論語読みの論語知らず」というように、本に書いてある理論・理屈を知っているだけで、実際の社会生活における行動が伴わないことは、物事の本質を知ることができません。

そのような意味でこの一説は、**「士規七則」が行動指針、いわば人生指針である、**ということを示しているといえます。

第二章　人の道

一　人と獣の異なる理由

それでは、「士規七則」の本文に入っていきます。七つの心得のうち、まず、**第一の心得**です。それは、人としていかに生きるべきかということです。松陰は、人の道を考える上で、**「人と獣の異なる理由」**にその鍵があると考えました。では、松陰は、人と獣とどこが違うのかと考えたのでしょうか。

（一）　原文

一凡生爲人宜知人所以異於禽
獸蓋人有五倫而君臣父子爲
最大故人之所以爲人忠孝爲
本

（二）　書き下し文

一、凡そ、生まれて人たれば、よろしく人の禽獣に異なるゆえんを知るべし。けだし人には五倫あり、しかして君臣父子を最も大いなりとなす。ゆえに、人の人たるゆえんは忠孝を本となす。

（三）　現代語訳

少なくとも人として生まれたのであれば、人が獣とどこが違うのか、その根本のところを知っておかなければなりません。

思うに、人には、人として守るべき五つの道理があります。

そのなかでも、**君臣と父子の関係が最も重要**です。

君主と家臣の正しい関係は「忠」の一字で表され、父と子の正しい関係は「孝」の一字で表されます。

ですから、**人が人であるために、「忠」と「孝」を心の根本にすえなければならないのです。**

(四) 解説

第一の心得はまさに「**人の道とは何か**」を述べています。

人間はなんのために生きているのかというようなことを知ろうとするには、**自分達人間と獣とは、どこが違っているのか**比べてみるのが一番よいと言っているのです。

これは、中国の賢人『**孟子**』の考えがもとになっています。

ここで紹介されている「**五倫**(ごりん)」も孟子が唱えたものです。

戦国時代にあらわれた孟子は、秩序ある社会をつくっていくためには何よりも、**親や年長者に対する親愛・敬愛を忘れないことが大事**であると説き、五つの関係において、実践していく法則をまとめました。

その五つの関係とは、**君臣関係、親子関係、兄弟関係、夫婦関係、朋友関係**の五つです。

君臣関係においては「**義**」を重んじ、
親子関係においては「**親**」しみ、
夫婦関係においては「**別**」（分け合い）
兄弟関係においては「**序**」を守り、
朋友関係においては「**信**」じあうこと。

この五つを「五倫」としました。
その中でも特に、君主または国家に対して、**まごころを尽くす心「忠」と親を大切にする心「孝」**の二つが一番大切であると松陰は言います。
それは、**忠孝はともに、自己の生命の根元である**からです。

二　恩に生きる

このことを子供達に伝えていくために、**野口芳宏先生の道徳授業「国民と国家」（野口芳宏著『道徳授業の教科書』）**を参考にします。

（以下、引用　※太字と傍線は著者によるもの）

まず、「**あなたを大事にしている人は誰か？**」と考えると、一番にあがるのは、「親」「家族」となります。

自分の最も身近な大恩人は親、家族、祖先となります。

次に、**「親・家族を守っているのは何か？」**と考えます。

なかなか目には見えにくいが実は「〇〇町（〇〇市）」なんです。みんなが学校に来る町道、橋、こういうのは町が作ってくれている。町に皆さんは助けられ、守られている。


では、**「その〇〇町（〇〇市）を守ってくれているのは何だろう。」**

そうですね。「〇〇県」となりますね。県や町でつくる約束、条例にもとづいて仕事をしてくれていますね。


では、「〇〇県で解決できないことが起こったら、助けたり、守ってくれたりするのは誰だろう。」「国」ですね。

わたしたちの住んでいる「日本」は、一つの国家です。

その正称は、「日本国」です。


あなた方を一番大きな立場から守ってくれているのは、日本国という国家なんです。


私達は普段国家というようなことは頭の中から消えています。

家族や友達や先生のことは目に見えていますが、国家に守られているなんてことはあまり意識しないですね。

国家に守られているのが国民であり、また、国家を大切に守るのは国民です。

皆さんは日本国民です。

ですから、日本という国家が、世界の中で胸を張って今後も栄え続けていくように、いつも国家のことを考えて行動することが大事なんです。ぜひ私達は国家に守られていることをいつも頭に置いておきましょう。


（引用終わり）

野口芳宏先生は、「私を守ってくれるもの」として家族への敬愛や身の回りの見える対象から徐々に不可視の世界へと発想を広げ、国家について考えさせる授業を行っています。

吉田松陰先生のいう、「忠」の心は、「公（おおやけ）」の精神ということもできます。

【一】人の道とは何か

「五倫（ごりん）」

孟子

君臣関係においては「義」を重んじ、
親子関係においては「親」しみ、
夫婦関係においては「別」（分け合い）
兄弟関係においては「序」を守り、
朋友関係においては「信」じ合うこと。

国家に対してまごころを尽くす心「忠」と
親を大切にする心「孝」の二つが一番大切
忠孝はともに、自己の生命の根元であるから

【一】人の道とは何か

自分を生み育ててくれた両親に対しての恩、感謝の気持ちを決して忘れることなく孝行していくこと。

そして、自分や家族を守ってくれる一番大きな存在である国家（公）に対する恩、国家を守り抜いてくれた先人達への感謝の気持ちを忘れることなく、国家（公）のために自分のできることを行っていくこと。

孝と公

「人としての道とは何か」

> それは、自分を生み育ててくれた両親に対しての恩、感謝の気持ちを決して忘れることなく孝行していくこと。
> そして、自分や家族を守ってくれる一番大きな存在である国家（公）に対する恩、国家を守り抜いてくれた先人達への感謝の気持ちを忘れることなく、国家（公）のために自分のできることを行っていくこと。

この二つだとまとめることができます。

つまりそれは、「恩に生きる」ということです。

孝と公、この二つの精神を養い、育むことを、教育の「不易」の部分としていくことを提唱します。

第三章　日本人の道

一　皇国に生まれた尊さを知る

七つあるうちの第一の心得についてお話しました。

それは、「人として生きるとは」についての教えでありました。

国家のために自らできることに全力を尽くす「忠」（公）の精神と、産み育ててくれた両親に対し孝行していく「孝」の精神が、人が人であるために最も重要なのだということでした。

次の第二の心得は、日本人の道、つまり**「日本人としていかに生きるべきか」**ということについて書かれています。

では、原文から見ていきましょう。

（一）原文

（二）書き下し文

一、凡そ、皇国に生まれては、よろしくわが宇内に尊きゆえんを知るべし。けだし皇朝は万葉一統にして、邦国の士夫、世々に禄位を襲ぐ。

人君は民を養いて、祖業を続ぎたまい、臣民は君に忠して父志を継ぐ。

君臣一体、忠孝一致なるは、ただ、吾が国を然りとなす。

（三）現代語訳

天皇が知ろしめされる、わが日本国に生まれたのであれば、世界の国々のなかで、私達の日本が、すぐれている点について知っておかなければなりません。

日本は、初代・神武天皇から変わることなく、今も万世一系の天皇が知ろしめされている国であります。

わが国の武士たちは、歴代にわたって給与と官位を継承しています。

人君は、人民を大切にして、先祖の功業を継ぎ、人民も君に忠義を尽くし、それぞれの先祖の志を継いできています。

このようにして、過去から現在に至るまで、君主と家臣が一体で、そのおかげで、君主への「忠」と先祖への「孝」が一致しているのは、世界でもただ我が国しかないのであります。

※知ろしめす…「知らす」＋尊敬の意「めす」＝「しらしめす」↓「しろしめす」
お治めになる。

※万世一系…永久に同一の系統の続くこと。特に皇室についていう。

（四）解説

第二の心得は、**わが日本の国体を説き、日本人としての道**を説かれています。

日本人の日本人たるゆえんは、どこにあるのかを知らねばならぬということです。

それは、国民を思う天皇陛下の大御心と、その大御心に感謝し、報恩の念をもって日々力を尽くす人々との心の絆が、日本という国家を統合形成しているということであります。

そして、このような国は、世界でも日本ただ一つでありますから、そのことを誇りに思い、我々も受け継いでいかなくてはなりません。

それが、日本人としての道なのですよ。

と松陰先生は教えてくれているのです。

世界で一番長く続いている国は、紛れもなく我が国日本であります。

今年（令和六年）で、**２６８４年目**です。

初代・神武（じんむ）天皇は、

「天を屋根とするような家のような国をつくりなそうではないか」と人々に呼びかけられたときに、その国の名を**「大和（やまと）」**とされました。

これは、**異なる文化共同体が、一つの価値を他に強制することなく、それぞれの伝統価値を尊重しながら、**

全体として和する国や世界のあり方を示したのです。
ここに我が国日本の建国の理念があるのです。

二　国体を守り、和の世の中をつくる

「一、凡そ、皇国に生まれては、よろしくわが宇内に尊きゆえんを知るべし。」

日本の国体を知ること、そしてそれを次世代に繋いでいくこと。
さらに、現代でいえば、その大和の心を世界に広げていくこと。
美しい調和のとれた世界を実現させていくこと。

「日本人としての道」はここにあるのだと、教えてくれています。

第四章　士の道

一　正義と勇気

では、いよいよ第三の心得に入ります。

第三から第四の心得は、**「武士道の原則」**について示されています。

原文から見ていきましょう。

（一）原文

一士道莫大於義義因勇行勇因義長

（二）書き下し文

一（ひとつ）、士（もののふ）の道は義より大（おお）いなるは無し。義は勇によりて行われ、勇は義によりて長ず。

（三）現代語訳

武士としての道において、「正義」より大事なものはありません。

その「正義」は、頭の中だけで終わってはならず、「勇気」によって現実に行われなければなりません。

「勇気」は「正義」の心によってより大きなものに育っていくのです。

（四）解説

第三、第四の心得は、武士道の原則、武士道精神とは何か、ということについて示しています。

その一つ目が、「義」と「勇」の精神だということです。

「義」という字の意味は、すべて正しいこと、利欲に引かれず筋道を立てる心、公共のためにつくすことであり、「正義」や「義理」、「忠義」の心であるといえます。

武士の道において、この「義」（人としての正しさ）よりも大事なものはないと言っています。

そして、この「義」（正義）を行うためには、「勇」（勇気）が必要であると言っています。

また、「勇」（勇気）は、ただなりふり構わず行動する度胸があるということではなく、「義」（正義）に支えられることによって大きくなると言っています。

つまり「義」と「勇」は、それぞれが独立するものではなく、それぞれが互いを支え合っているもので、この二つがそろって初めて、武士としての道を歩めるのだということです。

【三】武士道の原則　その１

武士としての道において、「正義」より大事なものはありません。

その「正義」は、頭の中だけで終わってはならず、「勇気」によって現実に行われなければなりません。

「勇気」は「正義」の心によってより大きなものに育っていくのです。

【三】武士道の原則　その１

義⟷勇

「義」と「勇」は、それぞれが独立するものではなく、それぞれが互いを支え合っているもので、この二つがそろって初めて、武士としての道を歩めるのだ

「義」と「勇」の関係については分かりました。

さてここで、もう一歩進めて、「義」(正義)について考えてみたいと思うのです。

なぜなら、「正義」の主張が、いつもよい結果を招くとは限らないからです。

一例をあげれば、争いがその例です。争いは、互いにとっての「正義」がぶつかり合うことで起こるとも考えられます。一方にとっての義は、もう一方の正義の邪魔をします。

これは、本当の意味での「正義」といえるのでしょうか。

そのような意味で、我々は**「究極の正義」とは何か**を考えていく必要があると思います。

二　究極の正義とは何か

ここでヒントになるのが、**荒谷卓さんのご著書『戦う者たちへ―日本の大義と武士道―』**です。

以下、引用します。

「武道の究極の姿として『相手をして包容・同化する』という考え方がある。どういうことかといえば、相手を倒して殺傷するのではなく、相手の『邪気(じゃき)』を清め祓(きよはら)い、正気を取り戻した相手を仲間とみなし、共存共栄を図るというものだ。」

「自己中心的な考え方が甚大な害を社会に及ぼす現実に直面した今、我々は個人の権利を絶対視する人権思想と契約社会が本当に正しいのか考え直す必要に迫られている。少なくとも、武士道を志す人間は、自己の権利を最優先するという発想を捨てなくてはならない。良心に従い、身を賭（と）して行動することを辞（じ）さない武士道精神を身につけた人は、社会に蔓延する欲望から出る邪気を祓い、人々の良心を目覚めさせ、社会の正気を取り戻す使命を担うであろう。武士道の重要な社会的意義は、穢（けが）れた世の中の禊祓（みそぎはらい）すなわち清浄化である。」（引用終わり）

【三】究極の正義とは何か？

荒谷卓「戦う者たちへ―日本の大義と武士道―」

「武道の究極の姿として『相手をして包容・同化する』という考え方がある。どういうことかといえば、相手を倒して殺傷するのではなく、相手の『邪気（じゃき）』を清め祓（はら）い、正気を取り戻した相手を仲間とみなし、共存共栄を図るというものだ。（P62 共存共栄をめざす武士道精神)」

戦う者たちへ 日本の大義と武士道 荒谷卓 増補版

【三】究極の正義とは何か？

相手を打ち負かすことではなく、正気を取り戻した相手との共存共栄を図るというものである。

そして、社会全体の正気を取り戻すことが、武士道を志すものの使命であり、大義ではないか。

ここに、日本人にしか担うことができない
「究極の義（正義）」がある。
そして、この「究極の義」に向かって、恐れることなく「勇気」をもって、行動していくことこそが、現代における武士道体現の第一歩なのではないか。

以上のような考えは、本当の意味での「義」（正義）を考える上で、その道標となるように思います。すなわち、その究極の姿は、相手を打ち負かすことではなく、正気を取り戻した相手との共存共栄を図るというものである。そして、社会全体の正気を取り戻すことが、武士道を志すものの使命であり、大義であるということです。

ここに、日本人にしか担うことができない「究極の正義」があります。

そして、この「究極の正義」に向かって、恐れることなく「勇気」をもって、行動していくことこそが、現代における武士道体現の第一歩なのだと思うのであります。

一、士の道は義より大いなるは無し。義は勇によりて行われ、勇は義によりて長ず。

現代を生ける我々日本人が果たす使命とは何か？我々の目指す「義」とは何か？よく考え、道を誤らないよう、常に誠の心で世の中を見ていかねばなりません。

三　光明正大な行いは正直な心から始まる

続いて、四つの心得は、武士道の原則その二にあたります。

（一）原文

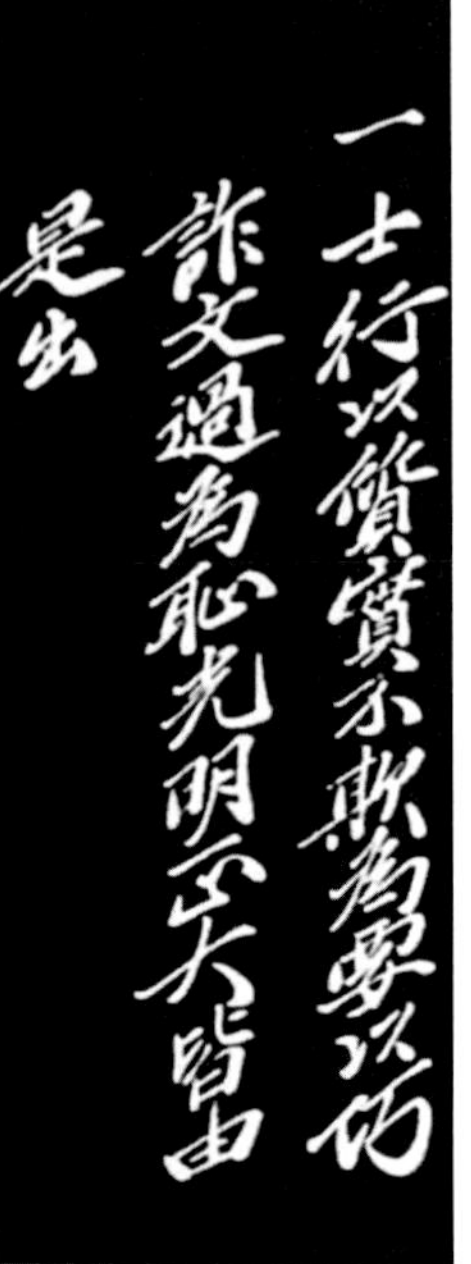

（二）書き下し文

一、士の行いは質実にして欺かざるをもって要となし、巧詐にして過ちを文るをもって恥となす。光明正大、皆これより出づ。

（三）現代語訳

武士の行いは、飾り気がなく誠実で、相手をだまそうとしないことが最も重要なのです。

巧に人をだまし、まるでだましていないかのように偽ることこそが、恥です。

少しも暗さややましさがなく、明るい希望に満ちた心、正しく堂々としているさま、これらはすべて、その

ような正直な心から生まれるのです。

（四）解説

武士道の原則部分の二つ目になります。

武士は**「光明正大」**であれ、ということです。

つまり人は、**正々堂々と、明るくあれ**、ということです。

そのためには、嘘やごまかしをせず、**誠実で、正直であることが**一番なことであると教えてくれています。

正直であることが、明るく希望に満ちた心につながり、正しく、スケールの大きな行いにもつながっていくということを教えてくれています。

松陰先生自身も、嘘やごまかしができない大変正直な人間でありました。

それが故に、苦労してしまうこともありましたが、**常に自身に対して後ろめたさをもつことはなく、真っ直ぐに前を向いて、堂々と生き抜く姿勢**は、見本にしたいです。

「嘘をつくな」「正直であれ」「正々堂々と、明るく生きよ」

私達もそのように生きていきたいと思います。

第五章　士（もののふ）となるために

第一条は「人としての道」
第二条は「日本人としての道」
第三・四条は「武士道の原則」でした。
第五条から第七条は、**「武士道修養の方法と覚悟」**についてです。
では、読んでいきましょう。

一　読書を通じて古今を学ぶ

（一）原文

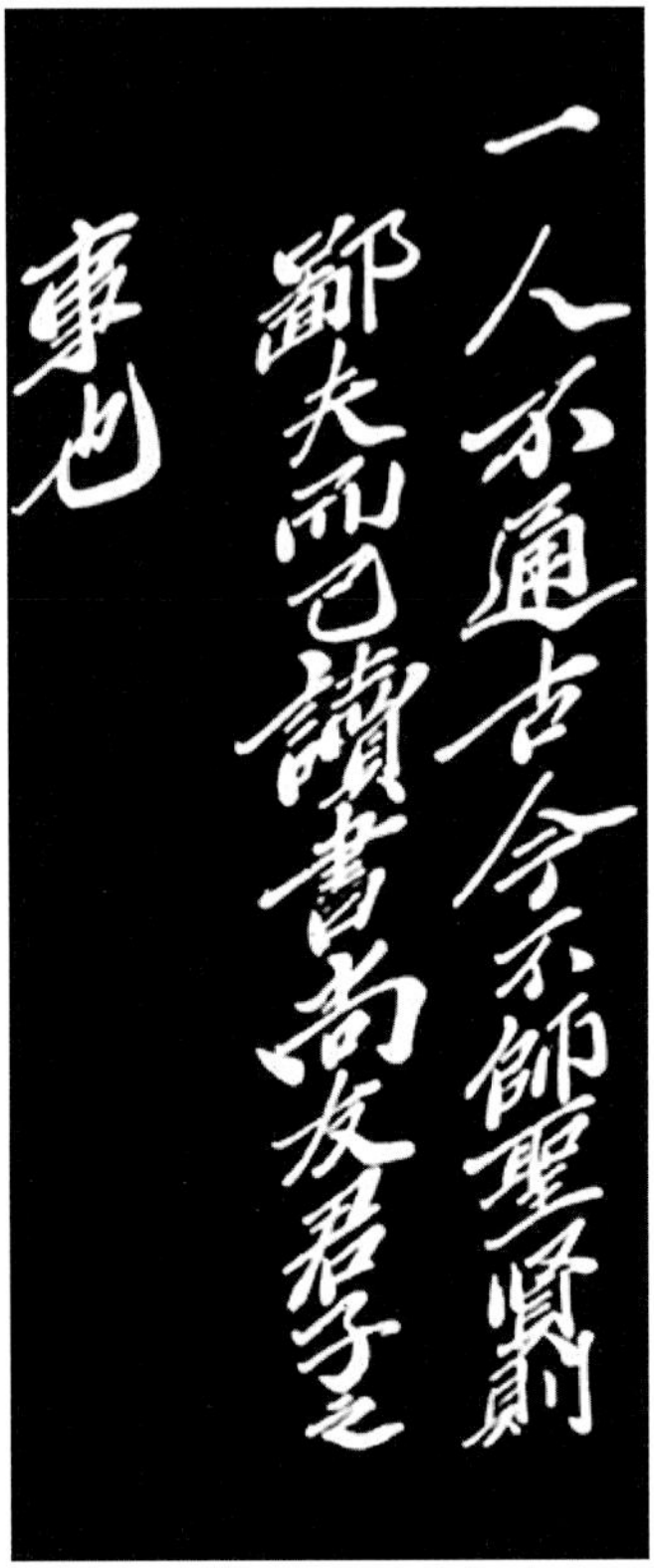

一人不通古今不師聖賢則鄙夫而已讀書尚友君子之事也

（二）書き下し文

一(ひとつ)、人、古今に通ぜず、聖賢を師とせざれば、すなわち鄙夫(ひふ)のみ。書を読みて尚友(しょうゆう)するは君子の事なり。

（三）現代語訳

人は、**正しい歴史と、今の世の中のことを、ともに学ばなければなりません。**

そして、**昔の聖人とか賢人とか呼ばれるような立派な人物**を、**自分の生き方の手本**にしなければなりません。

常にそうしていないと、心が狭くなり、下品な人間になってしまいます。

ですから、**常に読書をして、昔の聖人や賢人達をわが心の友にしておくこと**が、立派な人間になるためには、どうしても必要なことなのです。

(四) 解説

第五条からは、武士道の修養法、つまり、**「どのように知識を高め、品性を磨き、人格形成に努めていけばよいのか」**について述べています。

その一つ目が**「読書」**ということです。

よく読むと、ただやみくもに読書をせよというのではなく、その道標が示されています。

一つ目は、**「古今に通ず」**ということです。

古今とは「昔と今」のこと。すなわち、**これまでの歴史と今の世の中と両方**を学びなさいということであります。

「昔」だけでは、「今」の世の中の情勢を正しく捉え、どう生かしていけばよいかが分かりません。

また逆に、「今」だけでは、「昔」からの流れや今に生かせる優れた教えや教訓を知ることができません。

【五】武士道修養の方法　読書

1　「古今に通ず」

これまでの歴史と今の世の中と両方を学びなさい

正しい歴史と今の世の中の情勢の両方を学ばなければ、それらの学びが互いに補完し合い、現代に生かせる本当の学びにならない

【五】武士道修養の方法　読書

2　「聖賢を尚友とする」

聖人や賢人と呼ばれている方々に、いくら権威があるからといって、その方々に媚びる心があってはいけない。

「すべて鵜呑みにするのではなく、自分の頭で考えよ。」

「尚友」（昔の書物を読んで、すぐれた古人を友とする）

つまり、**正しい歴史と今の世の中の情勢の両方を学ばなければ、それらの学びが互いに補完し合い、現代に生かせる本当の学びにならない**ということを教えてくれています。

読書をする上で大切な心得としての二つ目は、**「聖賢を師とす」「尚友する」**という部分です。

聖賢とは、「聖人」や「賢人」のことです。『論語』の孔子や『孟子』の孟子のことを指しています。すぐれた古人から学ぶことの重要性は言うまでもありません。

しかし、ここで重要なのは、その態度です。松陰先生は、別の書「講孟余話」の中で、このようにも言っています。

「経書を読むの第一義は、聖賢に阿ねらぬこと要なり。若し少しにしても阿ねる所あれば、道明かならず、学ぶとも益なくして害あり。」

つまり、人はどのように生きるべきか……ということが書かれている「経書」を読むときに、**私達が第一に**

心がけておくべきことは、今、聖人や賢人と呼ばれている方々に、いくら権威があるからといって、その方々に媚びる心があってはいけない。そんな媚びる心で読むと、実は正しい生き方がかえって分からなくなってしまい、学んでも自分の心の糧にならずそれどころかかえって害になってしまう、と言っています。

分かりやすく言えば、**「すべて鵜呑みにするのではなく、自分の頭で考えよ。」**ということです。これは、**主体的に学ぶ**という態度につながります。非常に大事なことを、一六〇年前にすでに教えてくれているのですね。

そのような意味からも、聖賢を師とし、さらには**「尚友」**（昔の書物を読んで、すぐれた古人を友とする）とする段階までに読み込む必要があるということです。

友とすれば、そこに当然対話も生まれます。全て鵜呑みにするのではなく、時に批判的に読んだり、自分の意見も付け加えたりしていく。そういった主体的な読み方を、推奨しているということです。

「武士道修養法」の一つ目は、**主体的な読書**でした。

私自身も、毎日読書に励み、さらに自分の考えも書き留めていきたいと思います。

二　師をもち友と切磋琢磨する

では、第六条、武士道修養の二つ目について読んでいきましょう。

（一）原文

(二) 書き下し文

一、徳を成し、材を達するには、師恩友益の多さに居る。ゆえに君子は交遊を慎む。

(三) 現代語訳

人が、もともと持って生まれている善い人格を完成させること、また、もともと持って生まれている才能を、十分に開花させること。それらは、先生や友人からの導きが、どれほど多いか、ということにかかっています。ですから、立派な人になろうとするなら、人とのつきあいを、慎重にしていくことが必要です。

(四) 解説

第五条から第七条は、「武士道修養の方法と覚悟」です。

この第六条は、武士道修養法の第二項目といえます。

それは、**「よき師、よき友と交われ」**ということであります。

人格を完成させていくこと、才能を開花させていくには、**師匠の導きや友人（同志）との切磋琢磨**が必要不可欠であるから、どんな師をもつか、どんな友人をもつかを、慎重にしていくことが大事だということです。

では、「よき師、よき友」とどのようにして出会うことができるのでしょうか。

【六】武士道修養の方法　その2

**人が、もともと持って生まれている善い人格を完成させること、また、もともと持って生まれている才能をじゅうぶんに開花させること……それらは、先生や友人からの導きがどれほど多いか、ということにかかっています。
ですから、立派な人になろうとするなら、人とのつきあいを慎重にしていくことが必要です。**

【六】よき師、よき友と交われ

「よき師、よき友」とどのようにして出会うことができるのでしょうか。

『その人を知らんと欲せば、まずその友を見よ』

（一）それがいかなる人を師匠としているか
（二）その人がいかなることをもって、自分の一生の目標としているか
（三）その人の今日までの経歴
（四）その人の愛読書がいかなるものか
（五）その人の友人いかん

「道を求め、師を求める問題に帰する」

これについて、国民教育の師父と呼ばれている森信三先生の『修身教授録』の中の一節から考えていきたいと思います。

われわれ人間が、友人関係から与えられる影響は、実に大なるものがあると言ってよいのです。実際真の友人というものは、一面からは肉親の兄弟以上に深い理解と、親しみとを持つ場合さえ少なくないのです。したがって昔から、**『その人を知らんと欲せば、まずその友を見よ』**と言われているのも、大なる真理があると思うのです。

ついでながら、人を知る標準としては、

第一には、**それがいかなる人を師匠としているか**、ということであり、

第二には、**その人がいかなることをもって、自分の一生の目標としているか**ということであり、

第三には、**その人が今日までいかなることをしてきたか**ということ、すなわちその人の今日までの経歴であります。

そして第四には、**その人の愛読書がいかなるものか**ということであり、

そして最後が**その人の友人いかん**ということであります。

そして、これらの諸々の点は、結局は一つの根本に落ち着くと言っています。

それは、目標も、書物も、友人も、**「道を求め、師を求める問題に帰する」**と言っておられます。

では、どのようにして自分の師を見つけていけばよいのでしょうか。


「師」をもつことについて、松陰先生は、講孟余話（参考文献より引用）の中でこのように言っています。


近ごろ、人を安易に「先生」と呼ぶようになったのがよくないのです。

「先生」を、しっかり選んだ上で、その「先生」について学ぶ……ということがなくなったのが、そもそもよくないことであって、そうであるから師弟の関係が、軽いものになってしまったのです。とすれば……、師弟の正しい関係を回復させるためには、つぎのような心がけが、必要になります。

それは、いいかげんな気持ちで「先生」になってはいけない、ということです。

また、いいかげんな気持ちで、人を「先生」と呼んでもいけません。


〝私は本気で、このことを人に教えたい〟という思いを持っている人だけが、「先生」と呼ばれる資格があります。

また、〝私は本気で、このことを人に学びたい〟という思いを持っている人が、それを教えてくれる人について時、はじめてその人を、「先生」と呼ぶべきなのです。


むやみに人の「先生」となるな、また、むやみやたらに人を「先生」と呼んではいけないと言っています。

つまり、**『本気』**かどうかが重要です。

ゆえに、慎重にという訳です。

また、「師をもとめる」ということについて、同じく講孟余話（参考文献より引用）でこのように言っています。

【六】よき師、よき友と交われ

よき師と出会うには？

いいかげんな気持ちで「先生」になってはいけない

いいかげんな気持ちで、人を「先生」と呼んでもいけない

「私は本気で、このことを人に教えたい」という思いを持っている人だけが、「先生」と呼ばれる資格があります。

「私は本気で、このことを人に学びたい」という思いを持っている人が、それを教えてくれる人についた時、はじめてその人を、「先生」と呼ぶべきなのです。

【六】よき師、よき友と交われ

師を求める前に大切なこと

みずからの心に「私は、ほんとうに学びたいのか？」ということを問わなくてはなりません。

「それでは、何を学ぶのか、どの先生から学ぶのか？」

結局は、「自分が本気で学びたい」という思いから始まるのだ

志　「よき師、よき友と交わる」ことも、自分はどう生きるかという「志」によって決まってくるということでしょう。

「先生を求める」ということの前に、まずは、**みずからの心に「私は、ほんとうに学びたいのか？」ということを問わなくてはなりません。**

その心がはっきりと定まったなら、そのつぎに**「それでは、何を学ぶのか、どの先生から学ぶのか？」**という現実的な問題を、定めていくのです。

そのあと、はじめて「先生」のところに行って、「弟子にしてください」とお願いします。

そうじていえば、学問の要点というのは、ただその一点にある、といえるでしょう。

（中略）

まず、ある「先生」について、それから学問をはじめ、そこで学問をして、そのあと何か行う……というの

なら、それは順序が、まるで逆です。

そのようにして修めた学問は、きっと中身のない、形式的なものに終わるでしょう。

誰を師とするのか、という問題は、結局は、「自分が本気で学びたい」という思いから始まるのだということです。

つまり、自分は何を学びたいのか、何をしたいのか、という思いは、「志」とも言い換えることができます。

「よき師、よき友と交わる」ことも、自分はどう生きていくかという「志を立てる」ことによって決まってくるということでしょう。

三　やり抜く覚悟をもつ

日本精神を取り戻し、我が国家国民の不朽の精神として、後の代まで脈々と受け継いでいくために、まずは自らがその生き方を体現しながら広めていく。

そのような思いで、吉田松陰先生の残した『士規七則』を一つずつ紹介してきました。

いよいよ第七条です。

（一）原文

一死而後已四字言簡而義
該堅忍果決確乎不可抜
者舍是無術也

㈡　書き下し文

一（ひとつ）、死してのちに已（や）むの四字は、言簡（ことかん）にして義該（ぎか）ぬ。
堅忍果決（けんにんかけつ）、確乎（かっこ）として抜くべからざるものは、これをおきて術（じゅつ）なきなり。

㈢　現代語訳

「死んだら、そのあと、はじめて正しい言動をやめる」という昔の言葉は、言葉そのものは短いですが、その意味するところは、はてしなく広く深いものです。

意志が強く忍耐強いこと、思いきりがよく決断力があること、肚（はら）がすわっていて微動だにしないこと、それらはすべて、「死んだら、そのあと、はじめて正しい言動をやめる」という覚悟が、心のなかに定まり、その後、初めて生まれるものなのです。

㈣　解説

七つ目は、武士道修養の「覚悟」です。

「死而後已」（死してのち、やむ）「死んだらはじめて止まる」。

つまり、**「死ぬまで、やめない」**ということです。

これまで第一条から第六条までにしめしてきたこと、すなわち

「人としての道」忠と孝

「日本人としての道」和の国家、世界をつくること

「武士道の原則」義と勇　光明正大

「武士道の修養法」読書　師友

これらの心構えや実践を、「やめる時は、死ぬとき」だ。つまり、**「生きている限り、生涯貫き通す」「一生涯を通じてやり通すのだ」ということです。**

武士道とは、まさに、**その命を懸けて貫き通すもの**だと教えてくれています。

命を懸ける、決死の覚悟で行う、このような言葉を聞くと、命を軽んじているかのように感じる人もいるかもしれません。

しかし、そうではない、と私は思います。

そうではなく、**生命を重んじているからこそ出てくる言葉**だと思うのです。

一度しかない人生、幾重の奇跡が重なって誕生した一つの生命。

二度とない人生だからこそ、どのようにして生きるのか。

その命題に対して、真っ向に挑んできた先人の生き方の知恵、指針が「武士道精神」に詰まっているのではないかと思うのです。

命について、元台湾総統・李登輝氏は、『武士道解題』の中でこのように述べています。

「人間、死んだ気になってやり通そうとさえすれば、どんなことでも成し遂げられないことなどないのです。すなわち、徹底的に「死」の意味を追求していくことによって、結局、輝かしい「生」の彼岸に到達できるのです。」

誰しもいつかは必ず訪れる「死」から目をそらし、あるいは恐れて生きるのではなく、**いつ訪れるか誰も分からない限りある命だからこそ、今日という一日を精一杯、悔いのないように生きていくことにつながり、その連続が「生」を輝かせる**のであると教えてくれています。

また、執行草舟氏は、『魂の燃焼へ』の中でこのように述べています。

「生命体というのは、何か別のものに尽くすために生きている。人間の場合、自意識という自分を見つめるエネルギーを持っているから、尽くすものが見つかれば生命として成功、見つからなかったら失敗ということになるんです。」

自分の命を懸けてやり遂げたいもの、守り抜きたいもの、志。

自分以外の別のものに尽くすために生きているのが生命体なのだから、**その生命を燃焼させるには、尽くすものを見つけていくことが大事**だと教えてくれています。

さて、吉田松陰先生が残してくれた「士規七則」の七つ目の教えは、**「死而後已」死ぬまで努力し続けること**でした。

あなたは、その奇跡の命を懸けて、何をやり遂げますか？

尽くすものを見つけ、あなたの道を生きている限り貫く覚悟をもって、その生命を燃焼させていってほしいと願います。

あなたの命が、あなたの人生が輝きに満ちたものになりますように。

第六章　士規七則を生かす

一　三つの実践項目

松陰先生は、この『士規七則』の最後に、これら七つの教えを、**実に分かりやすく、三点に要約**されています。最後に、その部分を読んでいきましょう。

（一）原文

右士規七則約為三端
立志以為萬事之源擇
交以輔仁義之行讀書
以稽聖賢之訓士苟有
得於此亦可以為成人矣
二十一回猛士藻

（二）書き下し文

右の士規七則、約して三端（さんたん）となす。曰（いわ）く、志を立てて万事の源となし、交わりを撰（えら）びて仁義の行いを輔（たす）け、書を読みて聖賢の訓（おしえ）を稽（かんが）える。

士まことにここに得ること有らば、またもって成人と為すべし。

（三）現代語訳

以上の「士規七則」を、さらに要約すると、つぎの三つの実践項目になります。

一つ目は、「高い志を立てて、それを自分の言行の、すべての源にする」ということです。

二つ目は、「よい友人関係を築き、自分の愛情や正義の行いを、益々大きなものにする」ということです。

三つ目は、「読書を欠かさず、それによって、昔の聖人や賢人と呼ばれる人々が残した教えを、自分の心のなかで、生きたものにしていく」ということです。

この三つを実行できれば、一人前の人間になることができます。

（四）解説

最後に、三つに要約されているところに、松陰の「先生」らしさを感じます。

前にも書いたように、この『士規七則』は、人生指針、いわば行動指針であります。とすれば、読んだ**相手の「行動」を変えることを**目的とします。

であるならば、**より「行動」に移しやすいように示すことが大事**だとお考えになられたのでありましょう。

その三つとは、「志を立てること」「友を選ぶこと」「読書を欠かさないこと」この三つです。

非常に明快です。これなら、**実行できそう**と思うのではありませんか。こういった配慮に、松陰先生の相手を思う仁（思いやり、優しさ、愛情）の心を感じます。

では、私なりに解説をします。

二つ目の「友を選ぶこと」、三つ目の「読書を欠かさないこと」、この二つは読んで字のごとくです。

これらの根本、動機となる部分が、一つ目の「志を立てること」にあたります。

ですから、**この一つ目「志を立てること」がとてつもなく、重要なのだ**ということです。

この場合の志を立てるとは、**「立派な人間、立派な日本人になろうと決意すること」**と考えてよいです。

まず、その決意、覚悟が必要不可欠で、一度志が立ったならば、後はそれが全ての源になるというのです。

源とは、**原動力であり、エネルギー、やる気**であります。志を立てれば、**いつもエネルギーが沸々と湧き出**

【士気七則　まとめ】

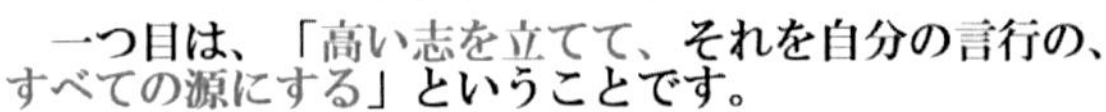

以上の「士規七則」を、さらに要約すると、つぎの三つの実践項目になります。

一つ目は、「高い志を立てて、それを自分の言行の、すべての源にする」ということです。

二つ目は、「よい友人関係を築き、自分の愛情や正義の行いを、ますます大きなものにする」ということです。

三つ目は、「読書を欠かさず、それによって、昔の聖人や賢人と呼ばれる人々が残した教えを、自分の心のなかで、生きたものにしていく」ということです。

【士気七則　まとめ】

志交書
立撰読

「志を立てること」
「友を選ぶこと」
「読書を欠かさないこと」

これらの根本，動機となる部分が，一つ目の「志を立てること」にあたります。
「志を立てること」がとてつもなく，重要なのだ。

源とは，原動力，エネルギー，やる気

志を立てれば，いつもエネルギーが沸々と湧き出る状態になれる

る状態になれるとも言い換えられます。

「志」という言葉は、**日本独自の精神を表した言葉**です。そのため、適した英単語がないそうです。

「志」とは、義・勇・仁・智・礼・忠・孝・誠など、あらゆる項目を統合させ、生涯をかけて貫く覚悟をもった時に生まれる精神であると私は捉えています。

ですので、**「志を立てる」ということは、容易いことではありません。**

松陰先生は、自らが志に生きる姿を塾生に見せることで、感化させていったことや、塾生一人一人の特質をよく観察し、理解すると同時に、一人一人との問答を通して、それぞれの志を確立させていきました。

二　志の三つの訓読み

ここで少し、「志」という言葉についてお話したいと思います。

これは、さくら社社長の横山験也先生より、以前教えて頂いた内容です。

【「志」の三つの訓読み】

志

普通は「こころざし」と訓読み

「ぎをまもる（義を守る）」

「とく（徳）」

志を持つことは，世の義を守ることで，自らの徳を高めていく道

「しい（私意）」

義を重んじ志すのですが，自分が志していることが大切なこととなり，肝心の義が薄らぐこと

以下、その内容を引用させて頂きます。

はなむけに「志」の訓読みをご紹介しましょう。

普通は「こころざし」と訓読みをします。

他には思いつかないと思いますが、大きな辞書には、**「ぎをまもる（義を守る）」**と訓読みが出てきます。

また、**「とく（徳）」**とも訓じて読むことがでています。

志を持つことは、世の義を守ることで、自らの徳を高めていく道と読み取れます。

しかしながら、もう一つの訓読みがあります。

それは、自らを戒めるような訓読みです。

「志」は、**「しい（私意）」**とも訓じて読みます。

義を重んじ志すのですが、自分が志していることが大切なこととなり、肝心の義が薄らぐことです。

志せば、そこに私意もついてきます。

それを戒めとし、義を守り、徳を満たす歩みをこの先も続けてください。

いかがでしょうか。「志」の三つの訓読み**「ぎをまもる」「とく」「しい」**から、志をもつことの意味、そして志をもつことで注意することが読み取れるのです。

漢字の訓読みからも、先人達が大事にしてきた価値観や考えが分かるのですね。

三　成人の条件

成人の条件

【松陰が残した不朽の人生指針】

「志」とは，義・勇・仁・智・礼・忠・孝・誠など、あらゆる項目を統合させ，生涯をかけて貫く覚悟をもった時に生まれる精神

『士規七則』の最後に，
「これらの実践項目を，
ほんとうに自分のものにして初めて『成人』といってよい存在となる」

ここでいう「成人」とは，十五歳のことを指している

人生の指針に「士規七則」を！

『士規七則』の最後に、「これらの実践項目を、ほんとうに自分のものにして初めて『成人』といってよい存在となる」と松陰先生は言っています。

最後に、もう一度思い出してください。

この『士規七則』は松陰が何歳の従弟に渡したのかを。

そうです、従弟、玉木彦介、**満十五歳の誕生日**です。

昔は、十五歳になれば、一人前の男子となったお祝いがあります。すなわち元服(げんぷく)と言います。**ここでいう「成人」とは、十五歳のことを指しているのです。**

ただ、「年齢が過ぎれば、成人式に参列すれば、成人となれるのではない」ということです。**「成人」たりうる条件**があるのです。それを、松陰先生は教えてくれています。実に、我が日本には、素晴らしい教えがあるものです。

四　超訳「士規七則」

それでは、最後に松陰先生の残した不朽の人生指針「士規七則」を、現代においても、さらに生かしやすくしていけるよう、著者による「超訳」をもって、まとめとさせていただきます。これを、日本の教育の立脚点（よりどころとする地点。考えたり行動したりするときの立場。）とすることを提唱します。

「人としての道」
それは、自分を産み育てて下さった両親に対しての恩、感謝の心を決して忘れることなく、孝行していくこと。そして、自分や家族を守ってくれる一番大きな存在である国家に対する恩、国家を守り抜いて下さった先人達への感謝の心を忘れることなく、国家のために自分のできることを精一杯行っていくことです。

「日本人としての道」
それは、国民を想う天皇陛下の大御心と、その大御心に感謝し、報恩の念をもって日々力を尽くす人々との心の絆が、日本という国家を統合形成しているという世界でもただ一つの我が国の国体の尊さを知り、次世代に繋いでいくことです。そして、日本建国の精神である大和の心を世界に広げ、美しい調和のとれた真の大和の世界を実現させていくことです。

本当の正義とは、相手を打ち負かすことではなく、正気を取り戻した相手との共存共栄を図ること、つまり、「世界全体の正気を取り戻すこと」です。ここに、日本人にしか担うことができない究極の正義の姿があるのです。勇気をもち、その大道を歩みましょう。

また、誠実で正直であることが、明るく希望に満ちた心につながり、正しくスケールの大きな行いにつながっていきます。正々堂々、明るく生きて下さい。

歴史と今の世の中を両方学び、生きた学問をして下さい。常に読書をして、昔の聖人や賢人たちを心の友にしてください。

そして、立派な人となろうと志を立て、よき師よき友と交わるのです。

以上を、生きている限り、生涯貫き通していくのですよ。

第三部　世界で活躍する若者を創るために

～日本の教育は松陰流にあり～

第一章　真のエリートと成功者を輩出するユダヤの教育

一　世界で活躍するユダヤ系の人たち

松下村塾の教育と、もう一つ注目したのがユダヤの教育です。
この数字を見てください。

0・2%↓35%

そう、ユダヤ人の人口は世界人口のわずか、0・2%ほど。
しかし、**ノーベル賞受賞者の約35%がユダヤ人**なのです。
さらに、**世界の大富豪の約35%がユダヤ人**なのです。
有名な世界的成功者の一部をあげていくと、
物理学者のアインシュタイン
Apple創業者のスティーブ・ジョブズ
映画監督のスティーブン・スピルバーグ
Facebookのマーク・ザッカーバーグ
Googleのラリー・ペイジとセルゲイ・ブリン
Microsoftのスティーブ・バルマー
Starbucks Coffeeのハワード・シュルツ
心理学者のマズローやフロイト
経済学者のマルクス

などいずれもユダヤ人なのですね。

これらの職業の共通点は何でしょうか。

それはそのほとんどが**「頭脳労働」**であるということです。

この事実からも、ユダヤの教育が松下村塾同様、驚異的な成果をあげていることがお分かりいただけたと思います。

二　なぜユダヤから人才が輩出するのか

では、なぜ、ユダヤ人がこんなにも「頭脳」を重視しているのでしょうか？
そのルーツはユダヤ人の歴史と文化にあります。

一つ目がユダヤ教にあります。数千年前にすでに、経典が文書になっていました。ユダヤ人にとって**宗教を信じること=本を読むこと**だったのです。そうして、**幼い頃から、読書を重視する独特の文化**が形成されてきました。

二つ目に、長い間迫害を受けてきたという歴史があります。いつ襲われるか分からないという状況での暮らしの中、**究極の「いざ！」というときに持ち運び可能なのは、自分のアタマ**のみです。そこで、**「まずは自分のアタマに投資しよう」**という習慣が生まれ、そして子供達への教育へ力を注ぐようになっていったのです。

現代ももうすでに始まっていますが、これからは益々ビジネスの国際化が進み、競争も国境や人種を越えたものになっていきます。

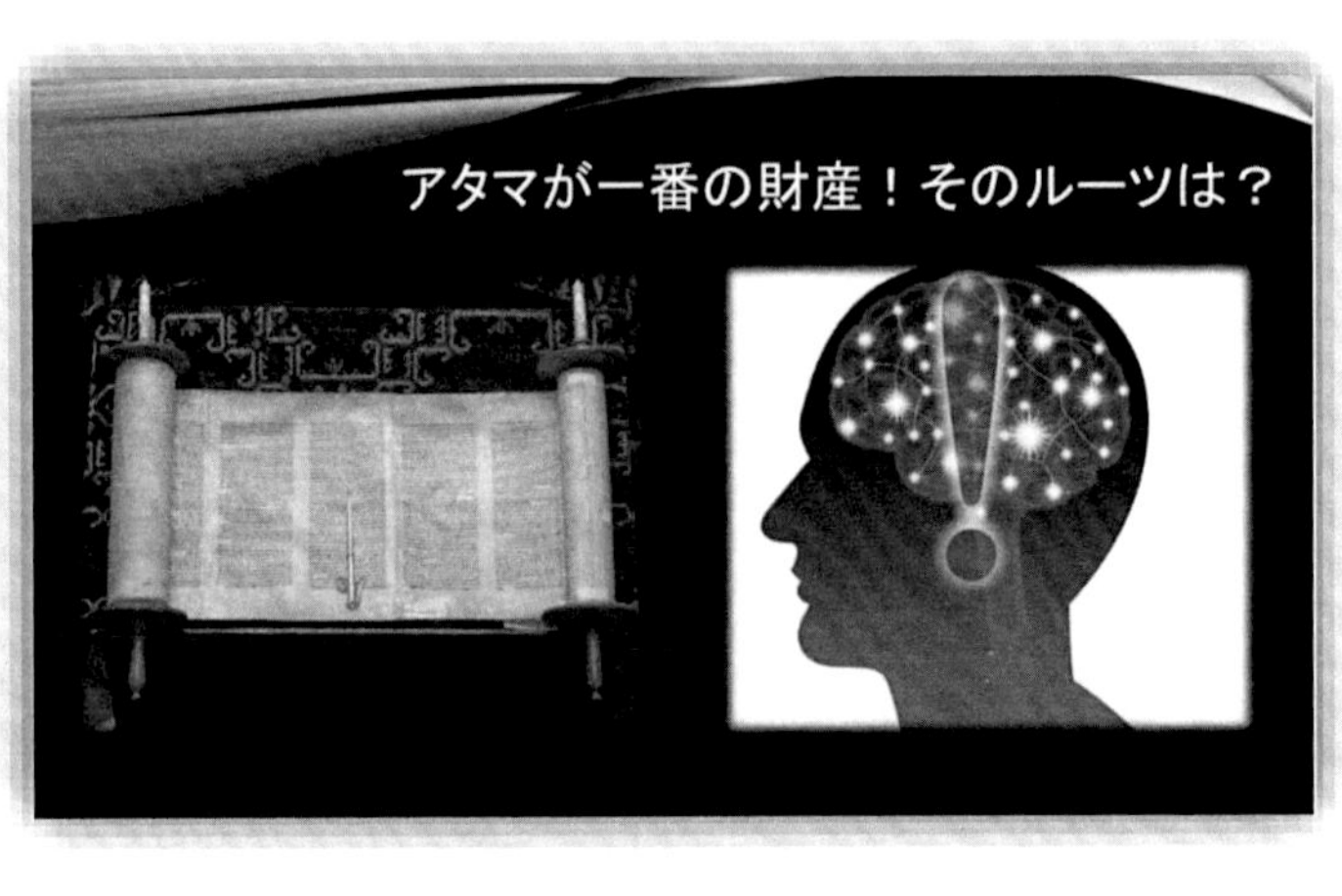

その時に大切なのは、**「やりたいことを自分で見つけ出す力」「生涯を通して学び続ける喜び」「変化の中からチャンスを見つける確かな眼と強い生命力」**をもっているかということです。

人からの指示待ちでは、これからの激動の時代を生き抜くことはできません。それぞれが本当にやりたいことを自分自身で見つけ出し、主体性をもつことが必要不可欠です。

学び続けることで、人は進化、成長していきます。その喜びを知ることが鍵です。

未知の状況にも対応し、変化の中にこそチャンスを見つける力がなければ、新しい価値を創造することはできません。

ユダヤ人は厳しい歴史の中で、この「本当に頭の良い子」の育て方を体得し、生き延びてきました。**そして、厳しさの中身が変わった今も、伝統を守ることで、世界中で活躍する第一級の人々を輩出し続けています。**

三　その理由は、家庭教育にあり

ユダヤ人の人材育成のカギを握るのは、ずばり、**家庭教育**です。「どうやったらそんなに優秀な子に育てられるの？」という質問に、どの親達も次の三つだけが「自分達の教育法だ。」と主張する、というのです。

・良い成績を取れ、と子供にハッパをかけない。
・家にはかなりの数の本を常に備え、親子で一緒に本を楽しむ。
・いろいろなものを見せ、経験させるために、しょっちゅう子供と一緒に外出する。

そして、驚くべき程の高い割合で、ユダヤ人の親達はこう言い添えるそうです。

「でも、一番大事なのは、学ぶのは楽しいことだと教えること。」

この話を聞くと、本当にそれだけで大丈夫なのかと不安になりませんか？

大事なのが、「親が我慢」することです。

天才を生み出し続けるユダヤ人家庭の教育法とは、何かを「強制する」「与える」教育ではなく、あくまでも子供の能力を「引き出す」教育です。そして、一番大切なことが子供への**『信頼』**なのです。

第二章　松陰流教育との共通点

人才育成における目覚ましい成果をあげている「松下村塾の教育」と「ユダヤの教育」。

実は、両者の教育法には驚く程、共通点が多くあったのです。これらの教育法は、まさに**これからの時代を生き抜く人才育成の秘訣**であるといえます。この章では、六つの秘訣を解説していきます。

一　圧倒的な読書量

ユダヤ式「天才」教育のレシピの一つ目は、**「本をあげよう！　本でいっぱいの本棚を見せよう」**です。読書の強制は必要なし！　子供をのびのび読書好きにする方法として、**①本がぎっしり詰まった本棚を見せること、**そして、**②褒められる→本がもらえる→うれしい、を刷り込むこと**が紹介されています。

ユダヤ人の家庭には、本棚がとてもたくさんあります。そして、**とにかく親が本を読む姿を見せることが大事**で、これが子供を読書好きにする**最高の方法**だそうです。

さて、読書を重視することについては、吉田松陰先生が行った松下村塾の教育でも共通しています。松下村塾にある聯（れん）には、このような文が刻まれています。

万巻（まんがん）の書を読むに非（あら）ざるよりは、
寧（いずく）んぞ千秋（せんしゅう）の人爲（た）るを得（え）ん

「沢山の書物を読まない限り、後世に名を残す人となることはできない。」という意味です。

松陰自身も、牢獄の中でも本を読み続ける程の読書家でした。そして、その姿を見て、塾生達も読書を通して、広く深い知識を身に付けていったのです。

二　人物の観察眼

ユダヤ式「天才」教育のレシピの２つ目は、**「子供を観察しよう！」**です。

ユダヤ式「天才」教育のレシピ

2　とにかく観察

～決めつけ・押しつけは絶対NG
危険なときだけ手助け～

松下村塾
「人賢愚（けんぐ）ありといえども、各々一二の才能なきはなし。
湊合（そうごう）して大成する時は必ず全備（ぜんび）する所あらん」
意味「人間は賢愚の違いはあるが、どんな人間にも一つや二つのすぐれた才能（特性）を持っていないものはいない。その個人の特性を全力を傾けて大切に育てていくならば、その人なりのもち味をもった人間として高めることができるのである。」

子供が何に興味を持つか、とにかく観察し、押しつけは絶対にしません。子供が何かに興味を持ったら、それに関する本を与えたり、関連する博物館など、質の良い情報がある場所へ連れて行ったりします。

「好きな学問や職業を選ばなければ、大成しない。」
「自分で自分の進む道を選べば、豊かな後悔のない人生が待っている。」

一般的に、ユダヤ人の家庭では、子供に将来の道を自由に選ばせます。親の役割は、**子供達をじっくり観察し、子供が進みたい方向にちょっとずつ道を敷いていくこと**です。

一方、松下村塾における吉田松陰先生の教育も、**一人一人をよく観察し、その人の本質を見抜き、伸ばしていく「個性教育」**に重きを置いていました。決まったカリキュラムというものはなく、一人一人の特性や興味関心に合った本を選び、テキストとして学ばせていました。

松陰先生は、教育について大事なところとして、次のような言葉を残しています。

人賢愚（けんぐ）ありといえども、各々一二（おのおのいちに）の才能なきはなし。湊合（そうごう）して大成（たいせい）する時は必ず全備（ぜんび）する所あらん

「人間は、賢愚の違いはあるが、どんな人間にも一つや二つの優れた才能（特性）を持っていないものはいない。その個人の特性を、全力を傾けて大切に育てていくならば、その人なりのもち味をもった人間として高めることができるのである。」

共通点の二つ目は「**とにかく観察し、個性を見抜く**」ことであると言えます。

三　質の高いホンモノの情報を与える

ユダヤ式「天才」教育のレシピの３つ目は、**見せる、体験させる、感動させる！　情報をたくさん与えて、選択肢を増やしてあげる**ということです。

博物館、美術館、科学館、本屋、コンサート、史跡、海辺・山などの自然、天体観測など、上質な情報に触れさせ、その中から、子供に「ピン！」とくるものは何かを探っていきます。インターネットなどのバーチャル空間ではなく「ホンモノ」に触れさせることを重視しています。

松陰自身も体験、感動を大事にしていました。

その短い生涯の中で、広く全国を歩いています。当時の志士の中で、彼ほど諸国を旅しているものは珍しいです。西は熊本、長崎から、北は青森、津軽まで、四国にも、佐渡ヶ島にも行っています。

松陰の時代に卓越した視野の広さ、次元の高さ、思考の柔軟性はその若き日の数多くの旅行と無縁ではないといえます。

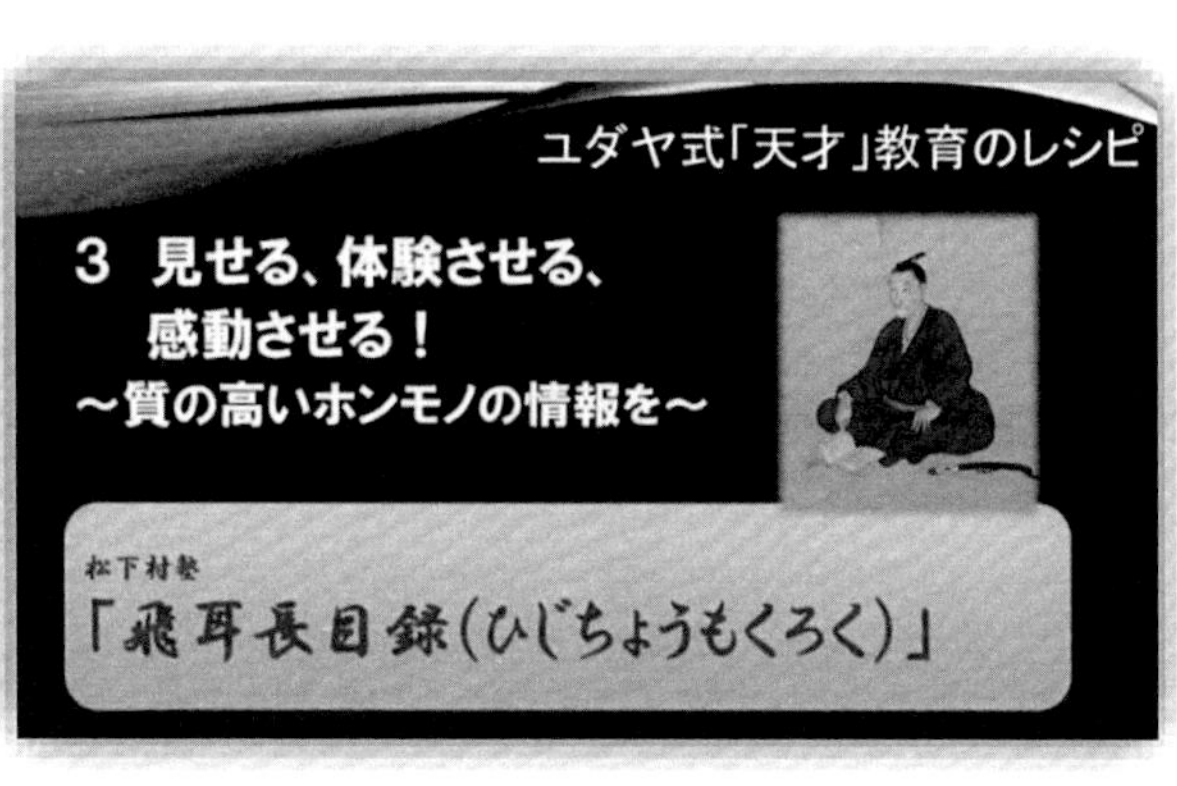

また松下村塾の教育では、**テキストとして今まで諸国を歩いて見聞したいろいろな事件が書いてある「飛耳長目録（ひじちょうもくろく）」**というものを作って、村塾の一室に置いていました。松下村塾の塾生らが江戸に遊学した際には、「今、江戸では何が起きているか」ということを手紙に書き、松陰に送りました。それらの生の情報もこの「飛耳長目録」に収められました。

まさに、**「耳を飛ばし、目を長くする」**。読んで字のごとく、松下村塾で学ぶ塾生らは、萩の松本村にいながら、日本全国の情報や世界の情報を手に入れていたのです。

これらの事実から、松下村塾の教育においても、ホンモノの情報を大切にしていたことが分かります。

共通点の３つ目は**「質の高いホンモノの情報を与える」**ことだと言えます。

四　自己の問題として議論する

ユダヤ式「天才」教育のレシピの４つ目は、子供をのびのび優秀にする３つの言葉**「どう思う?」「よく思いついたね！」「いっしょに答えを探そう」〝コミュニケーションの輪〟で頭を良くする**ということです。

・自分の意見を子供に伝えたら↓**「これについて、どう思う？」**と尋ねます。
・子供が意見を言ったら↓**「よく思いついたね！」**とまず肯定します。
・質問されて答えが分からなかったら↓**「いっしょに答えを探そう」**と提案します。

ユダヤ式「天才」教育のレシピ

4　子供をのびのび優秀にする
3つの言葉
「どう思う？」
「よく思いついたね！」
「いっしょに答えを探そう」

松下村塾
「こういうことはなぜ起こったのか」「予防策はなかったのか」
「起こった後の解決策は正しかった」　そして　「君ならどうするか」
「私は教えることはできませんが、いっしょに学ぶことができます。
ともに励みましょう。」

子供に自分の意見を持たせることには理由があります。まず一つ目に、彼ら自身に**考えさせる**ということです。自分で考え、自分の言葉で意見を交換すると、より深く理解でき、記憶にも残りやすいです。二つ目に、**子供に自信を与える**ことができるからです。子供に意見を聞くということは、子供の意見に価値があると思っていることを表します。子供が一人の人間として尊重されているという自信は、この会話の輪によって高まります。

また、ユダヤの家庭では、**親子でひんぱんに議論**を戦わせています。これによって、**高い交渉能力・分析能力・言語能力**を養っているのです。

松下村塾の教育においても、昼夜を問わず議論に重きを置いていたことが有名です。

政治的な事柄に対して、「**こういうことはなぜ起こったのか**」「**予防策はなかったのか**」「**起こった後の解決策は正しかったか**」、そして、「**君ならどうするか**」と問いかけ、**自分の頭で考えさせ**、**議論**していました。

また弟子入りの希望者が来ると、松陰は、「**私は教えることはできませんが、いっしょに学ぶことができます。ともに励みましょう。**」と答えていました。まさにユダヤの家庭教育のあり方と共通していますね。

共通点の４つ目は「**自己の問題として議論**」することであると言えます。

五　心底信じ、言葉と態度で信頼を示す

ここまでの４つに共通する要素は、「**子供から〝引き出す〟**」ということです。引き出すのは、才能、資質、好奇心、あるいは大志かもしれません。そして、これら４つを**何度も何度も繰り返すこと**が、ユダヤ人の家庭教育のエッセンスです。

簡単と思った方もいるかもしれませんが、実は簡単なことではありません。これをやり抜くには、５つ目にして普通の親の最大の難関、「**子供を絶対的に信頼する**」が必要不可欠なのです。

ユダヤ式「天才」教育のレシピの５つ目は、**言葉と態度で「信じているよ」を示すということ**です。ユダヤの家庭において、遺伝するのは、ＤＮＡではなく、信頼だといわれています。

ポイントは、

- **自分の子供は絶対に伸びる、絶対に大丈夫、と心の底から信じていること。**
- **比較しなければ、全面的に信頼できる。他の子と自分の子の比較をやめること。**
- **遺伝するのは、能力ではなく信頼。あなたが子供を信頼すれば、子供も自身の子供を信頼する。**

これが大いなる才能が何世代にもわたって出てくる「秘訣」です。

松陰先生も、塾生の可能性を心底信じ、言葉と態度で信頼を示していた先生でした。湯浅勲著『吉田松陰の教育の方法』の中で、松陰先生の教育についてこのように述べています。

ユダヤ式「天才」教育のレシピ

5　言葉と態度で
「信じているよ」を示そう
～遺伝するのは、DNAではなく、
信頼～

吉田松陰の教育の方法

松下村塾
どのような英才であろうと、不良少年であろうと、初めから聖人の道を志させるものであった。全力で塾生の可能性を信じ、激励した。人間に限界を設けずに偉大な人間へと成長させようとした。生命に対する畏敬の念をもち、人間の可能性を心底信じ、それを言葉と態度で示していたのである。

「どのような英才であろうと、不良少年であろうと、初めから聖人の道を志させるものであった。そして、全力で塾生の可能性を信じ、激励した。人間に限界を設けずに偉大な人間へと成長させようとした。」

松陰先生は、どんな人に対しても生命に対する畏敬の念をもち、人間の可能性を心底信じ、それを言葉と態度で示していました。

「心底信じ、言葉と態度で信頼を示す」これが、共通点の５つ目です。

六　人生の目的をもつ

最後、６つ目の共通点は、ずばり**「人生の目的をもつ」**ということです。

まず、ユダヤ家庭教育の教えでは、**「私にはこの世に誕生した偉大なる目的がある」**のだということを大切にしています。

人それぞれに才能や適性が大きく異なるのは、**各々の目的を達成するためのとっておきのアイテム**として創造主たる神が私達に与えてくれていると考えられています。

そして、創造主とのパイプの詰まりをとるために**愛、感謝、喜び、自由、利他などの積極的感情や利他の心**を大切にしているのです。

「私にはこの世に誕生した
偉大なる目的がある」
ユダヤ人家庭教育の教え

人それぞれに才能や適性が大きく異なる
｜
各々の目的を達成するためのとっておきのアイテムとして創造主たる神が私たちに与えてくれている

創造主とのパイプの詰まりをとるために愛、感謝、喜び、自由、利他などの積極的感情や利他の心

「人生には偉大なる目的があるはずだ」と考える時、その目的とは何かを探す旅が始まります。目的とは何かを探すことは単純ではないし、簡単ではありません。そのために、明らかにそれのみが目的ではないと分かったことから遠ざかる必要があると考え、人間の本能的な欲望を制限するために戒律があります。つまり、**それだけが目的ではないと分かった以上、それを制限しなければ本当の目的を探す旅には踏み出せない**と考えるのです。

そのため、「食べることのみが人生の目的でないことを教えるために」一月に一度の絶食日があったり、食欲や仕事に没頭することを制限したりしています。

そして、人生の真の目的を探すための一番典型的な戒律が、安息日の戒律です。

安息日の戒律は、毎週金曜日の日没から土曜日の日没まで24時間はいっさいの仕事をしてはいけないというものです。

例えば、その何時何分が来た瞬間にパソコンの蓋は閉めなくてはなりません。スマホからはパッと手を離していっさい触れてはいけません。安息日には、文明活動、文化活動、社会活動、生産活動をいっさいしてはならないのです。

こうした制限によって、仕事をすることだけが人生の目的ではなかったはずだということを教えることが安息日の戒律なのです。

このような戒律があるのは、それぞれが「人生の真の目的をもつ」ことを大切にしている所以なのです。

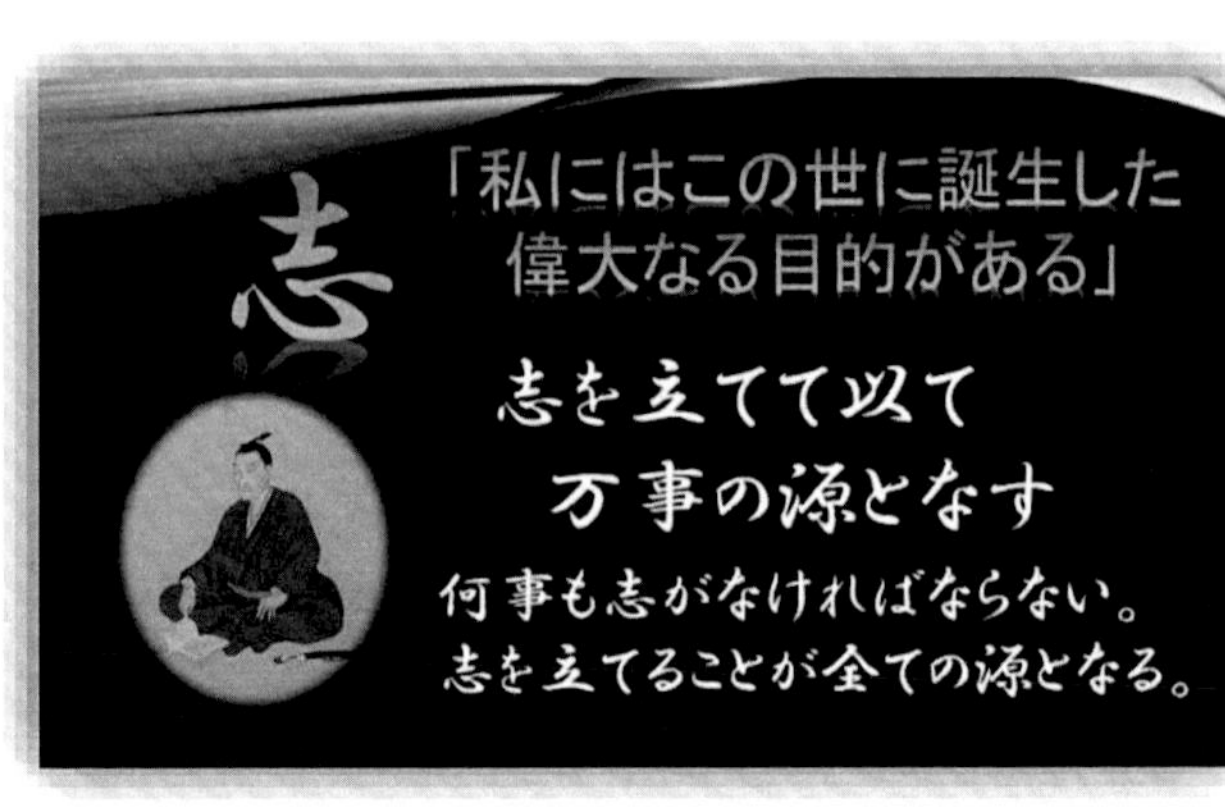

一方で、松下村塾の教育の中で最も大切にされていたことは「立志」「志を立てる」ということです。

たった一度の人生で、自分の命を何に使い、どう燃やすのか。自らの生きる道筋、大方針を決めることが「志を立てる」ということです。

松陰は、「志を立てて以って、万事の源となす」と言います。

「何事も志がなければならない。志を立てることが全ての源である。」という意味です。

志を立てるということは、いわば、自分の生きる目的、生きる意味を、自ら見出し、掲げることです。

志は誰も与えてはくれません。自ら自問し、何のため、誰のために生きるのか真剣に考え、自らの強い意志と覚悟と共に、うち立てます。

まさに、「生きる目的」を明確にうち立てること、それが「立志」なのです。

最後、６つ目の共通点は、「生きる目的をもつ」ということです。

七　教育実践

では、ここからは、ユダヤの教育と松下村塾での教育から見出した、**徳と才を引き出す人才育成の秘訣を生かした教育実践**を紹介していきます。

教育実践１　読書の重視

まず、読書の重視です。子供達が進んで読書に励むよう、様々な手立てを講じています。

一つ目がユダヤの家庭教育にもあるように、**本でいっぱいの本棚を見せる環境づくり**です。写真はその一部です。自分の教室に、子供達にも読んでほしい本を持ち込み、並べています。教師の机の後ろにあったスペースを活用し、ＤＩＹで本棚を製作し、そこに本を並べています。私は、日本に誇りが持てる本や日本の課題解決に向けての本、志の教育についての本が多いですが、紹介することで、手にとる子も多いです。

二つ目に、松陰先生の言葉の紹介と掲示です。**「万巻の書を読むに非ざるよりは、いずくんぞ千秋の人たるをえん」多くの本を読破するようでなければ、後世に名を残すことができるような人にはなれない、**という意味です。松陰先生の言葉を、朝の会のスタートにクラスみんなで唱和していた年もあります。

三つ目に、**読書記録カード**を書いていくことです。自分のがんばりが目に見えるので、張り切って取り組む子もいます。１学期だけで２００冊読んだ子も現れました。

四つ目に、**毎日の宿題に「読書〇分」**を入れることです。自分で時間を設定し、毎日、家でも読書をする習慣を身に付けさせています。中には９０分以上読む子もいます。

教育実践２　「偉人しおり」

読書の重視ともつながりますが、子供達には、**向学心と大志をもって勉学に励んでほしい**と思っています。そこで、**偉人の力**を借ります。

道徳の授業で偉人を扱った際には、授業の最後に、**「(扱った偉人)が、自分にメッセージをくれるとしたらどんな言葉をかけるだろうか。」**を投げかけ、吹き出しに書かせます。

(このアイディアは、偉人語りの会会長である、小学校教師の伊藤優先生から教わりました。)

それをパウチして、リボンをつけ、しおりにしてプレゼントしています。

裏には、その偉人の名言を入れます。

吉田松陰を扱った時には、**「志を立てて以って、万事の源と為す」**

渋沢栄一を扱った時には、**「一人ひとりに天の使命があり、その天命を楽しんで生きることが、処世上の第一要件である」**の言葉を選びました。

世界で一つだけの**「偉人しおり」**の完成です。子供達が読書をしながら、自分が偉人から受け取ったメッセージを目にし、さらに勉学に励むことを期待しています。

☆子供が書いた言葉より

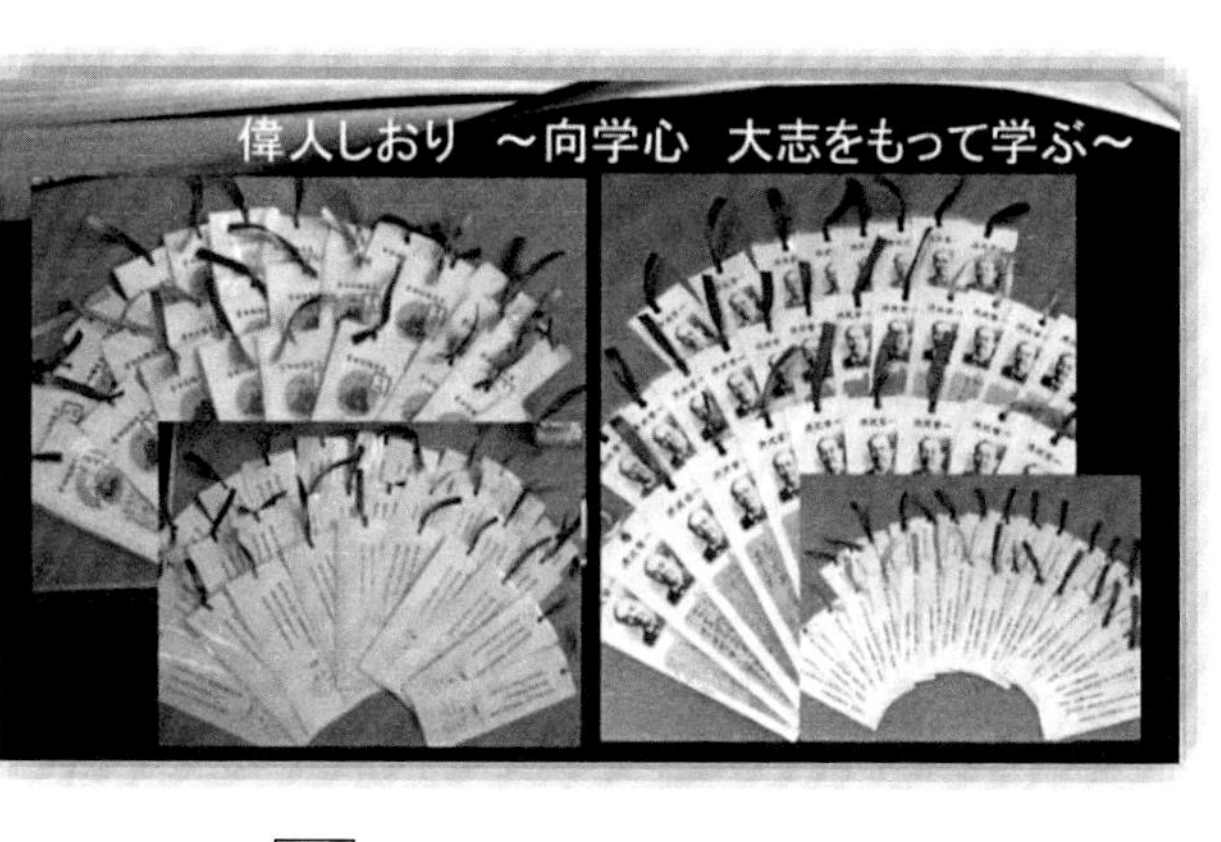

「あなたは志を持ち、夢に向かって、飛び立ちなさい。まだまだ、日本の変えなくてはいけない所を、今の若者が直すのです。」

「志を持つのです。自分のできることを考え、行動しなさい。」

「未来を思い、真剣に学び、未来に役立てることがよい。」

「わたしと同じように高く強い心をもって、いろいろな事を成し遂げてください。」

「志をもって、誇り高く、生きてください。」

「たくさんの人を幸せに導く人になってください。」


子供達は、学んだ偉人から時空を超えて、エールをもらっています。

教育実践3　信じて、引き出す　～学校行事編～

「子供達が創る運動会　表現ダンス」
～教師がだれも踊れなかったダンスを　なぜ子供達が成功できたのか～

子供のもっている力を引き出すことができた教育エピソードを紹介します。

運動会の表現ダンス、といえば、教師が前に立ち、一つ一つの動きの手本を示しながら、ダンスを指導していく、という方法が主流でしょうか。私自身、「子供達にやらせる以上、まずは自分自身が踊れるようにならなきゃ。」と必死に練習をしてきました。

しかし、ある年に選んだダンスはかなりレベルの高いものでした。YouTube の動画を見ながら、夏休みに練習に励みましたが、体がついていきません…。

夏休み明け、運動会練習が始まる前に、クラスの子供達に YouTube 動画を見せました。そして、「先生も夏休み中練習したけれど、無理だった。相当難しいけれど、チャレンジするか？」と、子供達に聞きました。半分半分でした。

教えずに、引き出す　～学校行事編～
「子どもたちが創る運動会　表現ダンス」
～教師がだれも踊れなかったダンスをなぜ子どもたちが成功できたのか～
・子どもの得意を生かす
・子どもの力を信じる
・子どもたちに任せる

いったん保留にし、ダンスが得意な子を集め、全体練習が始まる一週間後までに、事前練習をお願いしました。

するとなんと、事前練習をお願いした五名がたったの三日間で、完全コピーしてしまったのです！　希望の光が差し込んだ瞬間でした。

私もできなかった難しいダンスをたった三日間で完全コピーした五名の姿に希望が見え、このダンスに挑戦させることにしました。他の子供達も、その五名のダンスを見て、やってみようという気になった子が増えました。

練習では、五名をダンスリーダーとしてステージにあげ、前向きで踊る子と、背中向きで踊る子に分け、一つ一つ歌詞に合わせて、動きの確認をしていきました。

子供達は、昼休みにも、YouTube 動画をテレビ画面に流し、自主練習をしたり、家でも自主練習に励んだりしました。

練習二週目からは、全体での一斉練習から、チーム練習へと移行していきました。

それぞれのチームに踊ることができるようになった子をリーダーとして、六～七人のグループに分かれ、チームごとに練習していきました。子供達は楽しそうに、笑顔で教え合いながら練習を重ねました。

練習最終日は、練習の全てを子供達に任せ、六年生のダンスリーダーがマイクを持ち、自分達で練習を進めました。**子供達が「自分たちの手で創り上げる」**。まさに、このことを実感できる素晴らしい時間となりました。

練習最終日の終了後、**子供達はとても達成感のあふれた表情**をしていました。

何せ、二週間前は、ほとんど踊れなかった難しいダンスを、自信をもって踊ることができるまでに成長することができたのですから。

最終練習後、子供達に、以下のような話をしました。

「私自身、このダンスに挑戦しましたが、結局踊れませんでした。
私は、自分自身がこのダンスを踊れるようになることをあきらめました。（子供達笑い）
でも、みんなが踊れるようになることをあきらめませんでした。
君達は、見事にやってのけました。その過程でたくさんのことを得ましたね。
ダンスの技術だけではなく、協力、友情、教え合い、あきらめないこと、自主的に行動すること、自信、表現力、そして最後は自分達だけで練習を進め、このダンスを自分達の手で創り上げることができた。
君達は教師を超えた子供達です。そして、短期間で難しいダンスに挑戦した日本一の子供達です。」

子供の得意を生かすということ。子供の力を信じるということ。そして、思い切って子供達に任せることで、子供の力は引き出され、教師の想像以上に力を発揮することを、身をもって知ることができました。

教育実践４　個性を生かす　ビッグイベント

これは、ある年の年度末に実践した、ラストを飾る「ビッグイベント」プロジェクトです。

私は常々、**「子供達の個性を最大限に引き出せる教師になりたい。」「子供達には、自分の好きや得意を生かして、創造的に仕事を生み出していける人になってほしい。」**という想いがあります。

そして、いつか子供達の「好き×得意」をかけ合わせたビッグイベントを教室（または全校）で開催したいと思っていたのです。**つまり、自分が理想とする未来の社会のあり方を教室で実現させるのです。**

一度思いついてしまったら、なんとしても行動に移さないと気が済まないのが私の性分ですから、子供達に、思いついた翌日の朝、投げかけました。

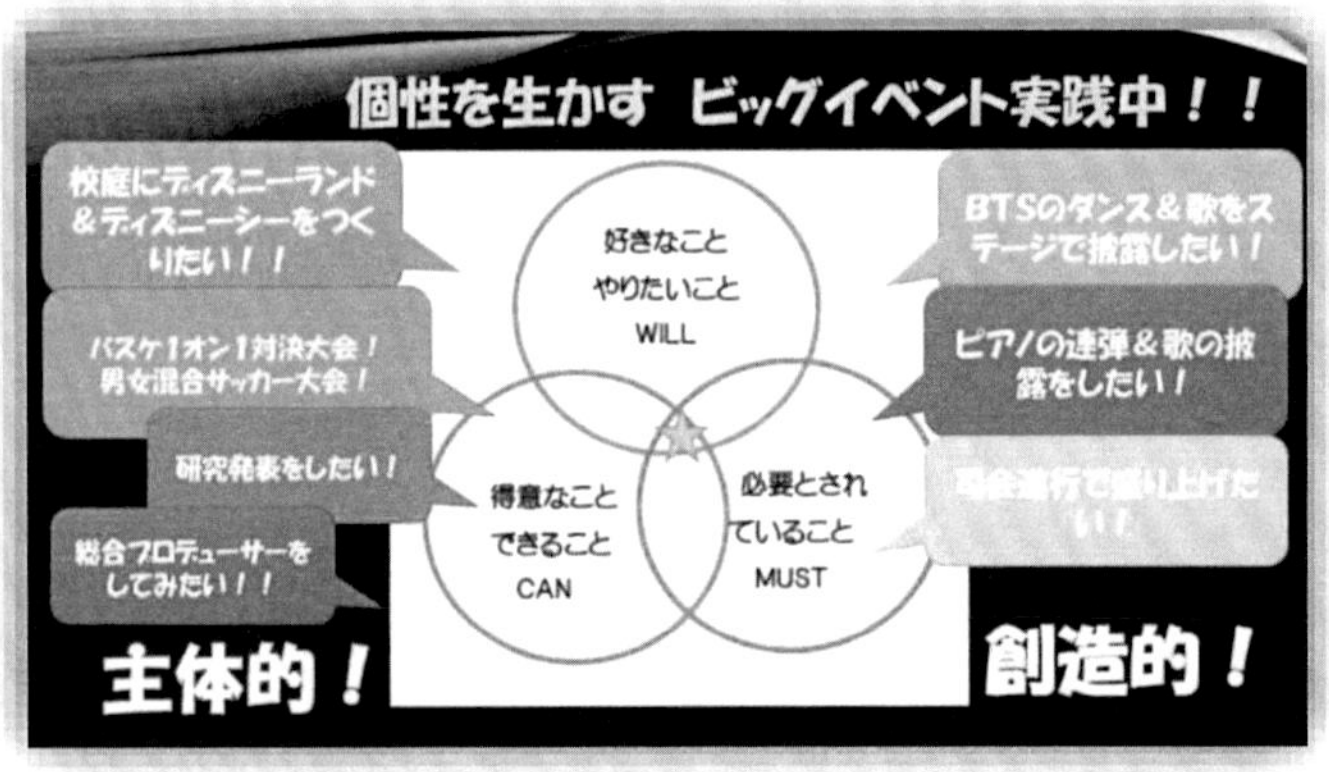

その時に黒板に書いたのが、上図の三つの円です。

「好きなこと、やりたいこと【ＷＩＬＬ】」×
「得意なこと、できること【ＣＡＮ】」×
「必要とされていること【ＭＵＳＴ】」
の三つの円がちょうど重なるところが自分の仕事になると理想だね。

みんなのこの部分をかけ合わせて、集めた大きなイベントを五年○組解散イベントとして、最後にどうしてもやらせてほしい。みんながやりたいことを自由に、アイディアを出していい！

そして実現させていく！どう？？

子供達は、「やった〜〜！！」「やるー！！」「やりた〜い！！」と喜び、早速、自由にアイディアを出したりチームを組んだりしました。

「では、今から自由に時間をあげるから、自分は何がしたいか考えてごらん。友達と一緒にチームを組んでもいいよ。自由に立ち歩いて話し合ってごらん。」と言って十分間ほど時間をとりました。

思い思いにチームができていって、いろいろなアイディアが出されていきました。「なんか、決まってきたところもあるみたいだね。黒板に何をするかと名前を書いてごらん。」と言い、黒板に書かせていきました。

そして、それぞれ一グループずつ前に出てきて、自分達は何をするのかを発表し、簡単に質問や意見を出し合いました。以下のアイディアが出されました。


学校の校庭にディズニーランド&ディズニーシーをつくりたい！

ＢＴＳのダンス&歌を披露したい！

バスケットボールの１オン１対決大会を開きたい！

男女混合サッカー大会を開催したい！

ピアノの連弾&歌を披露したい！

危険生物の研究発表をしたい！
全体の司会進行で盛り上げたい！

全てのアイディアが出されたあと、「まだ自分がやりたいことが決まっていない人は立ってごらん。」と聞くと、八名の子が立ちました。

「短時間しかなかったから、まだ決められなくて当然だよ。大丈夫！今、でてきたアイディアの中で一緒にやりたいなぁってものがあったら、入ってもいいよね。アイディアが決まった人達も、まだ決まっていない友達にぜひ一緒にやろうって誘ったり、○○さんの□□が見たいな、などリクエストをしたりして、巻き込んでいこうね。」

「それから、全員が前に出てエンターテイナーになる必要はないよね。イベントにはそれを支える役も大事です。このイベント全体のプログラムを考えたり、場所や時間の構成を考えたり、全員が関われるように調整、プロデュースをする総合プロデューサーが必要だね。まだ決まっていない人たちの中でやってみたい人はいない？」と尋ねると、人前に出て話したりすることがあまり好きではない二名の子が立候補したのです！

私はとてもうれしくなりました。二人にノートを一冊渡し、「総合プロデューサーとして全員が役割をもてるように。」と伝えました。

その日から、全員がチームに所属し、主に休み時間を使って、イベントに向けての準備や練習を行っていました。こういう姿を見る時に、**まさに「主体的」だよなあ**と感じます。**教師はそのしかけ人**ですね。後は子供達が自ら進んで進めていきます。

ディズニーランド&ディズニーシーチームでは、早速クラス全体に段ボールを集めることを呼びかけ、休み時間を使って、ジェットコースターを製作しています。

次頁の写真のようなイメージで、丘から段ボールに乗って滑り落ちるアトラクションを構想しています。さらに、段ボールを加工しながら、持ち手を作ったり、デザインを工夫したりして、様になってきました。実際に丘から滑る実験を行い、滑り具合が悪いといって、底に画用紙を貼りつけたり、丘にビニールシートを敷いたりして、実験しています。

プロデューサーと司会チームでは、それぞれのチームに必要な時間と場所を聞きながら、プログラムを構成しました。司会チームは、司会原稿をつくるとともに、それぞれのプログラム時における司会の立ち位置まで細かく決めていました♪

プロデューサーの二人には少しアドバイスをし、模造紙に大きくイベントのプログラムを作っています。他のチームも練習や準備を進めています。

好きなことや得意なこと、そして楽しいことでは、人は自ら新しいものを生み出していく「創造力」を存分に発揮していくものだなあとも感じます。

休み時間を使って，準備をしてきた子どもたち。この2週間ずっとこれをしていました！

「校庭にディズニーランド&ディズニーシーをつくりたい！」と提案した子供達。

その発想は私にはなかったなぁ！と「いいね〜〜！」と太鼓判を押し、子供達の主体的な準備が始められました。

登校後や休み時間を使って、あれよあれよとイメージが形になっていきます。

「先生、うまくできるか実験がしたいのでなかよし山（校庭の隅にある小さな丘）まで一緒に来てもらってもいいですか？」とリクエストをもらい、昼休みにいっしょになかよし山に。

段ボールをつなげた子供作の滑り台に、段ボールで作ったジェットコースター風の乗り物に乗って滑ってきます。段ボールと段ボールでは、なかなか滑りが悪く、結局乗り物にのらずにそのまま滑って遊んでいましたが。（笑）

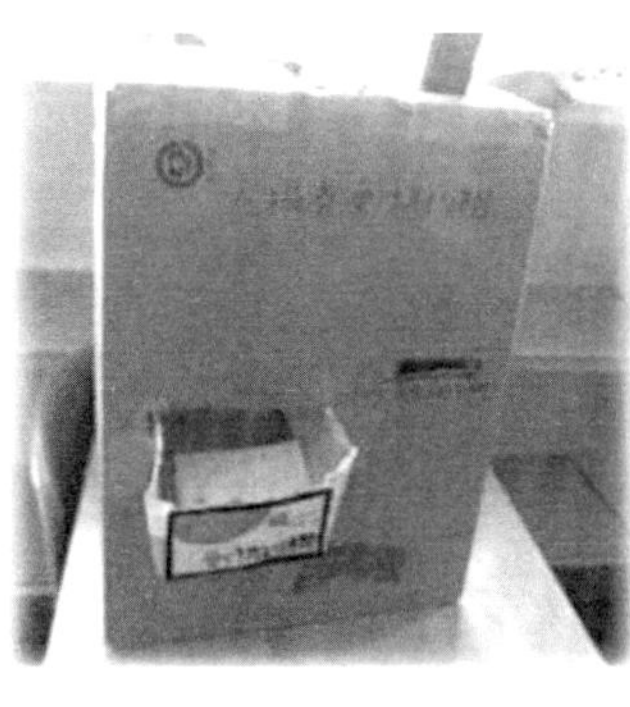

楽しそうな様子に、下級生も集まってきます。そのうちに行列ができ、アミューズメントパーク化していきました。（笑）でもやはり段ボールの乗り物にのって滑ることにこだわるようで、子供達は滑りやすい方法を考えています。こうした試行錯誤も勉強だなぁと、私は見守っています。

上の写真は、入場券受け取り機です。チケットがいるんか〜い！と思わず、ふいてしまいましたが、本格的すぎてなんとも微笑まし

かったです。なかよし山のアミューズメント化については校長先生にも説明し、ＯＫをもらいました。（笑）

そしてついに、修了式の前日に、２時間目（準備）３〜５時間目の４時間を学活として使って、「ラストイベント！」を実施しました。

これまでの教師生活の中でも、伝説の教育実践ベスト１になる程の、素晴らしいイベントとなりました！

子供の力って本当にすごい！

そして、「好き×得意」が集まると、こんなにも大きなパワーを発揮するのだということを心の底から感じました！

まず、皆さんも一番気になられていたであろう「校庭にディズニーランド＆ディズニーシーをつくりたい！」チームが、どうなったのか！？

まさか、本当に校庭にディズニーランド＆ディズニーシーをつくってしまうとは！

上の写真は、アトラクションを示した案内図です。校庭にあるすべての遊具を駆使して、手を加え本当にディズニーランドにしてしまったのです！

下は入場券回収機に並び、案内パンフレットをもらう子供達。

ここからディズニースタートです♪　私はディズニーＢＧＭで雰囲気を盛り上げます♪

子供達に一番人気のアトラクションが、**なかよし山の『スプラッシュマウンテン』**！　段ボールをガムテープで長くつなぎ合わせ、山の頂上から裾野まで下ろします。それを二コース。裏のコースは土がぬれていたのでブルーシートでカバーしています。角度もあり、スリル満点！　大喜びで、何度も滑っていました☆

そして、私が驚いたのが、**ジャングルジムを使っての「ミッキーの家」**！

ブルーシートで覆われたジャングルジムを進んでいくと、中にミッキーの家の家具やグッズがたくさん！　解説つきで展示されていました。アイディアがすごいですよね！

その他にも、鉄棒を使っての「ウッディの射的」。

鉄棒に的を貼りつけています。柔らかいボールを投げて的をねらいます。

ブランコには、布で製作したアイマスクが置かれています。目隠しをしてブランコ！スリルを味わえます。

その名も「スペースマウンテン」！

すべり台は、「カジェットのゴーコースター」。

すべり台にすずらんテープで装飾して、雰囲気を出しています！
反対側の鉄棒では、「ドナルドの玉入れ」。
鉄棒に吊るされた箱をめがけて、ボールを投げ入れます！何個入るかな？
上り棒は、「ミッキーからのミッション１」。
すずらんテープにふれずに通り抜けられるか？
うんていは、「ミッキーからのミッション２」。
テープにふれずに段ボールの板の上を通り抜けられるか？
グラウンド全体では、「チップとデールのドングリ探し」。
１８０個のドングリが落ちています。多く探した人には景品が☆
極めつけは、「アリエルのパネル写真撮影」。
写真撮影用のパネルまで！まるで、高校の文化祭のようですね！

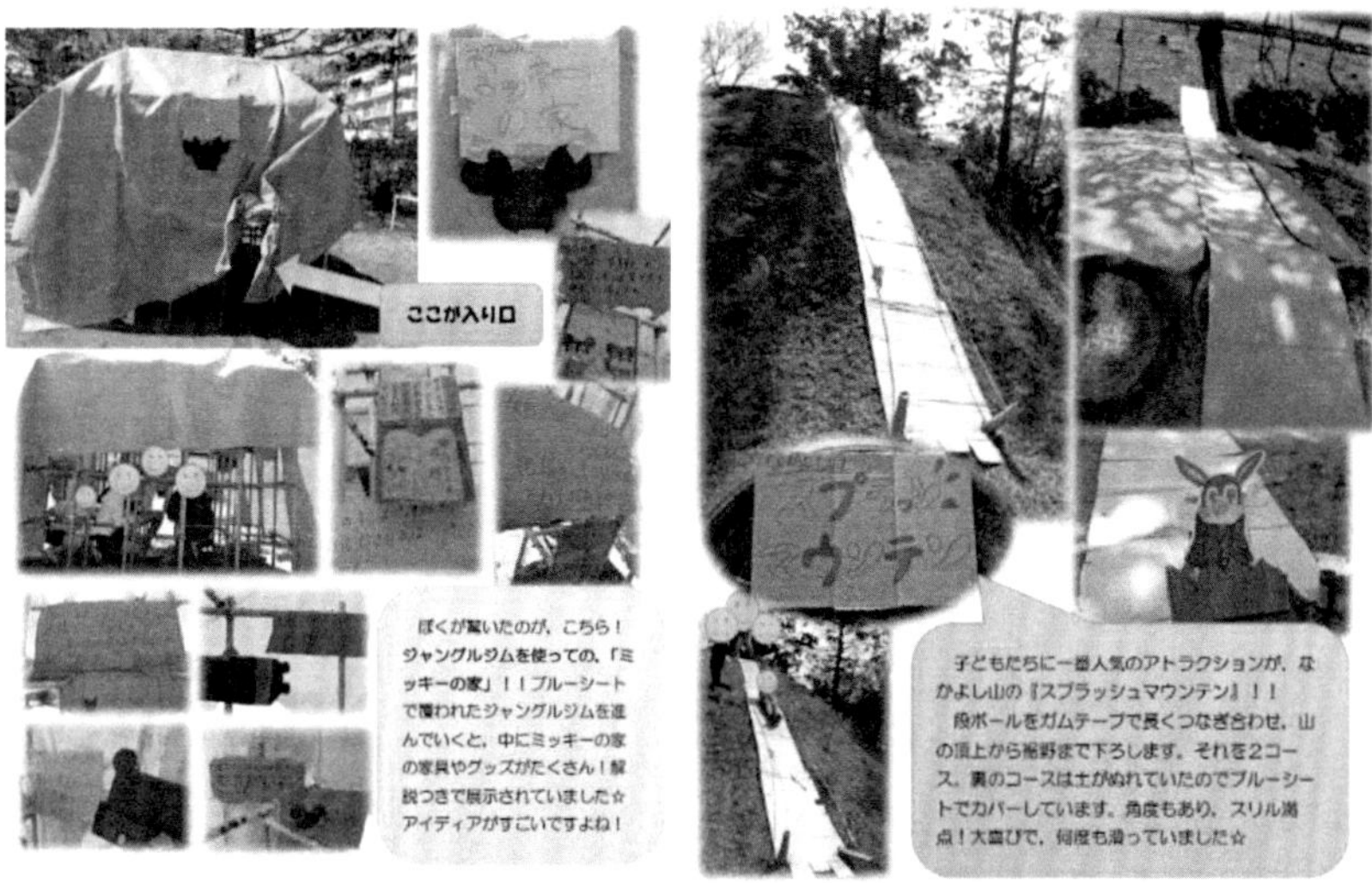
ここが入り口
ぼくが驚いたのが，こちら！
ジャングルジムを使っての，「ミッキーの家」！！ブルーシートで覆われたジャングルジムを進んでいくと，中にミッキーの家の家具やグッズがたくさん！解説つきで展示されていました☆
アイディアがすごいですよね！
子どもたちに一番人気のアトラクションが，なかよし山の『スプラッシュマウンテン』！！
段ボールをガムテープで長くつなぎ合わせ，山の頂上から裾野まで下ろします。それを2コース，奥のコースは土がぬれていたのでブルーシートでカバーしています。角度もあり，スリル満点！大喜びで，何度も滑っていました☆

上り棒「ミッキーからのミッション１」
すずらんテープにふれずに通り抜けられるか？
うんてい「ミッキーからのミッション２」
テープにふれずに段ボールの板の上を通り抜けられるか？

「アリエルのパネル写真撮影」
写真撮影用のパネルまで！！文化祭のようですね！

グラウンド全体
「チップとデールのドングリ探し」
１８０個のドングリが落ちています。多く探した人には景品が☆彡ディズニーランド&シーは、子供達に大盛況！　四十五分間、楽しみましたが、「これなら、あと八時間遊べるわ！」と、口にしていた子もいました。

ディズニーランド&シー以外の、出し物やイベントも大成功！

ダンス&歌チームは、見事な歌とダンスを披露してくれました。

ピアノの連弾と歌も、感動的でした。

バスケットボールやサッカーのスポーツは大盛り上がり。

大型テレビを使って研究発表をした子も満足気な様子。

司会進行はみんなを盛り上げ、プロデューサーは時間配分を指示していました。

五年生の最後に行った「個性を活かすビッグイベント」は、**子供達の「好き×得意」を活かすことで、こんなにも子供達は主体的、創造的になり、力を発揮するのか**ということを、身をもって感じることができました。

この実践から得た教訓を整理したいと思います。

教訓その１

子供の「好き（やってみたい）×得意（できる）」を発揮させる場をつくれば、持っている力を存分に発揮する！

教訓その２

子供の中から湧き出てくる思いやアイディアを尊重し、信頼しながら見守れば、いきいきと自分の力を活かそうとする！

教訓その3
同じ目的に向かう仲間がいれば、より大きなものが成し遂げられる！
教訓その4
通常の授業だけでは知らなかった一面を知れば、より相手理解が深まる！
教訓その5
子供の発想は教師を超える！
教師を超える子供を育てることが教育だ！
教訓その6
思いや考えを実現させていく行動力は、行動することでしか身に付かない！
教訓その7
個性は活かされ、人に喜ばれることで輝く！　宝の持ち腐れにさせるな！

これらの教訓を、子供達の姿から学ぶことができたのです。

そして、この経験を通じて、子供を「**信じて、引き出す**」**教育の奥深さと面白さ**を知ることができたのです。
そして、教師の発想を大きく超えていく子供達に出会う度に、子供達のもつ無限の可能性に、私自身、胸を躍らせることができるのです。

大切なことを教えてくれた彼・彼女らに、感謝したいと思います。

第三章　これからの教育に松陰流を提唱する

一　詰め込み中心教育では、今以上に世界から取り残される

○ユダヤ人と松下村塾の人材育成法の共通点！

さて、このように、人材育成において、驚異的な成果を出しているユダヤ人の教育と松下村塾の教育には、多くの共通点がありました。

「読書の重視」
「人物を観察し、個性を見抜く」
「ホンモノの質の高い情報を与える」
「自己の問題として議論する」
「心底信じ、言葉と態度で信頼を示す」
「生きる目的をもつ」

これらは、子供達の可能性を最大限に引き出す人材育成の秘訣だといえます。

そして、これからの教育は、子供に教えて育む教育ではなく、子供の個性や能力を引き出していく**「啓発教育（啓育）」**が重要となるのだということです。

○ユダヤ人と日本の教育の相違点

このような素晴らしい教育法をもつユダヤ人と日本ですが、ユダヤ人と日本の教育の相違点はどこにあるのでしょうか？

それは、これらの教育法が**ユダヤ人ではそれぞれの家庭で伝統的に行われているが、日本では教育の勘所として根付いていないという点**でしょう。

それが、残念ながら、次ページに示す「18歳意識調査」のような結果として表れてしまっているのではないでしょうか。

日本にもこうした「啓発教育」を根付かせていく必要があります！

○自分で国や社会を変えられないと思う若者達

次頁のグラフをご覧ください。日本財団が行っている「18歳意識調査」の結果です。千人の18歳を対象にして行われた調査の結果です。

インド、インドネシア、韓国、ベトナム、中国、イギリス、アメリカ、ドイツ、日本の9か国中、

「自分を大人とだと思う」

「自分は責任ある社会の一員だと思う」

「将来の夢を持っている」

「自分で国や社会を変えられると思う」

「自分の国に解決したい社会課題がある」

「社会課題について家族や友人など周りの人と積極的に議論している」

の全ての項目において、**日本は最下位。それも大きく下回っています。**

特に、私が問題視している点は、**「自分で国や社会を変えられると思う」と回答している青年が18％**しかいないということです。

勢いのあるインドは、83％です。この意識の違いは、選挙における投票率の低さにもあらわれています。
全体としても投票率の低い日本ですが、特に若い世代になる程、投票率は下がっています。

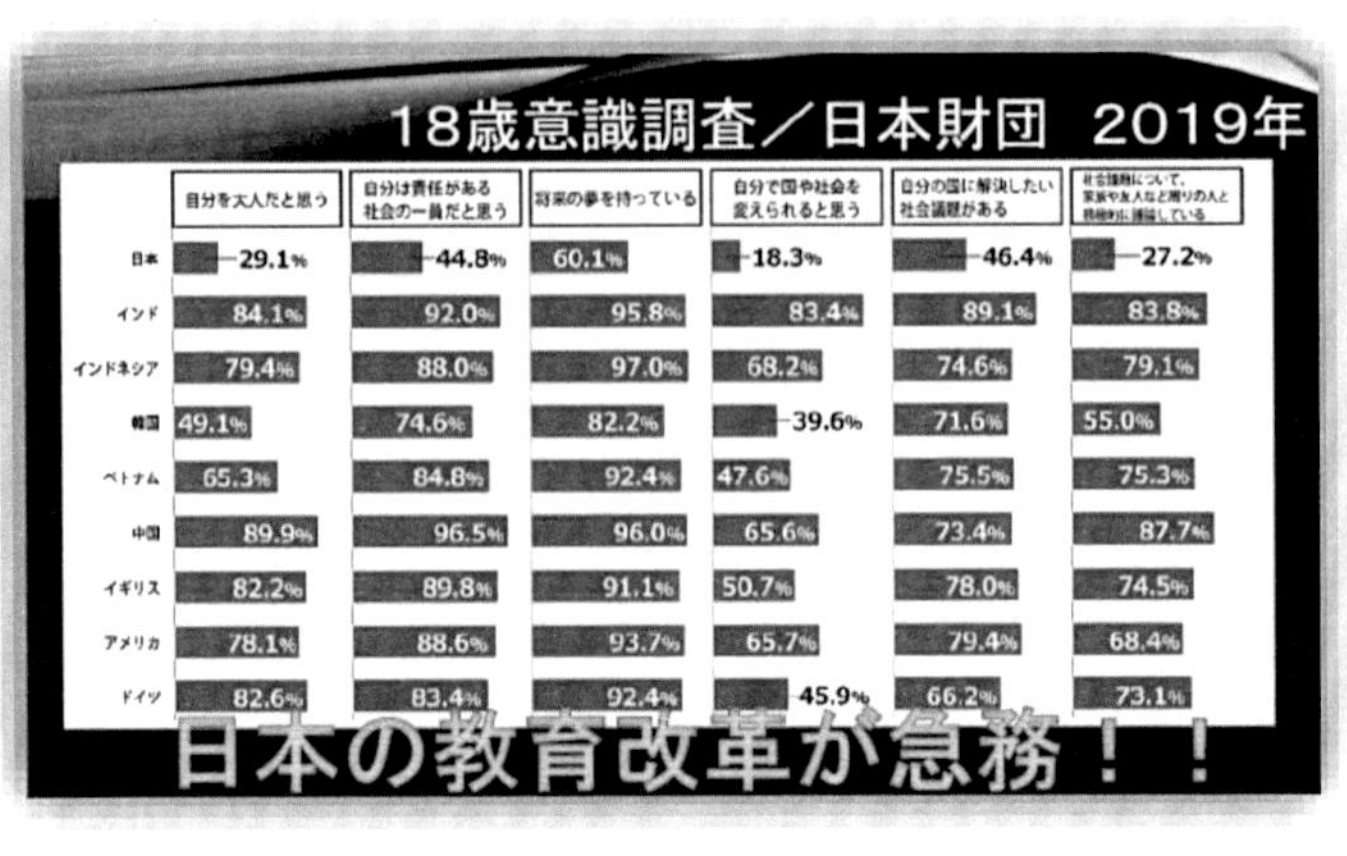

このような若者の意識の違いは、まさに国の未来に関わる大きな問題となります。今の若者が活躍する10年後、あるいは20年後、世界をリードし輝いているのはどの国の人々でしょうか。

日本では、なぜ、こんなにも国や社会に対しての参画意識が低いのでしょうか。

なぜ、国や社会の課題を自分事として捉えられない人が多いのでしょうか。

ここには、様々な理由があると考えられますが、その一つとして「詰め込み中心教育」があげられるでしょう。

「詰め込み中心教育」は、まさに「与えられた学び」です。自らの意志ではなく、「やらされている」「仕方なくやっている」「覚えさせられている」受け身の学びです。

その中では、子供達は大学受験をゴールにした勉強を強いられています。

「何のために学ぶのか」「何のために生きるのか」という学問や人生に対する本質的な問いと向き合うことは、ほとんどありません。

よって、「受験のために、仕方なく勉強に取り組んできたけれども、将来に対しての明確な夢や目標がない。」「大学を卒業するが、これから先、解決したい社会課題は特にない。安定して稼げればそれでよい。」という考えをもつ若者達が増えてしまうのではないでしょうか。

また、受験をゴールにした勉強では、たいてい正解が求められます。いつも、どこかに正解がある問いを突き付けられている子供達は、正解のない課題に、自ら飛び込んで、試行錯誤していく経験があまりにも少ないです。

また、自らの意志や考えを尊重してくれる大人が近くにいなければ、自信や自負をもつことは困難です。

そもそも「詰め込み中心教育」は、子供達の自ら学ぶ力を信じていません。だから、受験やテストで子供達に勉強を強いているという構造になっています。

自らの意志や力を信じられていない子供達は、自分で国や社会を変えられると思えるはずがないのです。

だからこそ、今、日本の教育に必要なのは、子供達のもつ想い、力を**「信じて、引き出す」**教育なのではないのでしょうか。

二　「引き出す」ことを主眼に

人才育成における目覚ましい成果をあげていた松下村塾の教育とユダヤの教育の最大の秘訣は、まさに、子供達の力や大志を**「信じて、引き出す」**ということにありました。

天が生んだ命には、必ず役割、使命があります。

人は誰にでも、この世に生まれてきた崇高な使命があります。どの命にも意味があり、無駄な命など一つたりともないのです。

まず、私達大人が、一人一人の子供に対する捉え方を変革しましょう。

子供は、お母さんのお腹に命を宿したその瞬間から、崇高な使命をもった完璧な存在なのです。その子の人生の答えは、社会常識や大人の固定観念にとらわれた古い価値観の中には存在しません。その子自身の中に、その子の人生の答えがあります。まず、そのことを心の底から、疑うことのない真実として、信じることから始めませんか。

松陰先生やユダヤの教育が教えてくれているように、子供達のもつ力、大志を引き出すためには、**教育者の「絶対的に信じる力」が必要不可欠**なのです。

そうは言っても、なかなか我が子や子供達を信じることに抵抗がある、という方がいるかもしれません。もしかしたら、子供を信じる前に、自分自身のもつ力や大きな使命に気付かれていないのかもしれません。

松陰先生はこのように言います。

「学問をなす者は自らの限界を設けてはならない。これこそが自分自身の生命を尊敬していくことであり、人々の生命を尊敬していくことである。」と。

自らに対して、限界を設けるのは、一体誰でしょうか？

それは、結局は、自分自身なのです。

「相手にも自分にも、人間に限界を設けないこと」

これが、教育者の大切なあり方だと言えます。


自分と子供の無限の可能性を信じる。

偉大なる人生の目的があるのだということを信じる。


あなたは、この世にたった一人しか存在しない、かけがえのない唯一無二の存在です。

あなたは、この宇宙に、地球に、あなたにしかできない使命をもって、誕生してきました。

あなたは、あなたのままで、素晴らしいのです。

あなたは、あなただからこそ、素晴らしいのです。

あなたを必要としている人がいます。

あなたの力を求めている存在がいます。

その答えは、あなたの中にあります。


あなたが、二度とない、その人生の中で「本当にやりたいこと」は何ですか？

「本当に守りたいもの」は何ですか？

「本当に叶えたいもの」は何ですか？

あなたが、あなたというたった一人の奇跡の命の本当の価値の大きさ、尊さに気付いた時、無限の可能性の扉が開かれます。

そして、自分と同じように、他の人達にも同じような崇高な使命をもった尊い存在であるという真実に気付くことができるでしょう。

児童・生徒の自殺数の推移

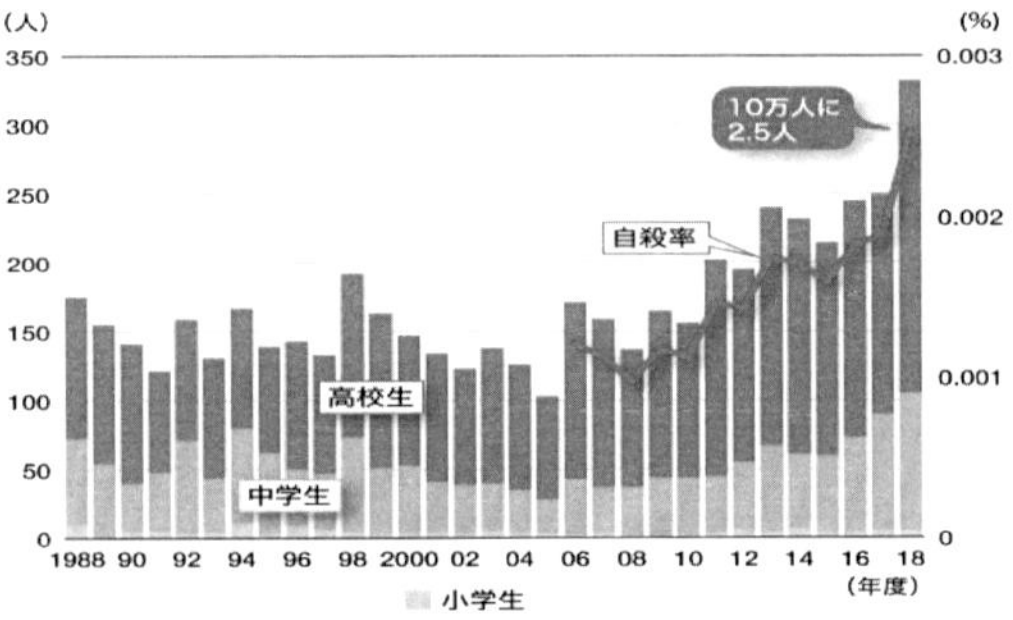

自殺者数は文部科学省「問題行動・不登校調査」(2018年度)
1988〜2005年度は公立のみ、06年度から私立学校、13年度から高校通信課程も調査対象としている
自殺率は文部科学省「学校基本調査」の在学者数を母数として編集部が独自試算した

nippon.com

そして、我が子の生命のもつ、限りない可能性の大きさとその尊さに、疑いのない眼で見つめようとする揺るぎない信頼が生まれることでしょう。

その揺るぎない信頼の土台が出来たならば、あとは、「引き出す」ことに徹していくのみです。

子供はそもそも素晴らしい存在であり、やるべき使命をもってこの世に生まれてきた存在。教育者のやるべきことは、その存在を尊敬し、愛し、子供自身が自分という存在を愛せるように導いていくこと。そして、その魂に火をつけ、使命感をもって生きていけるよう導いていくことなのです。

今、日本では、子供の自殺率の増加が、社会問題となっています。

上のグラフからも分かるように、子供の自殺率は年々増えてしまっています。

令和四年度は、五百人を超える子供達が尊い命を自ら絶ってしまいました。とても悲しくて、悔しくて仕方ありません。

日本の教育において、大事なものが抜け落ちてしまっている結果ではないのでしょうか。

教育において一番大切なのは、学力の向上ではありません。

子供達に自分の命の尊さと、その使命に気付かせていくことです。

自分の命の尊さと、使命に気付いた子たちは、自らの足で、一度きりの限りある人生を輝かせていくことができます。

そのためにも、まずは子供達と関わる大人達が、**その一人一人の存在をまさに、地域の、日本の、世界の「宝」として、関わることから始めませんか。**

「信じて、引き出す」を日本の教育変革の合言葉にしていきませんか。

子供達の持って生まれた使命や志を「引き出す」ために、どうしても忘れてはならない点があります。

それは、**「時代背景をつかむ」**ことです。

本書、第一部第二章の中で、松下村塾から多くの逸材が育った要素の一つに、「時代の転換期」であったことを述べました。さらに付け加えるならば、教育者である松陰自身が、まさに今が「時代の転換期」だという時代背景をつかんでいたからこそ、「変革の志士」を育てることができたということです。

つまり、**時代背景をつかんだ上で、それぞれの志を立てていかなければいけない**ということです。この時代に対して、どういう人物を育てていかねばならないのか。指導者、教育者は、その視点を忘れてはならないのです。

人類全史を研究対象とするマクロの歴史学であり、統計学である「文明法則史学」を確立された村山節先生（１９１１〜２００２）は、世界文明は大きく東西に分かれ、８００年毎に周期交代するという事実を発見しました。また、東西文明の交代期約１００年間は世界史激変の転換期となっており、今回の交代期は二十一世紀の今（１９７５頃〜２０７５頃）、西洋文明から東洋文明に交代する時代だということが分かりました。その中でも、２０２５年〜２０５０年が〝最激変期〟だといわれてます。

そしてまた、近現代の日本史の流れを見ていきますと、幕末の危機を乗り越えた明治維新、敗戦の焼け野原からの戦後復興、そして今「失われた３０年」や少子高齢化社会に代表される閉塞感漂う現代社会。まさに、今が、幕末から数えて第三の危機、逆境の時代を我々は生きているのです。戦後日本につくられた社会秩序は、事実上アメリカ占領下に置かれたものだったといえましょう。今、そのほころびや傷みが様々なところに表れています。まさに、**これから我々日本人は、自分達の手で新しい日本の社会秩序を建設していかねばならない**のです。

世界文明８００年周期の交代期である最激変期を迎える中、我が日本国も、これまでの旧体制から、新たな国創りをしていかなければなりません。そして、ここで日本が新しい国創りを成功させることができたならば、物質的な価値に重きを置く西洋文明と精神的な価値に重きを置く東洋文明とを融合させる真のリーダーとして、世界を大調和へと導くことができるのです。

まさに、今を生きる我々日本人いかんによって、地球の未来が決まってくるのです。

争い・分断から、調和・共生へ。人類の歴史史上最大のターニングポイントを生み出すことが、現代を生きる我々日本人の大使命なのです！この時代背景をつかんだ時、本当の意味でそれぞれが果たすべき使命を見つけることができることでしょう。私は、今ものすごくわくわくしています。新しい日本を興していくことができること、それによって世界を危機的状況から救っていけることに。**時代背景をつかみ、逆境の志を立て、この大使命を思う存分生きて参りましょう！**

三　家庭でできる松陰流教育

私には、七歳の娘と、二歳になる息子がいます。

家庭教育においても、「吉田松陰流教育」を教育の中核に据えています。

ここでは、家庭での松陰流教育の実践について、紹介させていただきます。それぞれのご家庭に教育方針があると思いますが、これは良さそう、これならできそうというものがあれば、ぜひ取り入れていただければ幸いです。

我が家の家庭教育における大方針は、**「愛と幸せに満ち溢れる家庭で、子供の可能性を開花させる」**ことです。

その手立てとして、松陰流教育を取り入れています。

まさに**「信じて、引き出す」啓育**の家庭での実践の場です。

（一）愛情教育

松陰流教育における土台である、「愛情教育」「友情教育」のうち、まさに、「愛情教育」は、家庭が大きな役割を果たします。

まずは、**何があっても我が子を愛する**ということが、とても大切です。

それぞれに愛のかたちはあると思いますが、私達は以下のようなことを大切にしています。

・子供と過ごすかけがえのない時間を大切に過ごすこと。
・一緒になって遊んだり、はしゃいだりすること。
・週末には図書館に行ってたくさんの絵本を借りて、読み聞かせること。
（読み聞かせノートに記録しており、親子で目標冊数を目指しています。）
・何かあった時には、話を聞くこと。
・叱らなければならない時には、しっかりと叱ること。
・一緒に家庭菜園をしたり、花を育てたりすること。
・一緒に作品を作ったり、絵を描いたりすること。
・記念日は盛大に祝うこと。
・夕日を見て、「きれいだね。」って一緒に感動すること。
・子供の可愛いエピソードや会話の内容を忘れないように記録しておくこと。
・何気ない日々の中にある幸せを言葉にすること。
・毎朝、「おはよう。」「いってらっしゃい。」の挨拶をすること。
・毎晩、「おやすみ。」の挨拶をすること。
・神仏を敬うこと。
・ご先祖様を大切にすること。

・遠くに住む祖父母とよく電話をすること。
・夫婦仲良くいること。

子供時代はあっという間ですから、子供と一緒に過ごせるうちに、たくさん関わって、子供時代でなければ養えない豊かな心や、美しいものを美しいと感じられる感性、命の根っこである大自然やご先祖様への感謝の気持ちを大切に育んでいきたいと考えています。


また、**子供は神様からの授かりものではなく、「預かりもの」**だと聞いたことがあります。

子供は、神様から、崇高な使命をもってこの世に誕生する。

いずれは、親から巣立ち、世の為、人の為に貢献していく。

それまでの期間、「預かっている」のだという考え方です。

私は、この言葉を聞いて、感動したことを覚えています。

だからこそ、**子供が持って生まれた崇高な使命を全うできるように、子供を丸ごと愛し、尊敬し、魂の求める道を邪魔しないことが、親の役目である**のだと。

親としてのこのあり方は、大変素晴らしいと感じ、その話を聞いてから、我が子に対しても、クラスの子供達に対しても、関わる全ての子供達に対して、このようなあり方で関わっていくことを大切にしています。

この考え方を学んでから、第二子が誕生しました。

初めて、抱いた日に感じた思いを今でも鮮明に覚えています。

月食満月の神秘的な夜。
〇〇くんと、初めて会うことができました。
とっても小さくて可愛かった。
はじめはこんなに小さかったんだね。

「〇〇くん、がんばったね。
えらかったね。
会いたかったよ。
選んでくれてありがとう。
これから楽しいことといっぱい待っているよ。
〇〇くんの大きな使命を果たしていってね。
さらにいい地球にしていこうね。
いっしょにがんばっていこうね。」

手のひらに感じる
小さな小さな生命の温もりに
宇宙や生命の偉大さを感じました。

ああ、生命ってすごい。
一人一人がかけがえのないたからもの。

存在しているだけで、
何にもかえられない価値があるんだ。

小さな小さな、産まれたての生命が、
大事なことを教えてくれたあの日の夜のことを、
生涯忘れることはないでしょう。

（息子を初めて抱いた日の日記より）

また、小学校一年生になった娘と一緒に見た、忘れられない景色があります。
その時の話をしたいと思います。

「行ったことのない公園に行きたい」
娘の言葉に、習い事の帰りの車を新しい場所へ走らせた。

台風一過の雲一つない青空の下、
まだぬかるむ芝生の上をゆっくり歩きながら、
初めて見る公園にあった展望台へ。
大河に心を掴まれる。

小一時間ドライブし、
プリンアラモードを二つ買って、
また日が沈む時間に戻ってきた。

夕日に雲がかかり、その隙間から光が広がる。

水面に映る光も揺れている。

「神様みたいだね。」
思わず、言葉がもれる。
その光景は、
全ての生命の母なる美しい女神のようだった。

「この景色を忘れないよ。

今度はママと○○も一緒に４人で来ようね。」

娘の優しさにさらに心が温まる。


「ねぇ、パパ、なんでこの公園でいい思い出がつくれたか分かる?」

「え、なんでだろう？　わからない。」

「かんたんだよ。

だって、この公園は神様が守っているから。」

そこは、七福神の像がある公園だった。

2人で、七福神様に一礼をして、公園をあとにする。

帰りの車の中で、

「神様はなんでいるか知ってる?」

と聞いてくる娘。

「何でいると思うの?」と問い返すと、

「神様は、地球を守るためにいるんだよ。」と答えた。


「すごいね。どこかで教わったの?」と聞くと、

「わたしの心の中でそう思ったの。」と胸に手を当てた。

今日のこの雄大な景色も、太陽も、川も、
生き物も、人間の手で作れるものではない。
だからこそ、私達人間は、地球や自然に、
いつも深い感謝を忘れてならないのだと思う。
僕たちのご先祖様である日本人は、
そのことを充分にわかっていて、

自然を神様として大切にお祀りしてきた。
大いなる自然に生かされていることを感じるには、
大いなる自然に触れるのがいちばんだということが、
娘との体験を通じてわかった。

また、帰りの車中からは、空を飛ぶ飛行機が３機。
人類はまた、その内なる願いや夢、希望を、
多くの知恵と努力、協力で叶えてきた。
改めて、人類のもつ力にも感動を覚えた。
自然も、人間もすごい…。

家に着き、一歳の息子と文字合わせ札で遊んだ。
すると、**八十八枚ある札から、**
息子が何やら箱に入れて僕に渡してきた。
ふたを開けると、
「みき」という札と　花の絵が描かれた二枚の札だった。
妻の名前は、「みき」

息子も、奇跡を起こした。
彼は、小さな神様なのかもしれない。
家族みんなで、
興奮し歓喜に沸いたことは言うまでもない。
記念に、写真を撮った。
最近の私は、自分の「本当にやりたいこと」を問い続けていた。
何か、霧が晴れずに、もやもやしていた。
人生を懸けて、「本当にやりたいこと」とは?

完全に見つかった訳ではないが、
まずは、愛する家族を豊かに幸せにしたい。
関わる人に、まごころをもって向き合いたい。
子供達の生まれ持った命をめいっぱいの愛情で、
大切に育んでいける先生になりたい。

日本の誇りや奥深さを子供達に伝えていきたい。
自然と調和していける人類になりたい。

自分も、周りの人も、めいっぱい大切にして温かい人々で溢れる未来にしたい。
みんなの命が輝ける地域、国、世界、地球でありたい。

そのために、自分にできることを、あきらめずに、やり続けていきたい。

今日は、娘の一言のおかげで、新しい景色と、大切にしたい思いに出会うことができた。

記録し、胸に刻んでおきたい。

令和5年6月3日（土）日記より

子供は純粋無垢で穢れのない、きれいな魂で生きています。

だからこそ、子供のふとした言葉や気付きから、私達大人が忘れてしまっている感性にハッとさせられることがあります。

だからこそ、子供の感性が現れるその一瞬を見逃さないために、親として、できるだけたくさんの時間を一緒に過ごしたいと願うのです。

一緒に空を眺めて、雲の形から見えるものを想像したり、絵本を読み聞かせながら、一緒に絵本の世界観に浸ったり、一緒に映画を観て、感動して泣いたり…。

子供時代の彼、彼女らと過ごせるのは、本当にあっという間です。

子育てができる時間は、神様からの大切な贈り物の時間だと感じています。

（二）大和魂教育

家庭においても**「日本のこころ」**や**「人として立派な生き方」**を大切に伝えていきたいと思います。その中でも中核になるのは、やはり**幼い頃からの読み聞かせ**です。

子曰く
「君子は義にさとり、小人は利にさとる。」
正しいことは何か、その一点で決める。

子曰く
「君子は泰かにして驕らず。小人は驕りて、泰かならず。」
ゆったりと落ち着いていておごり高ぶらない。

息子が0歳だった頃、『論語』の読み聞かせを日課にしていました。

原文↓訳↓解説↓原文…
声に出して読み聞かせることで、娘や妻も耳を傾けます。
部屋に素読の声が響きます。
自分自身の心にも響きます。

論語のほかにも、
「やまとことば神話～よく分かる古事記の神々～」
「こども　孫子の兵法」

「こども武士道」

「佐藤一斎　言志四録」

「大学」「孟子」

「松陰先生　士規七則」

など、読み聞かせや素読をさせていきたいものが沢山あります。

すぐに読めるように、リビングに本や音読用のカードを置いておき、無理のない範囲で続けていくことが、継続のコツだと思います。

(三) 個性教育

子供の良さを見出していくこと、これほど楽しいものはありません。

天から授かった才能を「天才」と言います。

子供達は皆、「天より授かりし才」をもっています。

一人一人が、天才なのです。

我が子が、どんな天才なのか？その視点で、観察していきます。

娘が特に光っているなと感じたのは、保育園での初めての運動会でみせたダンスでした。

一つ一つの動作に自信が満ち溢れており、ダンスの才能があると感じたことを覚えています。

また、どこの公園に連れていっても、すぐに誰かと仲良くなってしまう天才です。

そして、とても優しい心の持ち主です。友達とけんかして、悪口を言われても、自分から相手を傷つける言葉は言わないようにと、グッとこらえる強さがあります。

保育園の頃、気の強い友達にいろいろと言われた時、妻と私で、そんなに言われるなら、相手にしないで無視したら？　と言った時には、「でも、○○ちゃんにもいいところがあるから。」と、納得しませんでした。

将来の夢を初めて聞いた時は3歳でした。**アイドルになって、悪者をやっつけるの！**　と正義感に溢れていました。

絵を描くのも好きですが、特に配色のセンスがあり、きれいな色遣いやデザインが得意です。

そして、初めてのことに対しても、「まずは、やってみる」チャレンジ精神があります。

初めてディズニーランドに行った時も、アトラクションに並ぶかどうか悩んでいる時も、「ちょっとやってみる」というのが口癖でした。

大きなプーさんのぬいぐるみを抱きかかえて、「ちょっと買ってみる」と言ってきたのには、夫婦で笑いました。面白かったので、記念にプーさんをちょっと買ってみました（笑）。

そのようなエピソードから浮かび上がってくる娘の個性は、

正義感に溢れ、誰も傷つけない優しさがあり、未知の世界へ踏み出す勇気がある。

ダンスが得意で、デザインセンスがあり、きれいなことが好き。

アイドルになるという夢をもっていて、誰とでもすぐに仲良くなれる。

これらの個性を生かしていく道は何か？

娘との対話を通して、これからも引き出し続けていきます。

(四) 立志教育

【志のたねが姿を現した】

～ある日のお風呂での会話～

「ねぇ、○○」

娘「なに？」

「パパは、この世界をもっといい世界にしたいんだ。どう思う？」

娘　満面の笑顔とグッドポーズで「いいね！」

「一緒にやろうか！」

娘「うんっ！」

「パパは、志の教育で世界のために尽くすよ。○○は？」

娘「オケツ～！」

「オケツか～い！」

～娘の夢～

娘（当時5歳）の夢は、3歳の時から変わらず、
正義の味方　アイドル
「アイドルを目指すなら世界一のアイドルになるんだ」
と伝えています。

〜別の日〜

「○○は何を志す？」

娘 **「せかいをこころざす」**

「世界をどうしたい？」

娘 **「せかいをきれいにする」**

このような対話によって、

○○の志のたねが姿を現しました。

「アイドルになって

せかいをきれいにする」

公園に遊びに行く度に、

誰とでもすぐに友達になってしまう天才、○○。

「なんで、誰とでもすぐに友達になれるの？」

と尋ねると、

「だって、○○ちゃん、

みんなのことが大好きだから。」 と答えます。

その考えに、素直にすごいなぁと感心します。

同時に、生粋のアイドルなんだなぁと。

世界をきれいにするアイドル

私の志は、

あいどるになって

せかいをきれいにすること

6さいです。

もうすでに、その道を歩んでいるんだね。

今は5歳ですが、本人曰く6歳から、ダンス教室に通うそうです。

また休日の楽しみが増えました。

（娘の志のたねが見つかった日の日記より）

【アイドルダンス教室デビューの日】

三日間の武士道禅修行を終え、妻に「潤さん仏になったね」と言われました。

本当に一瞬一瞬が愛おしいのです。

心が乱されることがなく、「0、1秒の今」を守り続けています。

花を置きたくなりました。

娘と一緒に選び、朝早起きして一緒に植えました。

毎日、「おはよう」「いってきます」「ただいま」って、お花にも声をかけてね。

花もちゃんと聞いていてくれているから。

そして今日は、娘が夢志の「アイドルになって世界をきれいにする」の本格的な第一歩を踏み出した特別な日。アイドルダンス教室デビューの日。

周りの子たちが発表会に向けて最終調整をする中、体験日に習った部分だけは自信をもって踊っていました。

そして、分からない所では、両手両足を広げたポーズやハートのポーズで、センターで、笑顔で静止！
堂々とした姿に、すごい！と感動してしまいました！

このあり方、心いきが素晴らしい！
本気でアイドルを目指しているから、
全力ダンス、全力静止、だから絵になり、
感動するんだなぁと！

今日はアイドルデビューを祝ってお寿司で乾杯！
そんな娘が妻と２人でいる時にこんなことを言っていたそう。
「みんなのこころざしを広めたいな。」
妻はびっくりしたそうです。
ぜひみんなのこころざしを広げるアイドルになって、
世界をきれいにしてちょうだい！

（娘、アイドルダンス教室デビューの日の日記より）

（五）行動教育

【世界きれい散歩プロジェクト　スタート！】
先日、
「アイドルになって、世界をきれいにする」

という夢志を抱いた娘、〇〇。

志を立てたら、わくわく行動していくことで、未来は変わっていきます。

「毎週、地域のごみ拾い活動をするのはどう?」

と提案すると、

「うんっ、いいね！ だって〇〇ちゃん、い〜っつも散歩の時、落ちてるマスクとか見ていたよ！」

「そっか〜、〇〇さんはいつも、落ちてるごみに気付いていたんだね！」

ということで、早速、本日

皇紀二六八二年、令和四年、西暦二〇二二年一月二日より、

『〇〇の世界きれい散歩　プロジェクト』

がスタートしました〜！　パチパチ！

四十分ほど地域を散歩しながら袋いっぱい分の御美を集め、歩いた道をきれいにさせて頂きました。

変えたい現実があったら、自分から行動することで、変えていけるんだ！ってことを、**身をもって知ってほしい！**と父は願うのです。

【知行合一】（学びと行動を一致させる）

【義と勇】（正義と勇気はいつもセット）

松陰流教育の実践です。

途中、歩道橋上をルンルン気分で走っていたら、大転倒し、両膝ズボンが破け、両膝、両手を擦りむき傷め

て、大泣きしながら、抱っこされて帰ってくるというオチつき（笑）
神様はやっぱり試練を与えますな〜。
「志を立てて行動したら必ず、困難なことが訪れる。
でもそこで簡単にあきらめちゃいかん。
困難は成長のチャンス。」
と抱き抱えながら励まします。
痛い思いもしたのに、来週もめげずにやるって言っています。
「だって楽しいから！」
途中出会ったおじいさんが、一緒にごみを拾ってくれました。
このまちの片隅から、喜びの連鎖を創っていけるといいな。
今日が「世界をきれいにするアイドル」〇〇伝説の始まりの日‼
（娘、「世界きれい散歩プロジェクト」スタートの日の日記より）

【まちのごみが自分事になった娘】
車からごみが飛んでいる様子を見て、
「パパとごみひろいにいきたい」
と言ってきた〇〇５歳。
あなたのおかげで、まちがきれいになって
喜んでいるよ。
（ある休日の出来事の日記より）

家庭でできる松陰流教育の実際の様子について、当時のエピソード日記をもとにしながらお伝えさせていただきました。いかがでしたでしょうか。
子供が「自分でやりたいこと」を見つけ、のびのびと、いきいきと、夢や志を抱いて、毎日を明るく楽しく生きている姿は、親として、とても嬉しく幸せに思います。

一人一人、ダイヤモンドの原石をもって生まれてきているんだなぁ。
一人一人の中にある魂の輝きを見ていく啓育は、なんて面白いんだなぁ。
子供はもうすでに天命に生きているんだなぁ。

ということを、我が子から教えてもらいました。

僕は、この**「信じて、引き出す」松陰流教育は、家庭教育が一番効果を発揮する**と感じています。それは、以下の理由からです。

一、**子供と赤ん坊の頃から毎日接しているため、その子の良さや特性を圧倒的に理解しているため。**
二、**子供の「やってみたい」に応えられる自由度が高いため。**
三、**子供とスキンシップを通して、愛情を伝えることができるため、信頼度が圧倒的に高いため。**

これらは、学校教育や社会教育と比べた時に、**家庭教育ならではの強み**であるといえます。
ユダヤの家庭教育が、驚異的な成果をあげているように、ぜひ、日本の教育も、「信じて、引き出す」松陰流教育が家庭に広がることで、一人一人の個性が輝き合う日本を創っていきたいですね。

家庭でできる松陰流教育でお伝えしてきたあり方、関わり方を最後に整理します。

○子供は神様からの授かりものではなく、「預かりもの」。
○子供が持って生まれた崇高な使命を全うできるように、子供を丸ごと愛し、尊敬し、魂の求める道を邪魔しないことが、親の役目である。
○子供は存在しているだけで、何にもかえられない価値がある。
○子育てができる時間は、神様からの大切な贈り物の時間。
○子供達は皆、「天より授かりし才」をもっている。一人一人が、天才である。
○子供の夢や志を引き出し、全力で応援し、一緒に学び、行動する。
○何があっても我が子は大丈夫だと信じ、愛すること。

お父さん、お母さんが、子供にとって、一番大きな影響を与える教育者です。
ぜひ、大切な宝である、お子さんの命を最大限に輝かせてほしいと願っています。

あとがき

松陰先生の魂と共に歩み続けて、十年。

吉田松陰流教育として、教育の真髄を一冊の書にまとめることができました。

そして、この本は、百年後も残す価値のある作品として、第一回万代宝書房大賞の大賞を受賞することができました。


この本の中には、多くの方々のお名前や言葉が登場します。お名前を載せることができなかったけれども、これまでに出会った全ての方々、先人の方々からの学びの結晶が、この一冊に詰まっています。


この本は、日本の危機を乗り越え、明るい未来へと導く〝希望の書〟です。

その希望の源泉は、一人一人の持って生まれた生命の輝きの中にこそあります。


この世の中の希望は、あなたです。

あなたが、この世界をより美しく、より幸せにしていけるのです。


二十一世紀後半の地球に向けて、今がまさに、我々人類の転換期だと思っています。

それは、生き方の転換です。お金のため、自分のため、今さえよければいい、そんな生き方ではなくて、自分ももちろん幸せになりつつも、みんなのために、誰かのために、未来のために、それぞれの命の時間を大事にしていく。そんな生き方を地球人みんなができたら、なんて素晴らしい世界になるのだろうということを、夢見ているのです。

その鍵を握るのが、我々日本人の目覚めです。
そして、一人一人の命を最大限に輝かせる教育変革の道標が、吉田松陰流教育なのです。

未来永劫に、万物の命が輝く地球であり続けることを願い、筆を置きます。

有難き　日本に生まれし　我が使命　永遠へと繋ぐ　大和魂
万代の　宝となりし　松陰流　世を照らすのは　そのこころざし

皇紀二六八四年
令和六年　弥生

小出 潤

参考図書一覧

『吉田松陰撰集　―人間松陰の生と死―』財団法人　松風会
『吉田松陰一日一言　―魂を鼓舞する感奮語録―』川口雅昭　致知出版社
『松陰読本』萩市教育委員会　財団法人　山口県教育会
『熱誠の人　吉田松陰語録に学ぶ　人間力を高める生き方』上田俊成　致知出版社
『吉田松陰の教育の方法』湯浅勲　海鳥社
『看護師のための松陰流人材育成術　吉田松陰が松下村塾で教えたこと』長谷川勤　日本医療企画
『吉田松陰の士規七則』広瀬豊　国書刊行会
【新釈】講孟余話　吉田松陰、かく語りき』吉田松陰著　松浦光修編訳　ＰＨＰ研究所
『松下村塾　吉田松陰と塾生たち』萩まちじゅう博物館出版委員会
『吉田松陰と松下村塾』宝島社
『月刊　松下村塾　第1号』月刊松下村塾編集部
『修身教授録』森信三　致知出版社
『まだＧＨＱの洗脳に縛られている日本人』ケント・ギルバード　ＰＨＰ文庫
『授業づくりJAPANの日本が好きになる！歴史全授業』齋藤武夫　授業づくりJAPANさいたま
『サムライ精神を復活せよ！―宇宙の屋根の下に共に生きる社会を創る―』荒谷卓　並木書房
『縄文文明　世界中の教科書から消された歴史の真実』小名木善行　ビオ・マガジン
『超訳「言志四録」西郷隆盛を支えた１０１の言葉』濱田浩一郎　すばる舎
『「綜學」入門』林英臣　博進堂

『師範読本「日本を愛ふ」』寺井一郎
『夢を叶える方法〜志の法則〜』出口光　教育再生実行連絡協議会
『乃木希典―武士道を体現した明治の英雄』拳骨拓史　明成社
『「武士道」解題　ノーブレス・オブリージュとは』李登輝　小学館文庫
『道徳授業の教科書』野口芳宏　さくら社
『戦う者たちへ―日本の大義と武士道―』荒谷卓　並木書房
『魂の燃焼へ』執行草舟・清水克衛　イースト・プレス
『「与える」より「引き出す」！ユダヤ式「天才」教育のレシピ』アンドリュー・J・サター　ユキコ・サター　講談社
『なぜ世界のお金持ちの35％はユダヤ人なのか？』滝内恭敬　サンライズパブリッシング

【小出潤（こいでじゅん）プロフィール】

昭和60年静岡県生まれ。

平成20年千葉大学教育学部卒業。

平成20年より千葉県の公立小学校に教諭として勤務。

「日本の誇りを取り戻し、一人一人の命を最大限に輝かせる世界一熱い教育者として、地球人を真の大和の世界に導く」という志を立て、日々の教育活動や日本の教育改新、「日本の誇り」「志」の教育の普及に精力的に取り組んでいる。

「もののふの会」会長、「吉田松陰流教育研究会」会長、「夢志教師塾」代表、世界青少年「志」プレゼンテーション大会（文部科学省、環境省、外務省後援）実行委員長、オモロー授業発表会全国大会副実行委員長、一般社団法人志教育プロジェクト「志共育」認定講師、志大学校 松下村塾学科 講師、大人の小学校 令和松下村塾 講師、千葉県印旛地区教育研究会 生活指導研究部長や教育立国推進協議会分科会メンバー等を務めている。また、林英臣氏が主宰する東京綜學院の第一期生として綜合學問である「綜學」を学んでいる。

吉田松陰流教育
～ 一人一人の魂が輝く教育変革への道標～

2024 年 4 月 20 日 第 1 刷発行
2024 年 6 月 30 日 第 2 刷発行
2024 年11月 15 日 第 3 刷発行

著 者 小出 潤
発行者 釣部 人裕
発行所 万代宝書房
〒176-0002 東京都練馬区桜台 1-6-9-102
電話 080-3916-9383 FAX 03-6883-0791
ホームページ：https://bandaihoshobo.com
メール：info@bandaihoshobo.com
印刷・製本 日藤印刷株式会社

落丁本・乱丁本は小社でお取替え致します。

ISBN 978-4-910064-90 -1 C0036

装丁：小林 由香